中国南方电网
CHINA SOUTHERN POWER GRID

南方电网能源发展研究院

全球领先企业创新发展报告

（2023年）

南方电网能源发展研究院有限责任公司 编著

中国电力出版社
CHINA ELECTRIC POWER PRESS

U0643360

图书在版编目（CIP）数据

全球领先企业创新发展报告 . 2023 年/南方电网能源发展研究院有限责任公司编著 . —北京：中国电力出版社，2023.12

ISBN 978 - 7 - 5198 - 8371 - 3

Ⅰ.①全⋯　Ⅱ.①南⋯　Ⅲ.①企业创新－研究报告－世界－2023　Ⅳ.①F273.1

中国国家版本馆 CIP 数据核字（2023）第 231496 号

出版发行：中国电力出版社
地　　址：北京市东城区北京站西街 19 号（邮政编码 100005）
网　　址：http：//www. cepp. sgcc. com. cn
责任编辑：岳　璐（010-63412339）
责任校对：黄　蓓　常燕昆
装帧设计：张俊霞
责任印制：石　雷

印　　刷：北京华联印刷有限公司
版　　次：2023 年 12 月第一版
印　　次：2023 年 12 月北京第一次印刷
开　　本：787 毫米×1092 毫米　16 开本
印　　张：15
字　　数：211 千字
印　　数：001—800 册
定　　价：88.00 元

在积极稳妥推进碳达峰、碳中和的背景下，我国能源电力行业在加快规划建设新型能源体系、逐步构建新能源占比逐渐提高的新型电力系统的方向上奋力前行。 南方电网能源发展研究院以习近平新时代社会主义思想为指导，在南方电网公司党组的正确领导下，立足具有行业影响力的世界一流能源智库，服务国家能源战略、服务能源电力行业、服务经济社会发展的行业智囊定位，围绕能源清洁低碳转型、新型电力系统建设以及企业创新发展等焦点议题，深入开展战略性、基础性、应用性研究，形成一批高质量研究成果，以年度报告形式集结成册，希望为党和政府科学决策、行业变革发展、相关研究人员提供智慧和力量。

当今世界面临百年未有之大变局，第四次科技革命加速推进，全球科技研发投入持续增长、区域科技合作不断深化、科技创新成果空前涌现、创新成果产业化不断加速、主要国家间科技竞争日趋胶着、中国创新能力加速增强。 中国企业、高校、科研院所、政府和相关创新相关主体全面贯彻落实党的二十大创新工作部署，聚焦强化国家战略科技力量、健全新型举国体制、实施国家重大科技项目、加强重点领域基础研究、推进国际科技创新中心建设、打造高素质科技人才队伍等重点工作，为加快建成科技强国不懈努力。

加快提升企业创新能力，更好发挥央国企科技创新、产业控制和安全支撑作用，比以往任何时候都更为迫切和重要。自2020年起，南方电网能源发展研究院每年编制《全球领先企业创新发展报告》（以下简称"报告"），持续跟踪全球创新发展格局，洞察领先企业创新趋势，分析中国创新发展环境，研究中国创新卡点问题，旨在持续提出有利于中国企业科技创新的政策建议。

在大国竞争与产业技术快速迭代的双重推动下，"数字化、绿色化转型"成为创新重要方向，企业加快前沿技术布局，深度融入区域创新"微生态"，加快打通创新链各环节，构筑可持续发展能力。2023年度报告包括五章，第1章全球创新发展格局，从全球、国家与区域三个层面分析了全球创新发展格局，有利于读者把握全球创新总体情况；第2章全球领先企业创新发展格局，分析领先企业国家分布和产业布局，研判全球领先企业创新发展态势；第3章全球领先企业创新实践，重点归纳了ICT行业、生物医药、汽车及零部件行业、电力行业与智能制造等五大创新领域领先企业一年以来的创新动态与实践；第4章中国企业创新发展趋势，分析中国企业创新发展环境，从投入产出视角研究中国企业总体和国有企业创新发展趋势，为加快构建企业主导的产学研深度融合创新体系提供输入；第5章针对科技成果转化推动价值创造开展专题研究，解构世界科技强国与全球领先研发机构的优秀实践经验，为政府与企业优化科技成果转化运作机制提供参考建议。

报告得到了中科院创新发展研究中心服务创新研究部主任蔺雷，德勤中国科学加速中心高级经理、中国技术经济学会神经经济管理专委会副秘书长汪严磊，中国五矿集团科技管理部廖波处长，中核战略规划研究院战略所陆浩然副所长、刘达主任，中国中车集团研究院经济部邵邦副部长，国务院国资委研究中心创新处王佳佳副处长，中大智库研究院高级专家梁卓锐博士，中国电力出版社岳璐副编审等创新领域学者专家的悉心指导，得到了南方电网产业投资集团研发中心刘晓欣经理、南方电网科学研究院生产经营部科技成果转化、项目管理黄秋爽专责的深入辅导，以及中大咨询集团郭楚楚、周凌峰研究员等的专业支持，在此表示衷心感谢！ 我们认真研究专家学者的意见，对报告进行了认真研究推敲、修改完善，但鉴于水平有限，难免仍存在疏漏与不足之处，恳请读者谅解并批评指正！

编　者

2023 年 9 月

目　录
CONTENTS

前言

第 1 章　全球创新发展格局 1

1.1　全球创新发展大势 2

1.1.1　国家创新政策更强调关键领域控制力 2

1.1.2　全球创新聚焦数字技术、绿色技术相关领域 4

1.1.3　宏观环境影响下全球风险投资增长有所放缓 6

1.2　国家创新竞争格局 8

1.2.1　各收入经济体间创新表现逐步分化 9

1.2.2　全球创新呈现欧美亚三足鼎立格局 12

1.2.3　创新领先经济体的优势愈发巩固 14

1.2.4　中国全球创新竞争力进一步提升 16

1.3　科技集群创新格局 19

1.3.1　科技集群进一步向欧美亚区域集聚 19

1.3.2　创新领先国家科技集群优势凸显 22

1.3.3　领先科技集群共性特征愈发明显 23

1.3.4　中国科技集群整体实力稳步提升 25

1.4　小结与展望 27

第 2 章　全球领先企业创新发展格局 ·························· 28

2.1　创新领先企业全球经济地位 ························· 29

2.1.1　创新领先企业成为全球经济增长的重要引擎 ········· 29

2.1.2　领先企业的创新引领作用加速巩固 ············· 31

2.2　创新领先企业国家分布 ························ 33

2.2.1　创新领先企业向中美等优势经济体进一步集聚 ······· 33

2.2.2　高收入经济体创新领先企业优势有所弱化 ········· 35

2.2.3　中等收入经济体企业创新竞争力稳步提升 ········· 37

2.3　创新领先企业产业格局 ························ 38

2.3.1　产业发展驱动前沿领域企业创新表现分化 ········· 38

2.3.2　重点国家企业创新表现产业特征明显 ··········· 41

2.4　重点行业领先企业研发投入表现 ·················· 43

2.4.1　数字化浪潮下软件与 ICT 服务创新日益活跃 ······· 43

2.4.2　疫情驱动制药和生物技术领先企业创新提速 ········ 46

2.4.3　汽车及零部件领先企业创新投入大且趋于稳定 ······· 48

2.4.4　能源电力行业领先企业以科技创新应对低碳转型 ······· 50

2.4.5　智能制造行业领先企业创新发展整体趋缓 ········· 51

2.5　小结与展望 ····························· 53

第 3 章　全球领先企业创新实践 ······················ 55

3.1　ICT 行业企业创新实践 ······················ 57

3.1.1　OpenAI 以创新的组织与股权制度安排支持科技创业 ······· 62

3.1.2　微软找准自身核心优势聚力推动业务创新转型 ······· 64

3.1.3　华为采取压强式投入与系统创新为业务连续性托底 ········· 67

3.2　生物医药行业企业创新实践 ···················· 69

3.2.1　赛诺菲以聚焦战略推动架构调整与创新转型 ········ 72

3.2.2　Ligand 充分运用资本手段加强高潜力技术储备 ······· 74

3.2.3　百济神州研产销全流程布局打造全球竞争力 ········ 75

3.3　汽车行业企业创新实践·· 77

　　3.3.1　特斯拉坚持创新驱动战略，推动业务降本增效 ·············· 79

　　3.3.2　比亚迪加速全产业链自研进程，构建技术核心优势·········· 83

　　3.3.3　广州汽车加快新能源转型步伐，培育自主品牌竞争力 ······ 89

3.4　能源电力企业创新实践·· 93

　　3.4.1　韩国电力加速数字化转型，打造现代化电力强企············ 95

　　3.4.2　意大利国家电力构建全球开放式创新网络，强化海外业务

　　　　　　竞争力 ·· 100

　　3.4.3　南方电网聚焦数字化、绿色化关键核心技术攻关，促进

　　　　　　新型电力系统与新型能源体系建设 ······················ 104

3.5　智能制造行业企业创新实践 ·· 106

　　3.5.1　安川持续推进全链条业务整合，提升整体经营效率 ········ 108

　　3.5.2　Syrius 炬星聚焦机器人软件技术创新，构筑核心竞争

　　　　　　优势 ·· 111

　　3.5.3　梅卡曼德专注"AI＋3D"细分市场，赋能工业机器人

　　　　　　智能化变革 ·· 113

3.6　小结与展望 ·· 116

第 4 章　中国企业创新发展趋势 ·· 117

4.1　中国企业创新环境 ·· 118

　　4.1.1　经济发展机遇与挑战并存，多链融合创新生态建设提速 ··· 118

　　4.1.2　创新政策体系持续完善，制度化保障不断加强 ············· 120

　　4.1.3　尊崇创新的文化环境加快建立，科研诚信治理稳步推进 ··· 124

　　4.1.4　技术单点突破能力不断增强，产业融通发展微生态

　　　　　　日益受到重视 ·· 125

4.2　中国企业创新趋势 ·· 127

　　4.2.1　企业创新投入稳步增长，研发强度与产出出现波动 ········ 127

　　4.2.2　创新企业行业分布越发集中，电子设备制造成为焦点 ······ 130

4.2.3　各类型所有制企业各具优势，未来需强化协同创新 ········· 131

4.2.4　领先企业集聚于四大区域，形成行业错位发展格局 ········· 135

4.3　国有企业创新发展趋势 ··· 138

4.3.1　加强引领性技术攻关 ··· 139

4.3.2　建立企业主导的创新体系 ······································· 141

4.3.3　优化科技创新投入机制 ··· 143

4.3.4　促进科技成果转化 ··· 144

4.3.5　强化战略人才力量支撑 ··· 146

4.4　小结与展望 ··· 148

第5章　专题研究：科技成果转化推动价值创造　150

5.1　中国科技成果转化现状 ··· 152

5.1.1　政策实施 ·· 152

5.1.2　转化成效 ·· 158

5.1.3　存在问题 ·· 161

5.2　重点国家科技成果转化模式借鉴 ································· 167

5.2.1　韩国：围绕中心法基础框架，政府主导推进制度改革 ····· 168

5.2.2　美国：匹配研发投入体系，政府通过平行立法实施约束 ··· 182

5.2.3　以色列：科研机构充分自由化运作，政府提供配合协助 ··· 188

5.3　国内外领先研发机构科技成果转化典型案例研究 ············· 194

5.3.1　弗劳恩霍夫协会：围绕"合同科研"研发投入模式，
构建以满足市场需求为导向的成果转化链条 ··············· 195

5.3.2　美国国家航空航天局：强化行政性科研机构的复合优势，
立足法律框架不断推动机制创新 ··························· 198

5.3.3　中国核工业集团：发挥产业资源集聚能力，
打造"一中心三基地"科技成果转化生态系统 ············· 202

5.4　科技成果转化建议 ··· 204

附录 210

附录 1　报告数据选择依据与来源说明 210

附录 2　全球创新指数（GII）指标体系 213

附录 3　国际科技创新中心指数指标体系 216

附录 4　《2022 年欧盟工业研发投资记分牌》上榜中央企业
　　　　名单 218

附录 5　《2022 年欧盟工业研发投资记分牌》100 强名单 222

参考文献 226

第 1 章

全球创新发展格局

在大国竞争与产业技术快速迭代的双重推动下，全球科技竞争异常激烈。本章根据《全球创新指数（GII）（2011－2022）》[1]《世界知识产权报告（2022）》《国际科技创新中心指数（GIHI）（2022）》《中国科技统计年鉴（2021－2022）》，以及联合国数据库、OECD 数据库、世界知识产权数据库、国家统计局数据库等，从全球、国家与区域三个层面分析全球创新发展格局。

1.1 全球创新发展大势

在数字化和绿色化转型加速的态势下，全球主要国家创新政策以强化竞争优势为主要导向，提升关键领域控制力，生物技术和数字技术等领域进入创新迸发期，风险投资围绕金融科技、零售科技、数字健康等新兴领域加快布局。

1.1.1 国家创新政策更强调关键领域控制力

当前全球经济增速放缓，叠加全球政治格局多极化发展、国家间博弈加剧，各国迫切希望通过强化创新寻找经济增长新动力源。发达国家突出关键技术、战略资源与前沿技术把控，保障重要产业供应链安全可控。发展中国家以制造业为核心，配合产业升级需要加强基础建设，提升本土制造能力，为更好参与和融合全球产业链、创新链奠定基础。

（1）强化核心关键领域控制力，巩固产业优势。世界主要国家围绕高端芯片、关键矿物供应链展开布局，抢夺产能和资源，以提升关键领域控制力。美国方面，2022 年 8 月，总统拜登签署《2022 年芯片与科学法案》，投入 527 亿美元用于提升美国的芯片技术研发和制造能力，并出台《通胀削减法案》，鼓励电动汽车和其他绿色技术的"在岸"制造和"友岸"制造。此

---

[1] 报告英文名为《Global Innovation Index 2022》，其中 Global Innovation Index 缩写为 GII，后文 GII 即指该指数。

外，为应对加拿大、澳大利亚、津巴布韦等主要国家对锂矿资源的管制，美国和澳大利亚商议将关键矿物供应链合作作为印太经济框架共同优先事项之一，以确保其在锂电池产业的控制力和安全。欧盟方面，2022 年公布《欧洲芯片法案》，旨在加强欧洲在先进芯片设计、制造和封装方面的创新能力，并提供 430 亿欧元补贴增进产能，减少外部依赖。中国方面，为应对美西方国家对华科技"脱钩""断链"，中国持续推进新型举国体制，在若干重要领域形成竞争优势、赢得战略主动，强化国家战略科技力量。印度方面，2021 年以来大力推进"生产挂钩激励计划（PLI）"，旨在吸引国内外企业围绕 4G、5G、下一代 RAN、物联网接入设备、企业设备和无线设备等开展投资，推动本土 ICT 领域设备制造升级。

（2）强化新兴和前沿技术的布局力度，抢占未来产业主导权。2022 年以来，主要国家纷纷出台政策文件，明确将量子技术、新一代通信、网络安全、人工智能、生物技术等作为国家尖端战略技术，从政策和资金层面支持战略性、前瞻性新兴产业发展。美国国家科学技术委员会于 2022 年 2 月发布新版《关键和新兴技术国家战略》，确定了先进计算、先进核能技术、人工智能、生物技术、高超声速技术、量子信息技术等 19 类技术对美国国家安全具有潜在重要性的先进技术。法国于 2021 年 1 月宣布启动第四期未来投资计划（PIA），将在 2021—2025 年期间投入 200 亿欧元，用于启动无碳氢能、量子技术、网络安全、数字教育等新兴技术研究与创新。韩国科学技术信息通信部于 2022 年 10 月在国家科学技术咨询会议上正式发布国家战略技术培育方案，指定包括半导体和显示器、动力电池、高科技出行、高科技生物技术、人工智能、新一代通信、量子技术等 12 大国家战略技术，战略技术研发投资额增加至 4.1 万亿韩元。中国于 2023 年 8 月颁布《新产业标准化领航工程实施方案（2023—2035 年）》，推动新兴产业创新发展和抢抓未来产业发展先机。越南于 2022 年 5 月颁布《至 2030 年创新与科技发展战略》，旨在发挥科技创新在发展加工制造业等拳头产业的作用，通过新技术应用推动产业升级，提升科技与创新对经济增长的贡献率。

（3）完善数字经济发展战略，提升数字经济核心竞争力。数字经济竞争已成为全球竞争的战略制高点，世界主要国家和地区发布促进数字经济发展的法律、战略、规划等，夯实数字经济发展基础，建设全球领先数字化发展高地。欧盟于 2021 年 2 月发布《2030 数字指南针：欧洲数字十年之路》，明确未来 10 年数字经济发展规划，推动欧洲共筑数字化社会；2022 年 2 月，公布《数据法案》，强调数据治理的重要性，为规范数据市场发展提供制度支持。其中，德国联邦内阁在 2022 年 8 月通过了《数字战略》，以"共同创造数字价值"为口号，在推动科学研究的数字化进程中发挥核心作用。英国数字、文化、媒体与体育部于 2022 年 6 月发布了《英国数字战略》，提出改革《通用数据保护条例》，探索数据监管创新措施，加强对本土数字技能人才培养，促进高校技术成果商业化应用，加大企业研发创新税收优惠力度，全方位激发数字经济创新研发活力。中国于 2022 年颁布《"十四五"数字经济发展规划》，加快推动数字经济转向深化应用、规范发展、普惠共享。

1.1.2 全球创新聚焦数字技术、绿色技术相关领域

全球价值链面临数字化、绿色化的双重转型，计算机、数字通信等数字技术仍是全球创新的重点，太阳能、生物燃料、新能源汽车等绿色技术日益成熟，创新产出加速涌现，在应对人口、资源、能源、食物和环境五大危机中的作用日益凸显。

（1）数字技术、绿色技术专利技术处于变革的前沿，已形成较为成熟的技术积累。从专利首次申请年份和原始专利被后续引用的时间来看，数字化前沿领域最成熟的是人工智能技术，该领域多数专利于 2014 年申请，引用量最多的年份加权平均值是 2005 年，相差约为 9 年。物联网技术成熟度仅为 1.41，反映主导技术几乎每年都在更新，技术仍在快速发展。绿色技术领域表现出较高的技术成熟度，太阳能光伏、绿氢、沼气和生物质、风能、电动汽车等绿色能源技术专利成熟度分别为 7.94、6.99、6.58 与 3.74，在

推动全球能源转型与产业绿色化发展中发挥重要作用。前沿技术的专利成熟度如图 1-1 所示。

成熟度

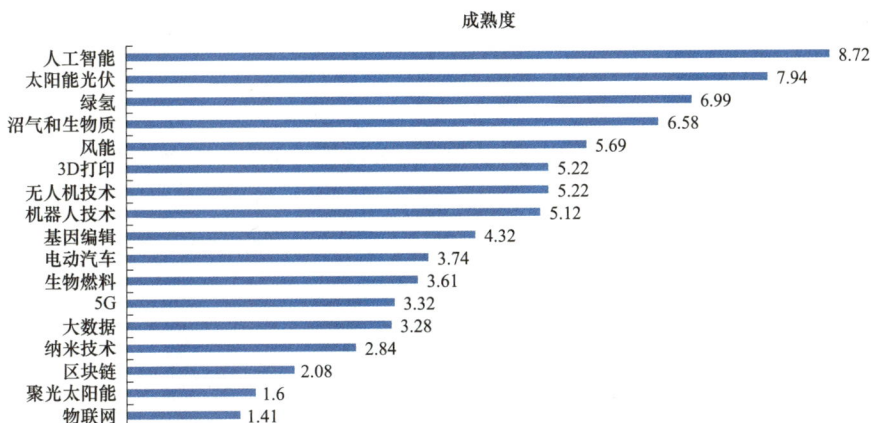

图 1-1　前沿技术的专利成熟度❶

(2) 数字技术专利数量快速增长。根据 WIPO❷ 数据，在产业发展与创新投入的带动下，2022 年 PCT❸ 专利申请量排名前 10 位的技术领域中，计算机技术、数字通信、医疗技术、电气机械等领域 PCT 专利占比尤为突出，分别为 10.4%、9.4%、7.1% 与 7.0%。其中，数字通信与计算机技术两大数字技术领域增长最快，与 2021 年相比，增速分别达 8.7% 和 8.1%，其次为半导体技术、生物技术，增速分别为 6.8% 和 6.7%。随着数字技术加速发展，与数字化相关的创新专利申请量增长显著，2018—2022 年，计算机技术、数字通信技术、半导体技术领域的 PCT 专利申请量复合增长率较平均水平分别高 4.2 倍、2.5 倍、2.3 倍。2022 年全球 PCT 技术专利申请量行业分布和增长情况如图 1-2 所示，2018—2022 年数字技术 PCT 专利申请增长率与总量平均增长率的比如图 1-3 所示。

---

❶ 对于每项技术，条形图中的数字表示专利成熟度，即专利申请年份加权平均值与 2000～2021 年期间被引用次数最多的 20 项专利的年份加权平均值之间的差值。
数据来源：贸发会议。
❷ 世界知识产权组织，World Intellectual Property Organization，简称 WIPO。
❸ PCT 指专利合作条约，即 Patent Cooperation Treaty，依照专利合作条约提出的专利申请被称为专利国际申请或 PCT 国际申请。

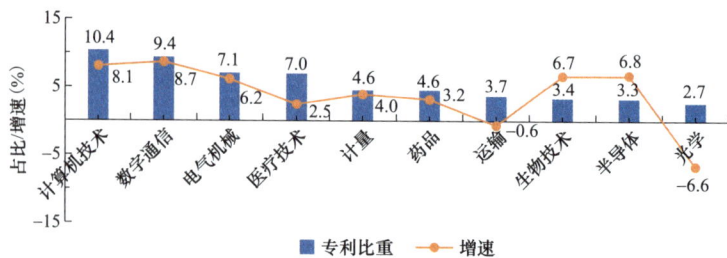

图 1-2　2022 年全球 PCT 技术专利申请量行业分布和增长情况❶

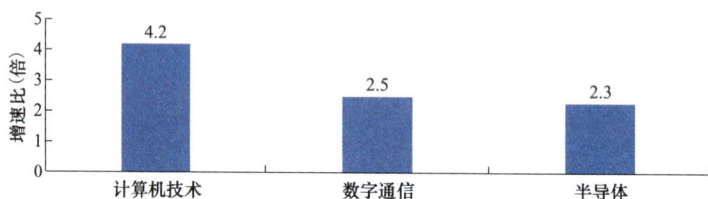

图 1-3　2018－2022 年数字技术 PCT 专利申请增长率与总量平均增长率的比❷

（3）全球主要国家专利布局进一步向数字领域集中。2018 年－2020 年，中国、美国、日本、韩国、德国等前 5 大专利来源国中，美国重点聚焦数字化与医疗领域，中国、韩国专利主要分布于计算机技术领域，分别占各国已公布申请量的 10.0%、12.2% 与 8.4%。日本、德国专利主要聚焦于电机和运输领域，其中，日本在上述领域专利占比分别为 9.9%、6.2%，德国分别为 9.1%、11.4%。进入 2022 年，中国、日本、韩国专利布局进一步向计算机、数字通信与电气机械领域集中。其中，中国在计算机技术领域优势更为突出；日本更关注电气机械专利布局；韩国在数字通信领域重点发力，数字通信专利数量于 2021 年超过计算机技术，成为韩国国内专利布局最多的领域。2018－2020 年与 2022 年全球五大专利来源国专利行业分布情况分别如图 1-4、图 1-5 所示。

1.1.3　宏观环境影响下全球风险投资增长有所放缓

　　在新一轮产业升级背景下，新兴技术与新兴业态加快涌现，带动全球风

---

❶　数据来源：WIPO。
❷　数据来源：WIPO。

险投资市场蓬勃发展。受到 2022 年以来俄乌冲突持续、利率迅速上升、通胀高企、全球经济衰退迫在眉睫等宏观经济因素共同作用，全球风险投资额相比 2021 年的历史最高点出现回落，但仍明显高于 2015—2020 年水平。

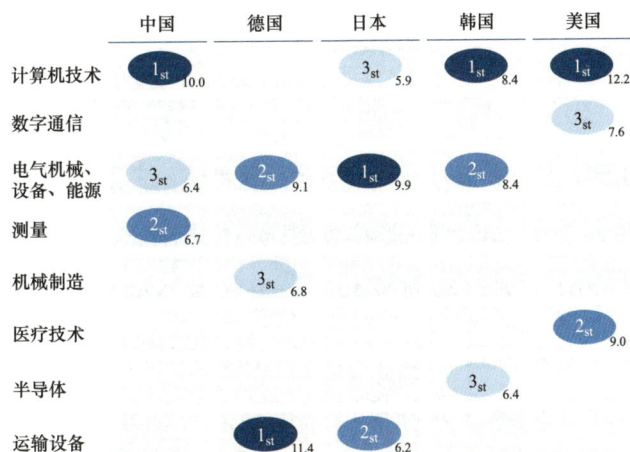

图 1-4　2018—2020 年全球五大专利来源国专利行业分布❶

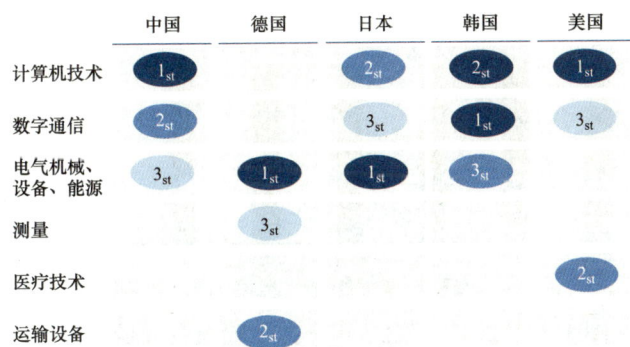

图 1-5　2022 年全球五大专利来源国专利行业分布

　　根据 CB Insights 数据，2022 年全球风险投资金额为 4151 亿美元，较 2021 年减少 2057 亿美元，但仍高于疫情前水平，是 2015 年的 2.4 倍，总体上保持增长态势。2015—2021 年全球风险投资交易额与交易量变化情况如图 1-6 所示。

---

❶　黑色数字表示百分比份额（图 1-5 同）。数据来源：WIPO 统计数据库和 EPO PATSTAT 数据库。

图 1-6　2015－2021 年全球风险投资交易额与交易量变化❶

从细分领域看，2021 年零售、金融、医疗服务等接触型服务业风险投资显著增长，进入 2022 年，随着疫情影响逐步减弱，线下活动逐步开放，零售、金融、医疗服务等接触型服务业通过数字化转型拓展线上服务的需求降低，金融科技、零售科技、数字健康等领域风险投资的活跃度相比 2021 年有所下降。2022 年全球三大领域风险投资交易额分别为 752 亿、529 亿美元与 259 亿美元，较上年分别降低 46.2%、52.3%、56.6%，三大领域投资额合计占比达 37%，较 2021 年降低 11 个百分点（见图 1-7）。2015－2022 年全球风险投资领域分布情况如图 1-7 所示。

图 1-7　2015－2022 年全球风险投资领域分布❷

1.2　国家创新竞争格局

创新需要长期积累和沉淀，往往呈现强者恒强特征，给追赶者带来巨大压力。新兴经济体作为科技创新追赶者，虽然在创新基础上与发达国家存在

---

❶　数据来源：CB Insights《2022 年全球风险投资报告》。
❷　数据来源：CB Insights《2022 年全球风险投资报告》。

较大差距，但受益于经济增长、市场完善、基础设施建设和数字技术推广等，也能在科技创新追赶中逐步发挥后发优势。

1.2.1　各收入经济体❶间创新表现逐步分化

经济水平是创新发展的重要基础，且科技创新与经济发展水平相互促进，由于各收入经济体经济基础存在差异，经济体间创新差距依然存在。高收入经济体创新地位持续巩固，中等偏上收入经济体创新能力追赶加速，中等偏下收入及以下经济体创新竞争力持续下降。

（1）高收入经济体持续保持领先优势。排名视角，根据 2022 年全球创新指数（Global Innovation Index，GII），高收入经济体在全球创新第一梯队的 33 个经济体中，占据 32 个席位，是全球创新的引领者。得分视角，高收入经济体创新领先优势逐步扩大，2011—2022 年，与中上、中下、低收入经济体得分差距呈现扩大趋势，分别由 14.7、17.4 分与 22.2 分，扩大至 15.9、23.1 分与 29.8 分，且梯队跨度越大，分值差距增长更为明显。要素视角，高收入经济体在人力资本和研究、制度、商业成熟度的领先优势尤为突出，2022 年在三大要素领域与中低收入经济体得分差距分别为 23.7、22.3 分与 21.4 分。其中，受第三产业发展与数字技术融合渗透影响，高收入经济体在创意产出方面领先优势显著提升；其次为基础设施，2011—2022 年得分差距分别扩大 7.4 分与 5.8 分。2011 年与 2022 年各收入水平经济体创新排名分布情况、高收入经济体与各收入水平经济体分值差距、高收入经济体与中低收入经济体各要素分值差距分别如图 1-8、图 1-9、图 1-10 所示。

（2）中等收入经济体创新表现呈现出分化趋势。排名视角，中等偏上收入经济体创新追赶速度较快，在创新前 3 梯队（前 99 名）占据 34 席，较

---

❶　参考世界银行对全球经济体收入水平的划分标准，按人均国民收入水平划分为高收入 HI（＞12535 美元）、中等偏上收入 UM（4046～12 535 美元）、中等偏下收入 LM（1036～4045 美元）和低收入 LI（＜1036 美元）四类，下文中等收入经济体包含中等偏上与中等偏下收入经济体，中低收入经济体指除高收入经济体外的其他经济体。

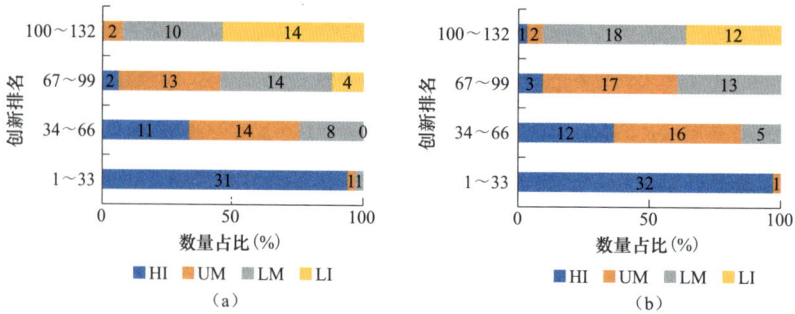

图 1-8 2011年与2022年各收入水平经济体创新排名分布

（a）2011年排名分布；（b）2022年排名分布

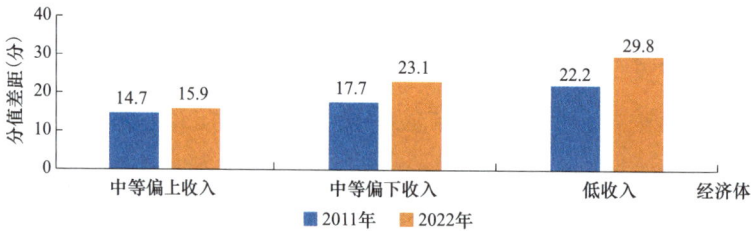

图 1-9 2011年与2022年高收入经济体与各收入水平经济体分值差距

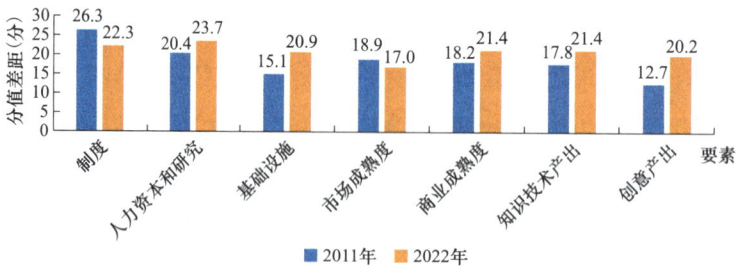

图 1-10 2011年与2022年高收入经济体与中低收入经济体各要素分值差距

2011年新增6位（如图1-8所示）。中国作为唯一进入全球创新第一梯队的中等收入经济体，位列第11位，在2011—2022年间提升了18位；墨西哥、秘鲁、牙买加排名上升显著，近10年来分别提升23、18与16位。中等偏下经济体虽不乏印度（第40位）、越南（第48位）、伊朗（第53位）和菲律宾（第59位）等在创新方面追赶较快的经济体，但位于第二、第三梯队整体数量缩减4位。要素视角，中等偏上收入经济体在制度、商业成熟度的短板依然明显，但在市场成熟度方面追赶加速，2011—2022年与高收入经济体得分差距显著缩小 4.1 分，其次为制度、知识技术产出，得分差距分别缩小 1.3 分与 0.8 分。中等偏下收入经济体在人力资本和研究、制度方面差距较大，近 10 年来在制度方面加速追赶，与高收入经济体得分差距缩小 4.9 分，但创意产出要素差距明显拉大，且在基础设施、知识技术产出方面的创新追赶速度与中等偏上收入经济体有较大差距。2022 年高收入经济体与各收入经济体细分维度平均得分差距如图 1‑11 所示。2011 年与 2022 年高收入经济体与各收入经济体创新差距变化情况如图 1‑12 所示。

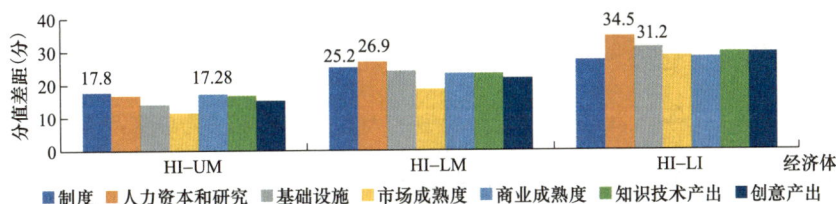

图 1‑11　2022 年高收入经济体与各收入经济体细分维度平均得分差距

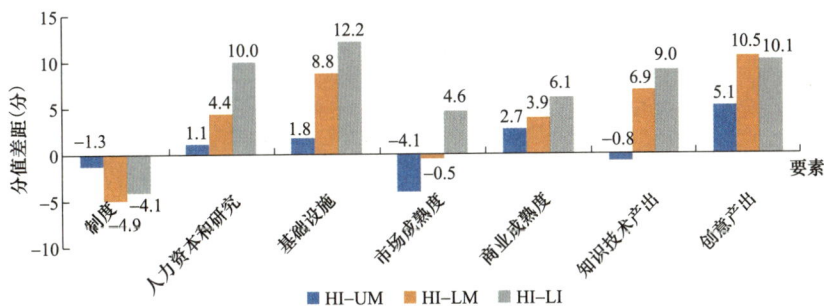

图 1‑12　2011 年与 2022 年高收入经济体与各收入经济体创新差距变化

(3) 低收入经济体全球创新追赶乏力。随着部分经济体由低收入经济体转为中低收入经济体，2022 年，低收入经济体位于全球创新第四梯队，逐步退出全球第三梯队行列。低收入经济体整体创新排名与综合得分呈下降趋势，2011—2022 年平均排名由 114 位下降至 117 位，平均创新得分由 24.5 分下降至 16.2 分，而同期全球创新国家平均综合得分由 25.1 分增加至 38.3 分。低收入经济体在基础设施、创意产出、人力资本和研究、知识技术产出等维度与高收入经济体拉开显著差距，成为创新表现分化的重要因素。2011 年与 2022 年全球与低收入经济体创新平均得分变化如图 1‑13 所示。

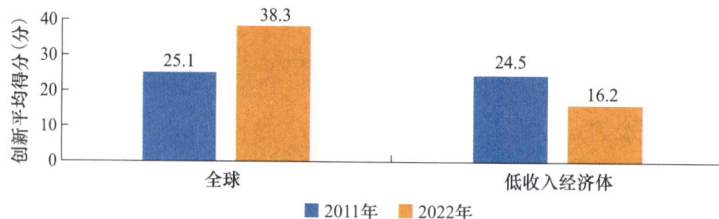

图 1-13 2011 年与 2022 年全球与低收入经济体创新平均得分变化

1.2.2 全球创新呈现欧美亚三足鼎立格局

创新的多级化趋势加速演化，欧洲、北美、亚太地区逐步形成三足鼎立的全球创新格局。各区域在创新实践过程中，结合自身禀赋，在创新要素布局上各有侧重，形成各具特色的创新路径。

（1）北美地区创新领先地位优势明显。综合表现方面，2022 年，美国、加拿大在 GII 全球创新榜单中分别位列第 2 位、第 15 位，平均创新综合得分与七大创新要素得分均领先其他地区，奠定了北美在全球创新的领先地位。创新要素方面，受益于区域成熟的金融市场和密集活跃的风险资本活动，北美地区市场成熟度领先优势尤为突出，较排名第 2 的欧洲地区领先 31.3 分。

（2）欧洲地区经济体创新实力整体强劲。综合表现方面，2022 年，欧洲仍保持较强的创新竞争力，经济体创新排名均位于前三梯队，全球创新第一梯队中有 21 个经济体位于欧洲，占比高达 63.6％。2022 年欧洲经济体平均创新综合得分为 43.0 分，位列全球第二。创新要素方面，欧洲在基础设施、知识技术产出方面表现较为突出，但在市场成熟度方面仍有提升空间。其中，基础设施平均得分 54.6 分，接近北美地区 57.9 分的水平，市场成熟度平均得分 41.6 分，与北美 73.0 分的水平相比仍有一定差距。此外，欧洲经济体创新首位度指标表现优异，在全球创新指数的近半数指标中，位列第一位的均是欧洲国家。

（3）亚太地区继续保持创新追赶势头。东南亚、东亚和大洋洲作为全球创新的新增长极，2022 年区域平均创新得分位列全球第 3 位。综合表现方面，2022 年，韩国（6）、新加坡（7）、中国（11）、日本（13）、中国香港（14）位列全球创新前 15 强，其中新加坡、中国排名再度上升 1 位，进一步巩固了全球创新强国的地位。此外，越南（87）、柬埔寨（108）、缅甸（127）等经济体加快创新追赶速度，排名较上年度分别上升 12、11 位与 11 位。创新要素方面，亚太地区市场成熟度和制度表现较好，平均得分 44.1 分与 64.7 分，与综合排名第二的欧洲地区整体持平。

2021 年与 2022 年各区域经济体创新平均得分情况如图 1-14 所示，2022 年各区域经济体七大创新要素得分情况如图 1-15 所示。

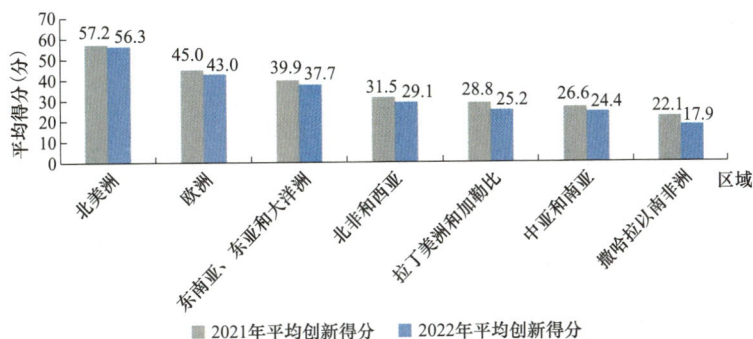

图 1-14　2021 年与 2022 年各区域经济体创新平均得分

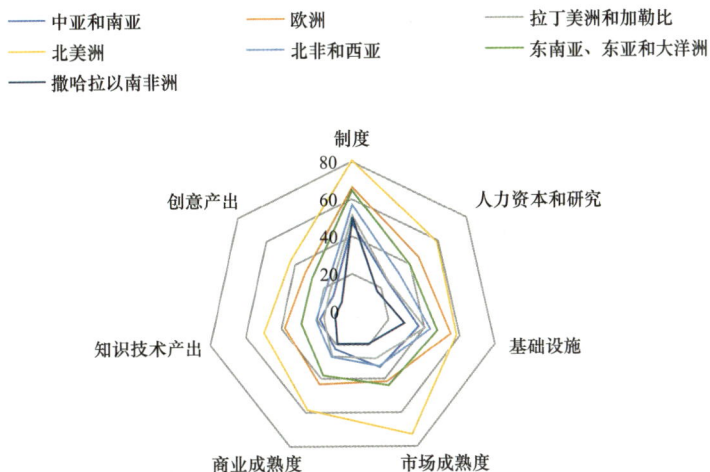

图 1-15　2022 年各区域经济体七大创新要素得分

1.2.3 创新领先经济体的优势愈发巩固

全球创新的梯队间差距日益扩大，创新领先经济体凭借在市场、知识技术产出与创意产出的优势，持续保持并巩固领先地位，充分体现创新能力建设的长期性。

（1）创新领先经济体排名波动较小。2022年，GII创新榜单第一梯队❶排名保持相对稳定，平均波动幅度为1.8位，变化最小，其中，前5位经济体持续4年保持稳定，瑞士连续第12年排名第一，美国升至第二位，随后依次是瑞典、英国、荷兰。2022年全球创新指数排名如表1-1所示。

表1-1　　　　2022年全球创新指数排名（前33位）

国家/经济体	排名	变化	得分	国家/经济体	排名	变化	得分
瑞士	1	0	64.6	爱沙尼亚	18	↑3	50.2
美国	2	↑1	61.8	卢森堡	19	↑4	49.8
瑞典	3	↓1	61.6	冰岛	20	↓3	49.5
英国	4	0	59.7	马耳他	21	↑6	49.2
荷兰	5	↑1	58.0	挪威	22	↓2	48.8
韩国	6	↓1	57.8	爱尔兰	23	↓4	48.5
新加坡	7	↑1	57.3	新西兰	24	↑2	47.2
德国	8	↑2	57.2	澳大利亚	25	0	47.1
芬兰	9	↓2	56.9	比利时	26	↓4	46.9
丹麦	10	↓1	55.9	塞浦路斯	27	↑1	46.2
中国	11	↑1	55.3	意大利	28	↑1	46.1
法国	12	↓1	55.0	西班牙	29	↑1	44.6
日本	13	0	53.6	捷克共和国	30	↓6	42.8
中国香港	14	0	51.8	阿联酋	31	↑2	42.1
加拿大	15	↑1	50.8	葡萄牙	32	↓1	42.1
以色列	16	↓1	50.2	斯洛文尼亚	33	↓1	40.6
奥地利	17	↑1	50.2				

---

❶ 根据GII排名划分全球创新梯队，排名1～33位为第一梯队，排名34～66位为第二梯队，67～99位为第三梯队，100～132为第四梯队。

领先经济体排名稳定，主要源于第一梯队内部较大的创新差距，2022年，第一梯队经济体间创新综合得分差距较大，达 24.0 分，是第二梯队的2.2 倍，第三、第四梯队的 2.7 倍、2.9 倍，意味着第一梯队经济体提升创新排名较其他梯队而言难度更大。2021 年与 2022 年各创新梯次国家排名变化情况如图 1-16 所示。

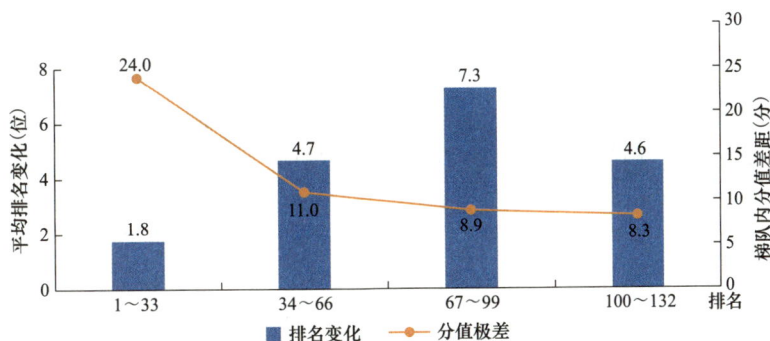

图 1-16　2021 年与 2022 年各创新梯次国家排名变化

(2) 领先经济体与身后梯队创新差距逐步拉大。2022 年，创新梯队间的差距仍在扩大，创新第一梯队与身后其他梯队间的差距分别由 2021 年的16.5、24.8、31.9 分，扩大至 17.9、26.7 分与 35.2 分，其中，第一、四梯队的两极差距显著拉大，创新实力对比的"马太效应"特征日益突出。2021、2022 年各创新梯队的平均得分情况如图 1-17 所示。

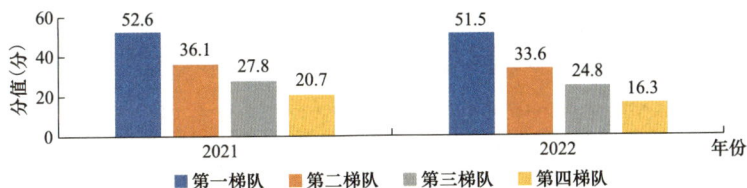

图 1-17　2021、2022 年各创新梯队的平均得分

(3) 人力资本和研究、商业成熟度是创新领先经济体保持优势的主要因素。整体视角，创新领先经济体凭借成熟的商业环境、技术产出积累与高端人才储备，持续保持创新优势。2022 年，全球创新第一梯队经济体在商业成熟度、知识技术产出、人力资本和研究等方面平均得分与其他经济体差距尤为突出，分别达 28.60、28.18 分与 27.99 分。分梯队视角，创新领先经

济体较第二、三梯队经济体的领先优势集中体现在商业成熟度，得分差距分别为 21.88 分与 29.46 分，但较第四梯队而言，人才优势更为突出，得分差距达 38.24 分。2022 年各创新梯队细分维度平均得分差距变化如图 1-18 所示。

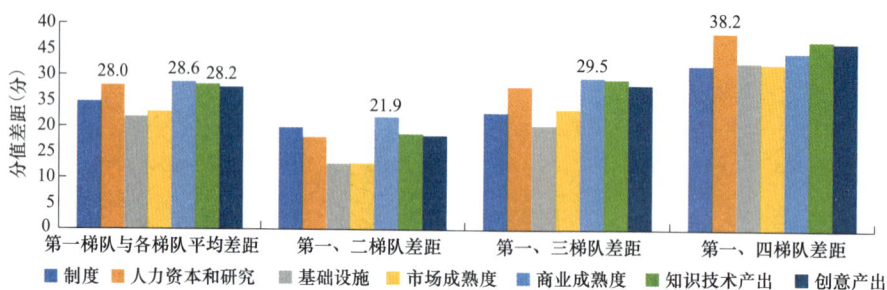

图 1-18　2022 年各创新梯队细分维度平均得分差距变化

1.2.4　中国全球创新竞争力进一步提升

中国全球创新排名持续提升，制度、市场成熟度与创意产出水平显著提高，但受贸易战、科技战等因素影响，高技术产品出口占比出现回落，知识和技术产出水平有所下降。

（1）中国持续向全球创新十强迈进，制度环境提升显著。综合来看，2022 年中国 GII 排名再次上升 1 位，超越法国，位列第 11 位。中国仍是唯一进入创新第一梯队的中等收入经济体，在东亚和大洋洲排名第三，仅次于韩国和新加坡。2022 年中国创新得分仍保持稳中有升，综合得分 55.3 分，较 2021 年上升了 0.5 分，2016—2022 年，与排名第 6 位经济体差距由 9.3 分逐步缩小 2.5 分。全球创新排名第 6～12 位经济体分数变化情况如图 1-19 所示。

细分来看，中国各创新要素排名稳中有升，其中，受益于国内商业制度环境的改善，制度环境得分提升显著，2022 年排名较上年度提升 19 位。知识和技术产出要素是我国在 7 大创新要素中最具优势的领域，排名延续近年来的小幅波动趋势，2022 年排名下降 2 位，排名第 6 位，其中知识的传播细项指标排名第 19 位，是下阶段推动我国知识和技术产出水平持续提升的重要突破口。2011、2021 年及 2022 年中国各创新要素排名变化情况如图 1-20 所示。

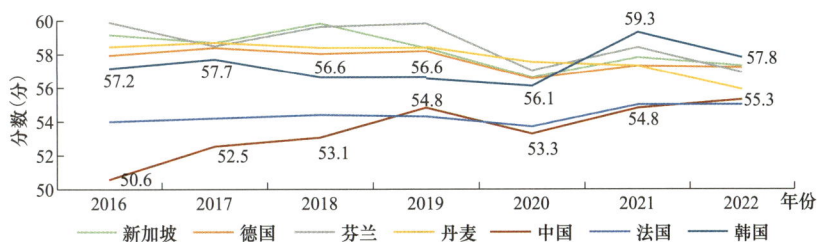

图 1-19　全球创新排名第 6～12 位经济体分数变化

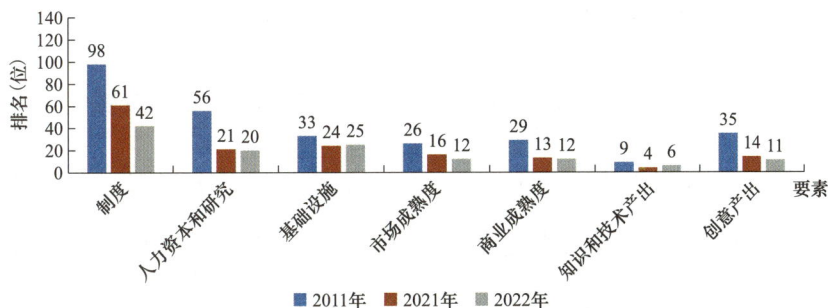

图 1-20　2011、2021 年及 2022 年中国各创新要素排名变化

（2）投入水平持续提升，但产出效率有所下降。横向视角，中国投入、产出水平依然保持全球领先水平，2022 年创新投入、创新产出分类指数排名均位列第一梯队，排名分别为第 21 位、第 8 位，但相比于产出排名，创新投入水平仍有较大提升空间。纵向视角，中国投入产出效率出现下降趋势，2016—2022 年中国创新产出呈先上升后下降趋势，排名自 2019 年连续三年下降，且创新投入与产出的得分差距也由 4.1 分逐步上升至 4.4 分。2016—2022 年中国创新投入与创新产出排名及得分变化情况分别如图 1-21、图 1-22 所示。

（3）创新首位度持续提升，但高技术产品出口占比出现回落。中国近 5 年创新指标首位数量保持相对稳定，2022 年有 9 个创新细分指标水平位居全球前列，与中国香港、以色列并列第 3 名。其中，国内市场规模、提供正规培

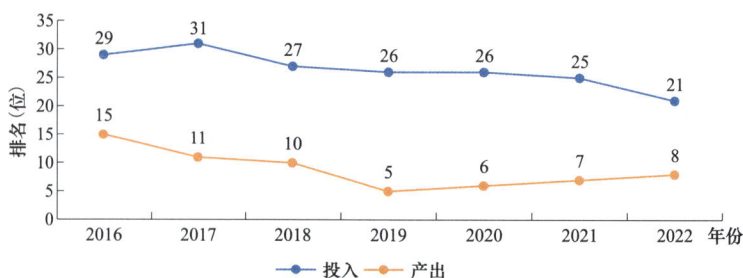

图 1-21　2016—2022 年中国创新投入与创新产出排名变化

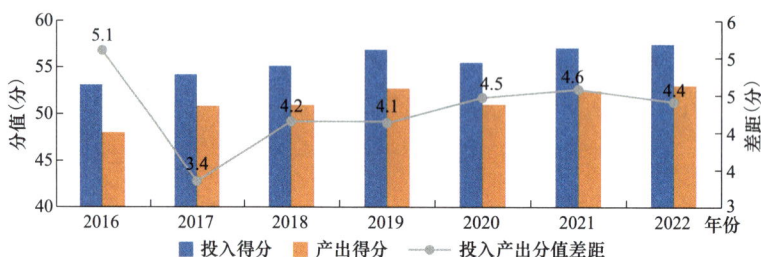

图 1-22　2016—2022 年中国创新投入与创新产出得分变化

训的公司占比、本国人专利申请量、本国人实用新型申请量、本国人外观设计申请量和创意产品出口长期稳居全球首位，劳动生产率排名逐年上升，但受美国对华技术封锁影响，高技术产品出口占比排名在 2022 年出现回落，排名第 4 位。中国 2018—2022 年创新能力居首指标如表 1-2 所示。

表 1-2　　　　　　中国 2018—2022 年创新能力居首指标

	创新力指标		2018 年	2019 年	2020 年	2021 年	2022 年
投入指标	人力资本和研究	阅读、数学、科学 PISA 量表得分			√	√	√
	市场成熟度	国内市场规模	√	√	√	√	√
	商业成熟度	提供正规培训的公司占比	√	√	√	√	√
产出指标	知识和技术产出	本国人专利申请量	√	√	√	√	√
	知识和技术产出	本国人实用新型申请量	√	√	√		√
	知识和技术产出	人均 GDP 增长率（2021 后为劳动生产率）		√			√
	知识和技术产出	高技术产品出口占比	√	√		√	
	创意产出	本国人商标申请量		√		√	√
	创意产出	本国人外观设计申请量	√	√	√	√	√
	创意产出	创意产品出口占比	√	√	√	√	√

1.3　科技集群创新格局

科技集群（Clusters of inventive activity）❶ 是指以地理空间集中的高技术产业集群为基础，由企业、研究机构、大学、政府、中介服务组织等构成，依托产业链、价值链和知识链优势，形成具有集聚经济和知识溢出特征的技术经济网络。作为全球科技创新高地与创新经济活跃区，科技集群通过要素、产业、生态的良性循环，维持与提升在全球创新体系中的地位。

1.3.1　科技集群进一步向欧美亚区域集聚

科技集群作为国家、区域创新水平与创新生态的集中体现。欧美亚三大创新领先地区科技集群创新表现领先全球，在数量分布、排名分布与科技强度方面表现各具特色。

（1）数量分布上，百强科技集群集中分布于创新领先地区。 北美、欧洲和亚太地区等全球创新领先地区科技集群高度集聚，占据百强科技集群的 91 席，是全球最具创新活力的区域。其中，亚太地区与北美地区主要受中国、美国的带动，欧洲地区百强科技集群则呈分散布局态势，均衡分布于各创新领先经济体。具体而言，亚太地区全球百强科技集群数量领先全球，以 35 个上榜集群占据榜首，较 2021 年增加 2 位，集群创新影响力进一步提升；其次为欧洲，2022 年上榜数量 31 个，与上一年度持平；北美洲以 25 个上榜数量排名第 3，较 2021 年减少 3 位。2022 年全球上榜科技集群区域分布情况如图 1-23 所示。

（2）排名分布上，亚太地区科技集群创新优势进一步增强。 亚太地区占据科技集群前 5 强的 4 席，前 25 强的 12 席，是全球顶尖科技集群聚集地。其中，东京-横滨持续高居全球之首，香港-深圳-广州科技集群紧随其后，北京、首尔分别位列第 3、4 位，集群创新影响力日益稳固。北美洲创

---

❶ 自 2017 年起，GII 报告每年评估出全球 100 个最具创新能力的科技集群榜单。

新集群表现仅次于亚太地区，前 25 强中占据 8 席，较上年度减少 1 位。欧洲地区顶尖科技集群相对较少，上榜集群主要分布于 26～100 位，整体梯队分布有后移趋势，排名 50～100 名集群较上年度增加 2 个。2022 年全球上榜科技集群排名分布情况如图 1-24 所示。

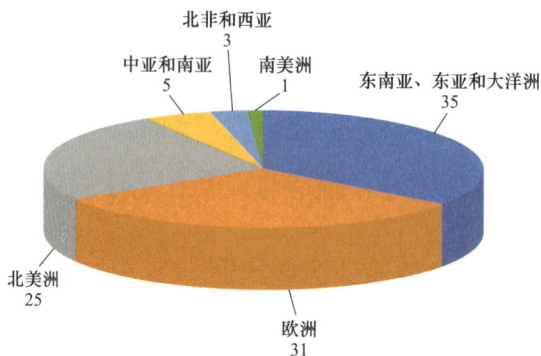

图 1-23　2022 年全球上榜科技集群区域分布

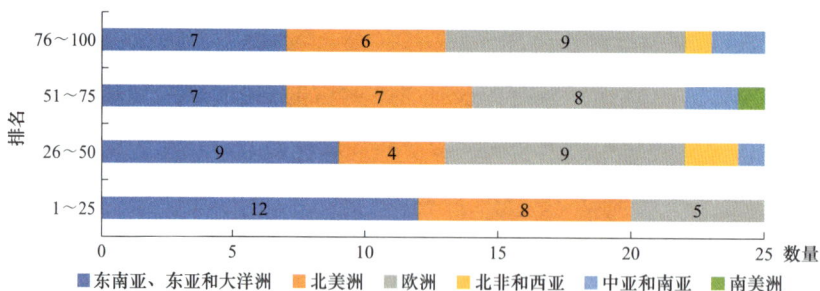

图 1-24　2022 年全球上榜科技集群排名分布

（3）科技强度方面[注]，欧美地区科技集群的创新活动更为密集。北美洲、欧洲地区集群科技强度表现突出，在榜集群平均排名均为 40 位，是全球唯二的集群科技强度排名优于综合排名的地区，创新活动密集度高。科技强度排名前 10 位集群中，9 位均来自欧美地区，其中，剑桥（英国）和埃因霍温（荷兰/比利时）科技强度最高。亚太地区受益于规模优势，科技集群综合排名领先，但科技强度有待提升，集群科技强度平均水平位列全球第 57 位，较北美洲、欧洲的水平仍有一定差距。例如，综合排名全球前 3 的

──────────

[注]　科技强度：专利和科学出版物份额之和除以人口。

东京—横滨、深圳—香港—广州、北京，科技强度排名仅为第 20、39 位与第 22 位。全球各地区科技集群平均综合排名与强度排名情况如图 1-25 所示，科技集群创新强度与综合排名前 10 强分布情况如表 1-3 所示。

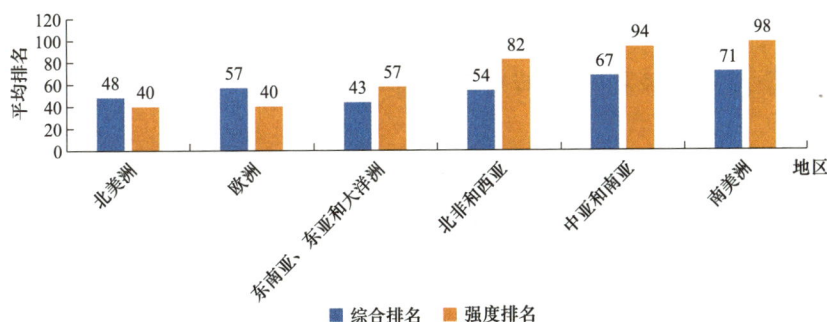

图 1-25　全球各地区科技集群平均综合排名与强度排名

表 1-3　　　　科技集群创新强度与综合排名前 10 强分布

排名	科技集群名称	经济体	地区	强度排名	综合排名
强度排名前 10 强	剑桥	英国	欧洲	1	62
	埃因霍温	比利时/荷兰	欧洲	2	36
	大田	韩国	东南亚、东亚和大洋洲	3	20
	圣何塞—旧金山	美国	北美洲	4	5
	牛津	英国	欧洲	5	78
	波士顿—剑桥	美国	北美洲	6	8
	安娜堡	美国	北美洲	7	77
	圣迭戈	美国	北美洲	8	11
	西雅图	美国	北美洲	9	18
	隆德—马尔默	瑞典	欧洲	10	96
综合排名前 10 强	东京—横滨	日本	东南亚、东亚和大洋洲	20	1
	深圳—香港—广州	中国	东南亚、东亚和大洋洲	39	2
	北京	中国	东南亚、东亚和大洋洲	22	3
	首尔	韩国	东南亚、东亚和大洋洲	31	4
	圣何塞—旧金山	美国	北美洲	4	5
	中国	中国	东南亚、东亚和大洋洲	80	6
	日本	日本	东南亚、东亚和大洋洲	36	7
	美国	美国	北美洲	6	8

排名	科技集群名称	经济体	地区	强度排名	综合排名
综合排名前10强	美国	美国	北美洲	67	9
	法国	法国	欧洲	46	10

1.3.2 创新领先国家科技集群优势凸显

科技集群是国家间科技竞争的重要体现，一定程度上反映了国家科技创新水平。2022年，全球科技集群呈现出三大创新经济体持续领跑、中等收入经济体加速追赶的特点。

（1）美国、中国、德国科技集群入选数量持续领跑。2022年，三大经济体百强科技集群上榜数量合计达52个，与上年度保持持平。其中，美国科技集群上榜数量21个，较上年度减少3位；中国集群竞争力仍保持稳步提升态势，上榜数量再次增加1位，首次与美国持平；德国上榜数量10个，较上年度增加2位，排名第3位。2017—2022年全球主要地区科技集群分布变化情况如图1-26所示。

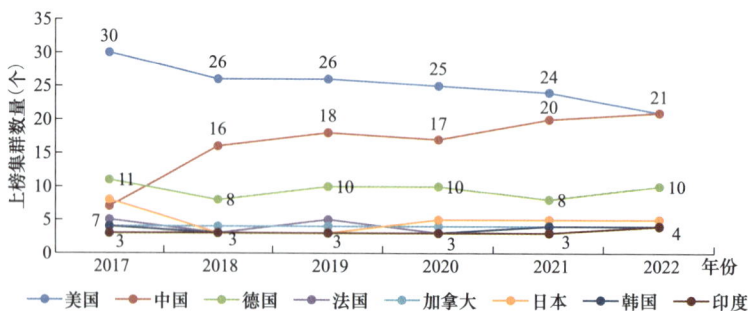

图1-26 2017—2022年全球主要地区科技集群分布变化情况

（2）中等收入国家科技集群表现稳中有进。除中国外，全球仍有5个中等收入经济体上榜百强集群，包含俄罗斯的莫斯科（31位）、伊朗的德黑兰（32位）、土耳其的伊斯坦布尔（46位）、印度的班加罗尔（60位）和巴西的圣保罗（71）。印度是除中国外，唯一一个百强集群数量超过3个的中等收入经济体，2022年上榜集群数量达4个，较上年度增加1位，但整体排名相对靠后，分别为 60、65、84 位与 97 位。

1.3.3　领先科技集群共性特征愈发明显

GII 主要从产出视角，以 PCT 申请量、科学出版物数量作为科技集群创新水平的评价指标，可在一定程度上评估科技集群创新水平，但由于缺少创新投入视角的评价，在分析科技集群培育路径方面指导性不足。GIHI 报告综合投入、产出视角，从科学中心、创新高地、创新生态三大维度评估区域创新水平，且评估结果与 GII 百强集群具有较高重合度，2022 年上榜科技创新中心与 GII 科技集群重合度达 80%，其中前 20 强排名重合度达70%。两大榜单的高重合度一定程度上表明，较强的创新要素集聚能力、坚实的产业基础与良好的创新创业氛围是领先科技集群的共性特征，也是科技集群建设与发展需要关注的重要方面。2022 年 GII 与 GIHI 科技创新榜单前20 强分布情况如表 1-4 所示。

表 1-4　　2022 年 GII 与 GIHI 科技创新榜单前 20 强分布情况❶

GII 科技集群前 20 强				GIHI 科技创新中心 20 强			
集群	排名	集群	排名	创新中心	排名	创新中心	排名
东京—横滨	1	圣迭戈	11	旧金山—圣何塞	1	西雅图—塔科马—贝尔维尤	11
深圳—香港—广州	2	名古屋	12	纽约	2	首尔	12
北京	3	南京	13	北京	3	新加坡	13
首尔	4	杭州	14	伦敦	4	慕尼黑	14
圣何塞—旧金山	5	洛杉矶	15	波士顿	5	巴尔的摩—华盛顿	15
上海—苏州	6	武汉	16	粤港澳大湾区	6	洛杉矶—长滩—阿纳海姆	16
大阪—神户—京都	7	华盛顿	17	东京	7	阿姆斯特丹	17
波士顿—剑桥	8	西雅图	18	日内瓦	8	圣地亚哥	18
纽约	9	伦敦	19	巴黎	9	剑桥	19
巴黎	10	大田	20	上海	10	苏黎世	20

（1）创新关键要素聚集是夯实集群创新实力的重要前提。 创新要素是科

---

❶　标蓝代表两大榜单前 20 强重合部分。

技集群创新发展的基础与关键支撑，其中，基础设施是创新活动的支撑，机构、人才是创新活动的重要主体，知识产出是创新中心持续原创力的重要体现，各创新要素的有机协同，共同构筑中心科技创新实力。当前，全球领先科技集群在创新要素布局上各有侧重，以北京为代表的中国创新集群着力强化科技基础设施建设，并逐步强化科研院所体系建设。2022 年北京在基础设施指标得分排名第一，北京与粤港澳大湾区科研机构得分分别由 83.6、88.7 分提升至 88.2、94.9 分。

（2）创新活动与创新经济的良性互动成为集群持续保持创新能力的关键。科技集群是新知识、新技术、新产品、新产业的策源地，依托区域经济实力与产业基础，实现新技术的产业化落地。一方面，科技集群通过聚集大量创新型企业、高技术企业，发挥企业主体在供应链、生产制造、市场推广等产业化资源的高效配置能力，有效支持新技术的产品化、产业化；另一方面，技术的产业化进一步推动产业主体在科技集群的集聚，并通过将技术优势转化为经济优势，反哺科技创新活动，实现创新的良性循环。旧金山是全球创新产业化基础最优越的科技集群，在创新企业、新兴产业与经济发展水平方面保持领先地位，其中创新企业、新兴产业得分均为 100 分，排名第二的集群得分仅为 79.3 分与 74.9 分，分别为北京和东京。

（3）营造科技创新环境与创新氛围是提升集群创新活力与效能的保障。科技集群是多主体协同的创新组织，也是创新要素的集聚地，需借助卓越的创新环境和浓厚的创新氛围打破制约各创新主体协同与创新要素流动的壁垒。GIHI 从开放合作、创业支持、公共服务与创新文化等方面评估集群创新生态，欧美地区创新集群凭借长期形成的创新文化积淀，在创新生态方面领先全球，创新生态排名前十的集群中，有 7 个来自欧美地区，其中旧金山、伦敦、纽约位列前三。亚洲地区通过新兴产业创新生态建设，加快创新环境培育，北京、粤港澳大湾区与新加坡凭借较高的开放创新合作水平与创业支持力度，在创新生态指标方面分别位列第 4、5 位与第 10 位。

1.3.4　中国科技集群整体实力稳步提升

中国通过强化科技创新投入、创新型企业培育与金融服务支持，大力提升科技集群综合实力。

（1）中国科技创新集群数量跃居全球首位，上榜集群排名大幅提升。
2022 年中国首次跃居 GII 全球科技集群百强行列第一位，在新增郑州、厦门两个科技集群的情况下，共计上榜 21 个科技集群，上榜数量与美国持平。在排名分布上，大部分集群排名实现不同程度提升，其中，深圳—香港—广州、北京、上海—苏州稳居国内前 3，保持全球前 10 强地位；郑州、青岛、厦门三大集群排名提升幅度显著，分别上升 15、12 位和 12 位，其中，郑州、厦门首次进入科技集群前 100 强。2021—2022 年中国上榜科技集群排名变化情况如表 1-5 所示。

表 1-5　　　　　　2021—2022 年中国上榜科技集群排名变化

序号	集群名称	GII 排名		
		2022 年	2021 年	较 2021 年变化
1	深圳—香港—广州	2	2	0
2	北京	3	3	0
3	上海—苏州	6	7	1↑
4	南京	13	15	2↑
5	杭州	14	18	4↑
6	武汉	16	20	4↑
7	西安	22	25	3↑
8	台北—新竹	26	26	0
9	成都	29	33	4↑
10	青岛	34	46	12↑
11	天津	37	39	2↑
12	长沙	41	51	10↑
13	重庆	49	58	9↑
14	合肥	55	63	8↑
15	哈尔滨	56	61	5↑

续表

序号	集群名称	GII 排名		
		2022 年	2021 年	较 2021 年变化
16	济南	61	67	6↑
17	长春	63	70	7↑
18	沈阳	68	77	9↑
19	大连	72	81	9↑
20	郑州	83	98	15↑
21	厦门	91	103	12↑

（2）高速成长的科技集群在创新投入、创新经济与金融服务水平方面表现优异。青岛、长沙、郑州、厦门是中国极具创新潜力的科技集群，2022年创新排名均提升超 10 位，尤其是在科学技术支出、高新技术企业数量与金融机构人民币存贷款余额方面实现高速增长，2020－2021 年增速显著高于中国上榜科技集群平均水平，一定程度上反映创新投入、创新经济与金融服务对集群创新水平提升的促进作用。其中，青岛在高新技术企业与金融存贷款余额方面增长显著，分别达 26.3％、29.5％；长沙在科学技术支出、高新技术企业数量方面表现优异，增速分别达 24.1％、26.0％；郑州高新技术企业对区域创新的带动作用突出，增速达 40.3％，是中国科技集群平均增速的两倍多；厦门在科技支出、高新技术企业培育与金融服务方面均衡发力，增速分别为 22.7％、22.7％与 29.4％。2020－2021 年中国主要科技集群科技支出、高企数量与金融规模增长情况如图 1-27 所示。

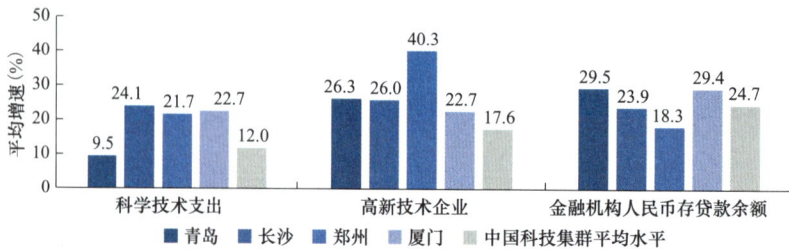

图 1-27 2020－2021 年中国主要科技集群科技支出、高企数量与金融规模增长❶

---

❶ 数据来源：中国科技统计年鉴。

1.4　小结与展望

立足当下，全球政治经济形势复杂严峻，各国日益重视对关键技术、关键资源的控制力，围绕科技创新出台一系列政策，全力推动关键技术、前沿技术实现突破，保障重要产业供应链的安全可控，强化竞争优势。随着数字化在人们生产和生活场景的全方位覆盖，全球创新投资市场景气度明显上升，数字技术创新和迭代速度明显加快。国家视角，全球竞争格局加速分化，高收入经济体持续保持领先优势，中高收入经济体在市场成熟度方面加速追赶，中低收入经济体在基础设施、知识技术产出与创意产出方面创新差距持续拉大。科技集群视角，创新领先区域的科技集群优势越发突出，研发能力、科技服务水平与经济基础是科技集群建设需关注的重要因素。

面向未来，完善制度体系建设、商业成熟度，提升创新产出水平，仍是中等偏上收入经济体提升创新实力的重要抓手。中等偏下、低收入经济体需关注基础设施、创意产出、人力资本和研究、知识技术产出水平提升。在科技竞争日益激烈的背景下，中国需要加快前瞻领域创新投资布局，抢占新产业和未来产业创新发展制高点，打造具有优秀创新环境、卓越创新生态的高质量科技集群是关键一招。①着力提升知识影响力与知识传播水平，在全社会营造重创新、敢创新、真创新、创真新的氛围，在持续提升研发（R&D）投入水平过程中，要加快提升研发投入产出效率，在科技成果质量与数量竞争中立于不败之地；②围绕创新型企业、高校院所、创新人才等多主体需求，完善公共服务体系、开展创新创业支持、营造创新创业文化、提升对外开放合作吸引力，激发多元主体创新活力；③着眼科研、研发、量产、市场等创新链各环节需求，完善科技中介、咨询服务、金融、法律及行业协会等创新支撑服务体系，推动知识、技术、资本、人才等创新要素有效流转，助推创新链各环节的有效衔接。

第 2 章

全球领先企业创新发展格局

本章基于《全球创新指数（GII）》（2022）《欧盟工业研发投资记分牌》（2013—2022）等全球权威榜单，以及 OECD、WIPO 等机构数据，重点以《欧盟工业研发投资记分牌》❶ 榜单选取的全球创新 2500 强企业❷为分析对象，综合采用纵向时间序列分析、横向截面分析等方法，从投入产出视角，研判全球企业创新发展态势。

2.1　创新领先企业全球经济地位

在疫情尾声扰动、地缘政治紧张和全球经济下行等不利因素中，创新领先企业凭借较强抗风险性与发展潜力，成为全球经济增长与创新发展的引擎，全球引领性作用日益凸显。

2.1.1　创新领先企业成为全球经济增长的重要引擎

创新领先企业对全球经济增长重要性逐步提升，并依托创新带来的市场竞争优势，在疫情尾声扰动、地缘冲突加剧、全球消费市场信心不足、资本市场震荡加剧等多重不利因素叠加的背景下，依然保持亮眼的经营业绩。

（1）创新领先企业对全球经济的贡献度进一步加强。2017—2021 年，创新 2500 强企业净销售额与全球 GDP 的比值呈波动上升态势，占比整体高于 26％，2021 年创新 2500 强企业净销售额占全球 GDP 的比重为 28.3％，较 2017 年增长了 1.5 个百分点。2021 年，受全球疫情和通货膨胀等不利因素影响，全球经济不确定性增加，但创新 2500 强企业净销售额占全球 GDP 的比重仍保持增长态势，同比增长 1.1 个百分点，体现出创新领先企业在重大挑战下的强抗风险能力，为稳定全球经济发挥了重要的作用。2017—2021

---

❶　《欧盟工业研发投资记分牌》于每年 11～12 月发布，由于当年榜单统计的均为企业上一年度数据，故下文涉及的榜单排名数据均为 2022 年 11 月底公布，对应的企业经营数据为 2021 年，依此类推。

❷　后文创新领先企业、创新 2500 强企业、上榜企业均指《欧盟工业研发投资记分牌》创新 2500 强企业。

年全球创新 2500 强企业净销售额与全球 GDP 比值如图 2-1 所示。

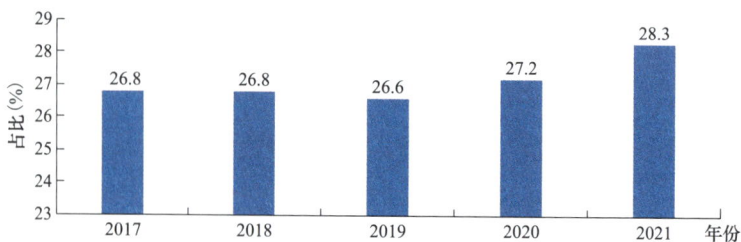

图 2-1　2017—2021 年全球创新 2500 强企业净销售额与全球 GDP 比值❶

（2）创新领先企业的综合实力持续提升。 2021 年，受疫情、国际政治、金融等因素影响，全球消费者信心不足，消费市场受到冲击，资本市场震荡加剧，但创新领先企业在销售额、盈利能力和企业市值等方面表现依然亮眼。销售情况上，创新前 10 强企业中有 7 家在 2021 年实现净销售额超 10％的高速增长，其中 Meta（原 Facebook）和谷歌的净销售额增速分别高达 41.2％和 37.2％。盈利能力上，创新前 10 强企业中有 8 家企业在 2021 年实现超 20％的利润率，其中，谷歌和 Meta 的利润率更是高达 39.6％和 30.6％。资本市场表现上，创新前 10 强企业中的 9 家上市企业在 2021 年均实现不同程度的市值增长，大众和谷歌的市值增长更是高达 89.3％和 78.0％。全球创新前 10 强企业 2020、2021 年净销售额、利润率、市值情况如表 2-1 所示。

表 2-1　全球创新前 10 强企业 2020、2021 年净销售额、利润率、市值

创新 2500 强排名	企业名称	所处行业	2020 年净销售额增速	2021 年净销售额增速	2020 年利润率	2021 年利润率	2020 年市值增速	2021 年市值增速
1	谷歌	软件和 ICT❷ 服务	12.8％	41.20％	22.6％	30.6％	37.3％	78.0％
2	META	软件和 ICT 服务	21.6％	37.20％	38.0％	39.6％	57.8％	28.3％
3	微软	软件和 ICT 服务	17.5％	18％	41.6％	42.0％	62.1％	32.9％

---

❶　数据来源：2017—2022 年《欧盟工业研发投资记分牌》、世界银行数据库。2020 年与 2021 年报告数据较之前有所调整，主要由 GDP 统计口径与汇率取值的影响，2020 年以前报告 GDP 数据采用联合国 2017 年不变价美元计算，并使用 2017 年度平均汇率进行换算，2020 年和 2021 年度报告 GDP 数据采用现价美元计算，并用各年度平均汇率进行货币折算，受汇率波动影响，GDP 占比出现一定波动。

❷　ICT：信息通信技术，Information and Communication Technology，下文简称为 ICT。

创新2500强排名	企业名称	所处行业	2020年净销售额增速	2021年净销售额增速	2020年利润率	2021年利润率	2020年市值增速	2021年市值增速
4	华为	技术、硬件及设备	3.8%	−1.40%	8.1%	24.5%	—	—
5	苹果	软件和ICT服务	5.5%	33.30%	24.1%	29.8%	137.2%	12.2%
6	三星电子	ICT硬件	2.8%	18.10%	15.2%	18.5%	22.7%	42.0%
7	大众	汽车及零部件	−11.8%	12.30%	4.5%	7.4%	0.6%	89.3%
8	英特尔	技术、硬件及设备	8.2%	1.50%	30.6%	27.9%	3.2%	1.2%
9	罗氏	制药与生物技术	−5.1%	7.70%	31.8%	28.9%	16.7%	16.5%
10	强生	制药与生物技术	0.6%	13.60%	25.8%	27.4%	19.2%	12.8%

2.1.2　领先企业的创新引领作用加速巩固

创新领先企业的研发投入规模与强度总体保持增长，创新产出主力的地位进一步巩固，是全球企业创新的重要驱动力。

(1) 创新领先企业研发投入稳步增长。投入规模方面，面对疫情冲击，2021 年创新 2500 强企业研发投入仍保持高速增长，总体研发投入规模达 10 939 亿欧元，较 2020 年增长 20.4%，近 8 年复合增速为 9.3%，投入增长明显提速。投入占比方面，研发支出占 GDP 比重稳步提升，在全球经济活动中的重要性日益突出。根据世界银行公布的数据，2020 年全球研发支出占 GDP 比重达 2.6%，较 2013 年增长 0.5 个百分点。

(2) 创新领先企业研发强度维持较高水平。2021 年创新领先企业研发投入强度为 4.7%，依然保持高位，远高于 OECD 国家研发投入强度水平（2.7%）。从增长方面，2021 年，2500 强企业研发投入强度较 2013 年增长 1.5 个百分点，远高于 OECD 国家 0.4 个百分点的增幅。

2013—2021 年 OECD 国家与全球创新 2500 强企业研发投入强度如图 2-2 所示。

(3) 创新领先企业是全球技术产出的主要贡献者。企业是 PCT 专利申请的主力军，2015—2021 年，申请量占比始终高于 85%，且占比呈逐年上升趋势。2021年PCT专利申请量16.9万件，其中14.7万件由企业贡献。全球创新2500强企业创新的头部效应尤为突出，表现为年度PCT专利申请数量大于等于100的企业大部分来源于创新2500强企业，2021年PCT申请数量大于等于100的2500强企业218家，占比82.3%；对应的领先企业PCT专利申请量9.0万件，占比高达96.3%，较2015年的91.7%显著提升。2015—2021年全球PCT申请量及主体类型分布情况、申请量大于等于100件的企业分布情况分别如图2-3、图2-4所示。

图2-2 2013—2021年OECD国家与全球创新2500强企业研发投入强度

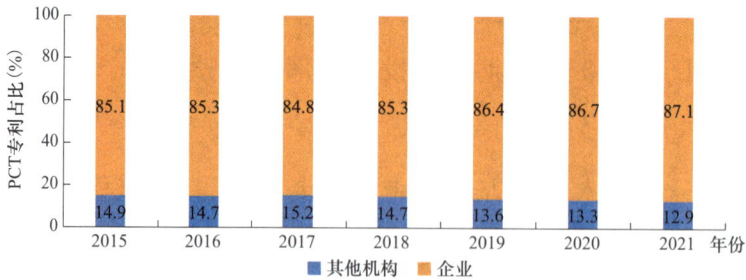

图2-3 2015—2021年全球PCT申请量及主体类型分布❶

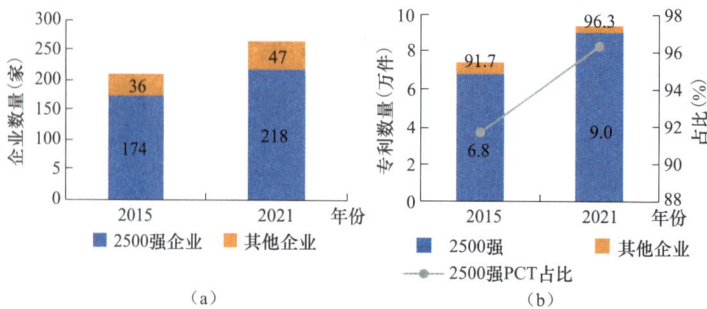

（a）

（b）

图2-4 2015—2021年全球PCT申请量大于等于100件的企业分布

（a）企业数量；（b）PCT申请量

❶ 数据来源于WIPO，其他机构主要包含政府、高校、个人等。

2.2　创新领先企业国家分布

全球创新领先企业国家分布集聚程度日益增强，各收入经济体创新水平稳步提升。一方面，领先企业进一步向美国、中国两大经济体集聚；另一方面，中等收入经济体创新布局提速，企业平均创新投入稳步增长。

2.2.1　创新领先企业向中美等优势经济体进一步集聚

优势经济体的企业整体创新实力不断增强，在创新领先企业上榜数量、研发投入规模与创新产出规模上的优势进一步扩大。

企业数量方面，2022 年创新 2500 强企业来自 41 个国家或地区，较 2021 年新增越南和印度尼西亚两个国家，分别各有 1 家企业上榜。上榜领先企业仍主要集中于美国、中国、欧盟、日本与英国，且进一步向美国、中国集聚。2015－2022 年全球创新 2500 强企业国家分布情况如图 2 - 5 所示。

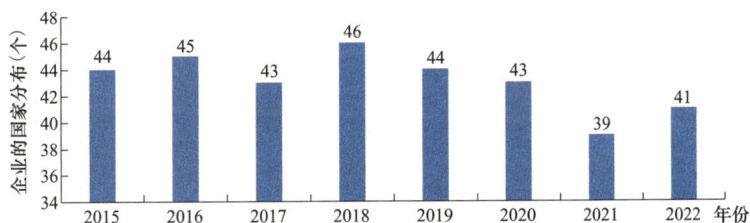

图 2 - 5　2015－2022 年全球创新 2500 强企业的国家分布情况

2015－2022 年上述 5 大经济体上榜企业数量合计占比由 88.4% 上升至 90.9%，其中，超半数领先企业集中在中、美两国，合计占比由 49.8% 上升至 63.4%。具体而言，美国领先优势突出，以 822 家上榜企业位列榜首，中国增长最为显著，2022 年上榜企业数量达 762 家，较 2015 年增长 83.6%，较上年增长 11.6%。2015－2022 年全球创新 2500 强企业在重点国家的分布情况如图 2 - 6 所示。

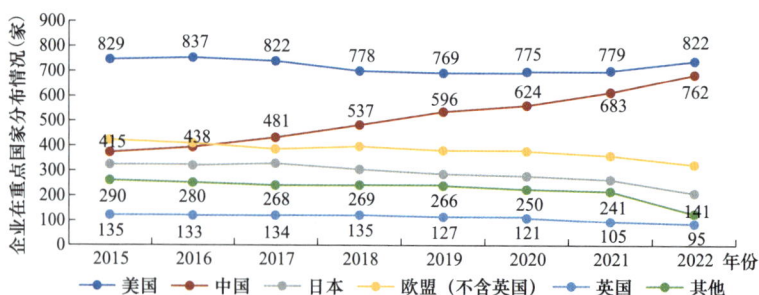

图 2-6 2015－2022 年全球创新 2500 强企业在重点国家分布情况❶

研发投入方面，2021 年，美国、中国、欧盟与日本四大经济体领先企业研发投入合计占比高达 88.4％，较 2020 年增长 0.5 个百分点。其中，美国创新领先企业研发投入遥居全球首位，2021 年达 4397 亿欧元，是中国的 2.0 倍，欧盟的 2.3 倍。在增速方面，主要经济体研发投入均呈现不同程度的增长，其中，中国、美国企业研发投入增速领先，2021 年分别增长 37.8％与 28.0％。2020 年和 2021 年主要国家创新领先企业研发投入规模如图 2-7 所示。

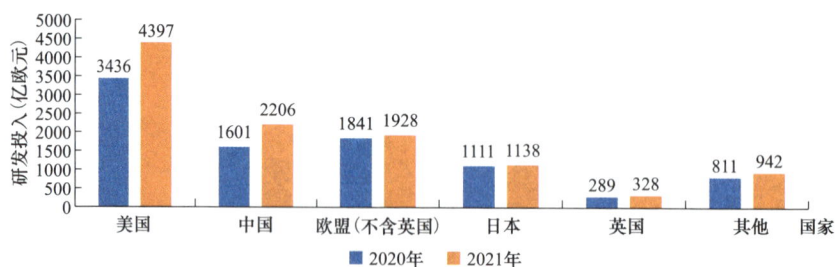

图 2-7 2020 年和 2021 年主要国家创新领先企业研发投入规模❷

创新产出方面，2015－2021 年全球企业 PCT 专利申请主要来源于中国、日本、美国、韩国、德国等国家和地区，2021 年合计占比高达 85.5％。中国企业 PCT 专利申请量增长迅速，2015－2021 年年均复合增速高达 17.9％，2021 年以 3.9 万件位居全球第 2 位。日本、美国、德国分别位居第 1、3、4 位，2021 年企业申请量分别为 4.0 万、3.1 万件与 1.0 万件，与

---

❶ 本章中国样本均涵盖台湾地区。

❷ 中国创新领先企业研发投入规模涵盖了台湾地区的创新领先企业的研发投入。

其他国家、地区拉开明显差距。2015—2021 年全球主要国家企业全球 PCT 专利申请量如图 2-8 所示。

图 2-8　2015—2021 年全球主要国家企业全球 PCT 专利申请量

2.2.2　高收入经济体创新领先企业优势有所弱化

高收入经济体领先企业在研发投入及产出端的整体表现均出现一定程度下滑，与中等收入经济体领先企业的优势进一步缩小。

(1) 投入视角，创新投入规模、占比与强度优势呈下降态势。规模方面，2022 年，高收入经济体领先企业上榜数量 1786 家，较 2021 年减少了 77 家；对应 2021 年合计研发投入为 8907 亿欧元，上榜企业数量与研发投入分别为中等收入经济体的 2.5 倍与 4.4 倍。**占比方面**，高收入经济体上榜企业数量与研发投入占比呈现下降趋势，近 1 年企业数量与研发投入占比分别下降 3.1 个百分点与 2.5 个百分点。上述变化主要由中国领先企业创新水平提升挤占所致，近 1 年中国领先企业上榜数量占比与研发投入全球占比分别增长 3.2% 与 2.6%，略高于高收入经济体的下降幅度。**强度方面**，2021 年高收入经济体上榜企业平均研发投入强度达 4.9%，较 2020 年降低 0.3 个百分点，与中等收入经济体平均研发强度差距显著缩小，由 1.7 个百分点降低至 0.8 个百分点。

高收入经济体创新 2500 强企业上榜数量与研发投入如图 2-9 所示，各收入水平经济体创新 2500 强企业平均研发投入强度如图 2-10 所示。

(2) 产出视角，企业 PCT 申请量优势逐步下降。规模体量上，2017—

35

2021 年，高收入经济体企业 PCT 专利申请量由 10.7 万件增长至 11.4 万件，年均复合增速 1.6%，远低于 4.6% 的全球增速，其占比也由 82.5% 下降至 73.5%。上述变化主要是中国企业的高速增长挤占所致，2017－2021 年，中国企业 PCT 申请量占比显著增长 11.0 个百分点，年均复合增速高达 20.4%，成为全球企业 PCT 申请量增长最快的经济体。2017－2021 年各收入水平经济体企业 PCT 申请量占比如图 2-11 所示。

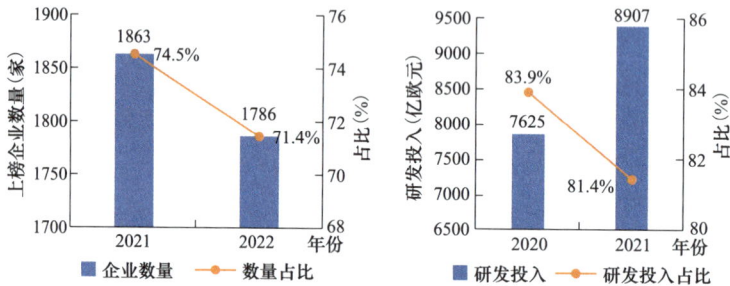

图 2-9　高收入经济体创新 2500 强企业上榜数量与研发投入

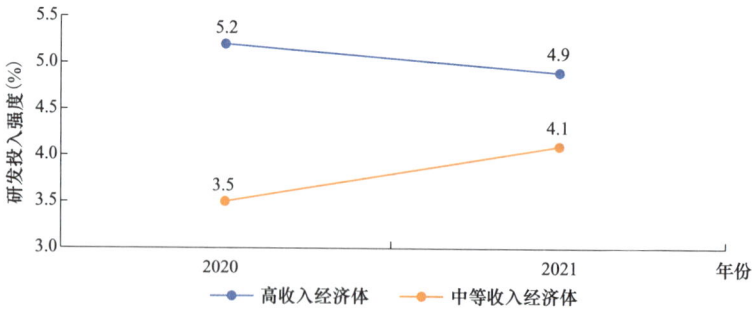

图 2-10　各收入水平经济体创新 2500 强企业平均研发投入强度

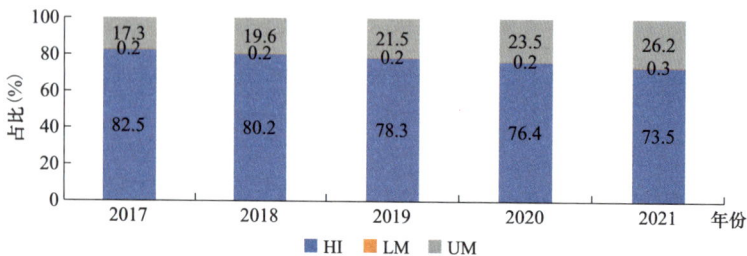

图 2-11　2017－2021 年各收入水平经济体企业 PCT 申请量占比

2.2.3　中等收入经济体企业创新竞争力稳步提升

中国企业创新活力不断增强，推动中等收入经济体企业创新表现持续改善，上榜企业总量、研发投入规模、研发投入水平等指标均实现较大提升。

企业数量上，2022 年中等收入经济体企业上榜数量达 714 家，较上年度增长 77 家，全球占比较上年度增长 3.1 个百分点。上述增长主要是中国企业贡献，剔除中国影响后，其他中等收入经济体上榜企业数量下降 4 家。**研发投入规模上**，2022 年上榜领先企业 2021 年研发投入为 2032 亿欧元，全球占比较上年度增长 2.5 个百分点，剔除中国影响后，其他中等收入经济体研发投入规模为 73 亿欧元，较上年度增长 35.2%，但由于基数仍较小，对全球占比的影响不大。印度是除中国外，唯一一个上榜领先企业数量超 5 家的中等收入经济体，2022 年，印度上榜企业数量 24 家，较上一年度减少一家，研发投入合计达 56 亿欧元，较上年显著增长 28.8%。**研发投入水平上**，中等收入经济体领先企业平均研发投入规模显著增长，近一年增长 0.6 亿欧元，增速达 23.8%，剔除中国影响，其他国家平均投入水平为 2.0 亿欧元，近一年增幅较大，达 50.2%。2021—2022 年中等收入经济体创新 2500 强企业上榜数量与研发投入如图 2-12 所示，2020—2021 年中等收入经济体平均研发投入与增速如图 2-13 所示。

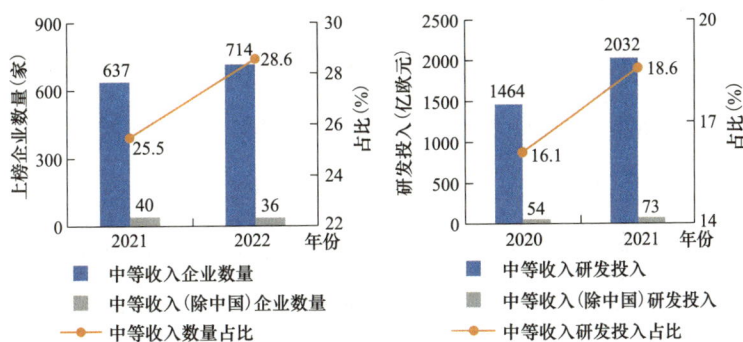

图 2-12　2021—2022 年中等收入经济体创新 2500 强企业上榜数量与研发投入

37

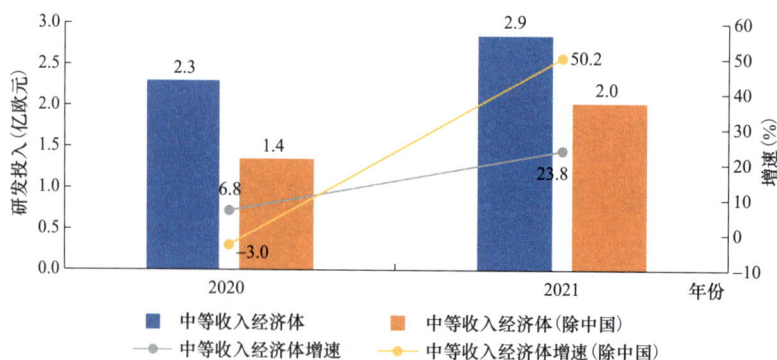

图 2-13　2020—2021 年中等收入经济体平均研发投入与增速

2.3　创新领先企业产业格局

全球领先企业向前沿领域聚焦的趋势仍在加强，但受产业发展阶段影响，各领域领先企业创新表现有所分化。各国领先企业产业布局差异明显，在巩固现有产业优势基础上，在前沿领域的多元布局趋势明显。

2.3.1　产业发展驱动前沿领域企业创新表现分化

随着数字化技术的加速渗透，传统服务业、工业制造领域创新提速，以转型拓展行业增量发展空间，全球领先企业创新进一步聚焦制药和生物技术、软件和 ICT 服务领域。

（1）研发投入进一步向前沿领域集中。近年来，全球领先企业研发投入规模仍保持上升趋势，剔除 2020 年全球疫情冲击的影响，近两年平均增速达 10.5%。在创新投入稳步增长的背景下，领先企业研发投入进一步向四大前沿领域聚焦，2021 年全球领先企业研发投入主要集中在 ICT 硬件和电子电气设备、制药和生物技术、软件和 ICT 服务、汽车及零部件等四大前沿领域，合计占比达 72.9%，较上年度提升 0.5 个百分点，较 2019 年提升 1 个百分点。2019—2021 年全球 2500 强企业研发投入分布如图 2-14 所示。

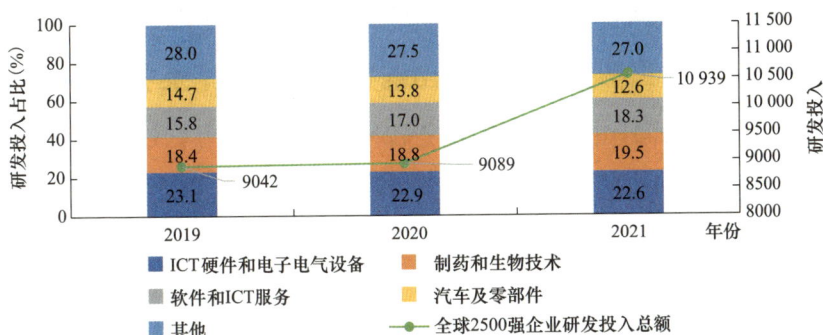

图 2-14　2019—2021 年全球 2500 强企业研发投入分布

（2）软件和 ICT 领域、制药和生物技术领域研发投入高速增长。研发投入占比方面，2021 年两大行业占比分别达 18.3%、19.5%，较 2019 年分别增长 2.5 个百分点与 1.1 个百分点。研发投入增长方面，2021 年，两大领域分别同比增长 29.7%、24.5%，远高于全球平均水平。数字化浪潮下，软件和 ICT 领域行业新热点不断涌现、应用场景持续增加，显著拓展了行业发展空间，推动企业结合新场景、新应用加强研发投入。根据 Gartner 数据，全球 IT 支出稳步增长，2021 年增速达 10.2%，远高于近 6 年复合增速（3.8%），其中，企业软件、IT 服务等领域增长尤为显著，2021 年分别同比增长 12.8% 与 14.7%，且预测 2022—2023 年仍将保持稳步增长。制药和生物技术攸关人类健康，全球围绕癌症、艾滋病、冠心病、糖尿病等多种疾病难题加大药物研发力度，突破技术瓶颈。2021 年，叠加新冠疫情影响，mRNA 疫苗研发进一步带动行业研发投入的显著增长。2021 年全球创新领先企业主要领域研发投入占比与增速如图 2-15 所示，2015—2023 年全球 IT 支出变化趋势如图 2-16 所示。

（3）ICT 硬件和电子电气设备、汽车及零部件领域研发投入增长有所放缓。研发投入占比方面，2021 年两大行业占比分别为 30.1% 与 12.6%，较上年度分别下降 0.3 个百分点与 1.2 个百分点。研发投入增长方面，两大领域分别同比增长 19.5% 与 10.1%，低于全球平均水平（20.4%）（见图 2-15），行业创新增长有所放缓。随着 ICT 硬件和电子电气设备发展逐步成熟，市场规模趋于稳定，技术发展触及天花板，技术创新投入增长略低于全球平均水平。根据 Gartner 数据，全球硬件设备支出增长相对平缓，2015－2021 年复合增速仅为 3.3％，预测未来两年或出现负增长。汽车及零部件产业逐步迈入成熟期，全球汽车销量在 2017 年之后出现明显下滑，成熟阶段研发投入增速放缓趋势更为明显，近三年复合增速仅为 4.1％。2008－2021 年全球汽车销量变化趋势如图 2-17 所示。

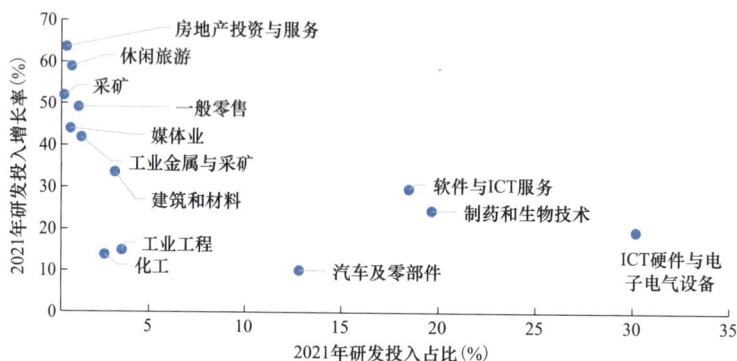

图 2-15　2021 年全球创新领先企业主要领域研发投入占比与增速

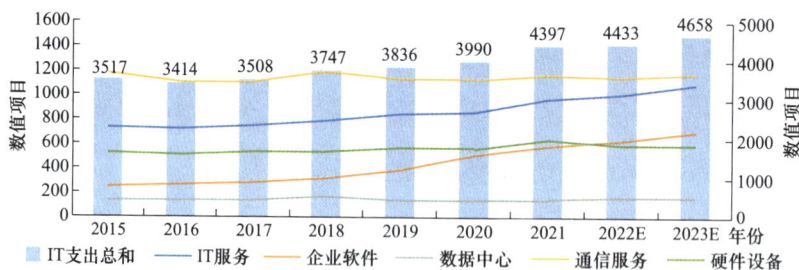

图 2-16　2015－2023 年全球 IT 支出变化趋势❶

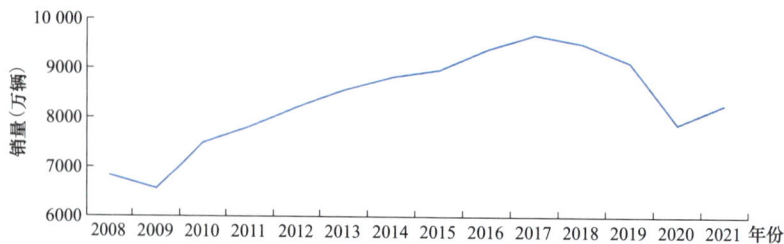

图 2-17　2008－2021 年全球汽车销量变化趋势❷

（4）数字化赋能传统行业转型研发投入基数小但增速高。 2021 年休闲旅游、一般零售业、媒体业等传统服务业领域研发投入实现高速增长，增速

---

❶　数据来源：Gartner。

❷　数据来源：Wind。

分别达 58.8%、49.1% 与 43.9%。与此同时，在智能制造驱动下，传统工业领域创新增速领先。2021 年工业金属与采矿、建筑和材料研发投入分别增长 41.8%、33.5%，工业工程领域研发投入增速 14.8%，远高于近 5 年 6.9% 的复合增速，行业创新提速（见图 2-15）。全球各国正加快推动数字产业化与产业数字化发展，带动传统产业转型升级，数字经济规模、占全球 GDP 比重均显著增长。2017—2021 年，数字经济规模年均复合增长率达 7.0%，在全球 GDP 占比增长了 12.1 个百分点。2021 年，在疫情冲击下，5G、人工智能、工业互联网等新技术加速应用，与传统服务业、工业深度融合，催生出云模式、线上服务、社交电商等新商业模式，数字经济规模增速显著提升。2017—2021 年全球 47 个主要经济体数字经济规模如图 2-18 所示。

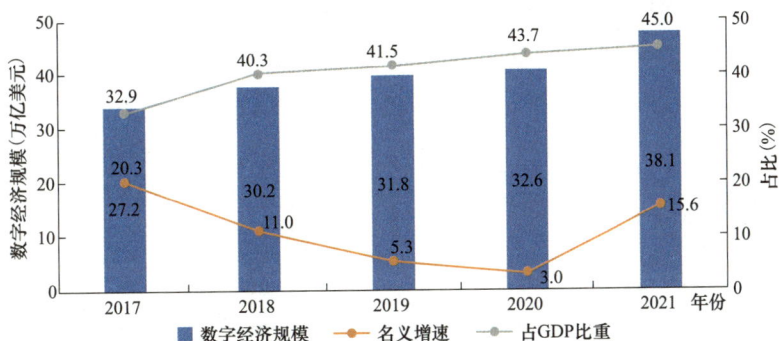

图 2-18　2017—2021 年全球 47 个主要经济体数字经济规模❶

2.3.2　重点国家企业创新表现产业特征明显

重点国家围绕四大前沿领域建立起本国的产业竞争力。其中，美国领先企业布局呈现"一超多强"的多元化布局特征，而中国、欧盟、日本则多以单一产业优势打造本国产业。

（1）重点国家在四大前沿领域重点发力，构筑创新核心竞争力。美国、中国、欧盟、日本等重点国家高度关注 ICT 硬件和电子电气设备、制药和生物技术、软件和 ICT 服务、汽车及零部件四大前沿领域创新投入，四大领域合计占比均超 60%。其中，美国创新的行业集中度最高，四大领域合

---

❶　数据来源：中国信通院。

计占比超 80%。但各国集中趋势有所差异，2020－2021 年，美国、日本研发投入进一步聚焦前沿领域，合计占比分别增长 1.5% 和 0.5%，而中国、欧盟集中度略微下降，分别降低 0.7% 与 0.2%。此外，在智能制造趋势下，工业工程领域创新重要性凸显，创新投入在美国、中国、欧盟三大主要经济体均位列前七。2020－2021 年重点国家四大前沿领域研发投入占比情况及主要国家领先企业研发投入行业分布情况分别如图 2-19、图 2-20 所示。

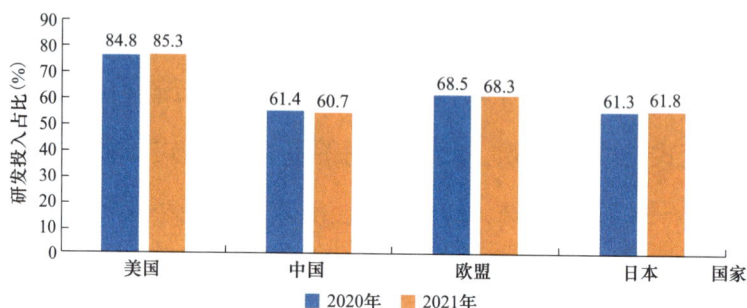

图 2-19　2020－2021 年重点国家四大前沿领域研发投入占比情况

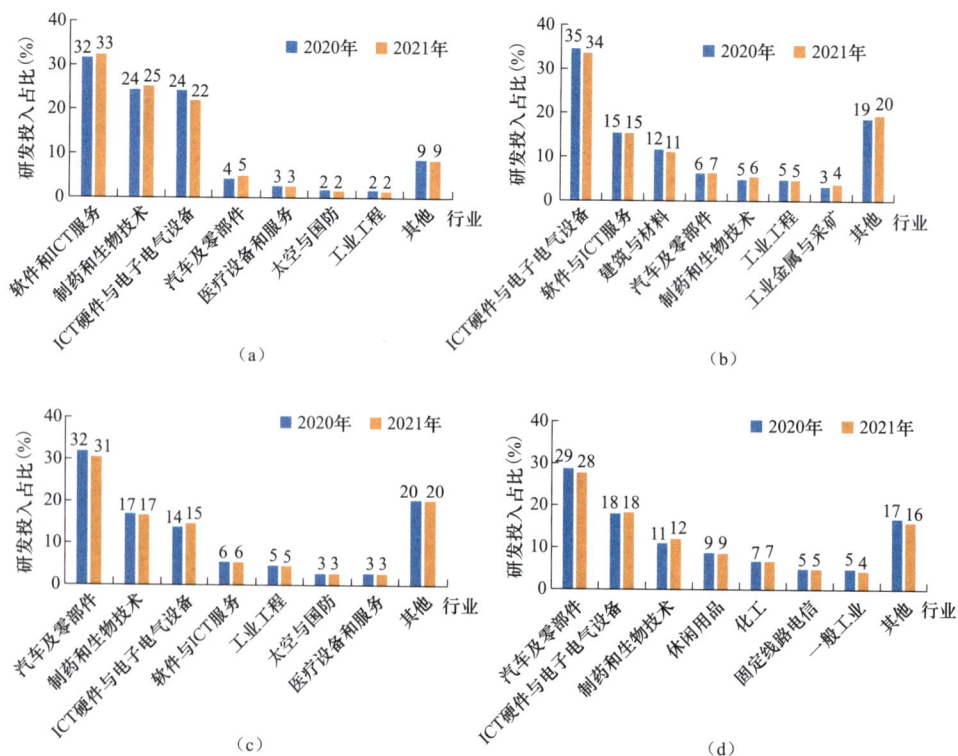

图 2-20　2020－2021 年主要国家领先企业研发投入行业分布情况

（a）美国（4397 亿欧元）；（b）中国（2206 亿欧元）；（c）欧盟（1928 亿欧元）；（d）日本（1138 亿欧元）

（2）各领先经济体结合自身禀赋，创新产业布局各有侧重。 美国领先企业研发投入行业集中度最高，前七大领域占比达 91%，且在软件和 ICT 服务、制药和生物技术、ICT 硬件和电子电气设备等前沿领域优势突出，三大领域合计研发投入占比高达 80.2%。中国领先企业研发投入高度集中在 ICT 硬件与电子电气设备领域，但受行业发展阶段与发展趋势影响，2021 年行业研发投入占比为 34%，较 2020 年下降 1 个百分点；其次为软件与 ICT 服务、建筑与材料，占比分别为 15% 与 11%，其中，中国建筑与材料行业全球竞争力较强，全球上榜 65 家领先企业中，中国占据 35 家，研发投入占比达 80.2%。欧盟、日本在汽车及零部件领域创新活跃，2021 年研发投入占比为 31% 与 28%，但随着产业迈入成熟期，占比呈现下降趋势（见图 2-20）。

2.4　重点行业领先企业研发投入表现

在数字化、绿色化背景下，全球领先企业在重点领域创新表现呈现分化趋势。软件与 ICT 服务、制药与生物技术等前沿领域创新提速，ICT 硬件与电子电气设备、汽车及零部件、智能制造等领域创新速度趋缓，能源电力领域加速创新转型。中国作为后发国家，处于创新高速发展阶段，投入增长快，但企业平均研发投入水平、研发投入强度与全球平均水平相比仍有差距。在绿色转型与智能制造发展的背景下，中国在能源电力、智能制造领域研发投入强度领先全球。

2.4.1　数字化浪潮下软件与 ICT 服务创新日益活跃

数字技术发展叠加新冠疫情冲击，全球范围内软件与 ICT 服务企业创新力度持续提升，ICT 硬件与电子电气设备市场进入成熟阶段，增速有所放缓。相较于 ICT 硬件与电子电气领域，中国软件与 ICT 服务领域领先企业创新水平与全球平均水平仍有一定差距，需着力补齐创新短板，把握数字化发展机遇。

（1）全球 ICT 领先企业创新活力持续迸发，软件与 ICT 服务创新加速渗透。2021 年被认为"元宇宙"元年，"元宇宙"概念提出后，吸引了科技圈、资本圈的超高关注度，国内外科技巨头和资本纷纷跑步入场。与此同时，受疫情影响，2021 年人们的工作、生活、娱乐趋向线上集约化，各类组织加速数字化转型，行业创新活力显著增强。软件与 ICT 服务行业创新越发活跃，2017—2021 年上榜企业研发投入总额由 944 亿欧元提升至 1999 亿欧元，年均复合增速达 20.6％，2021 年研发投入总额占榜单所有企业研发总投入的比重为 18.3％，较上年提升 1.3 个百分点（见图 2-21）；上榜企业研发投入强度由 12.4％提高至 12.5％，远高于创新领先企业 4.7％的平均水平。ICT 硬件与电子电气设备行业创新活动维持稳定，2017—2021 年上榜企业研发投入总额由 1745 亿欧元提升至 2468 亿欧元，年均增速达 9.1％，占创新领先企业研发总投入的比重为 22.6％，出现小幅下降；行业上榜企业研发投入强度为 7.0％，较 2020 年下降 0.4 个百分点。2017—2021 年全球 ICT 行业上榜企业研发投入总额及占比如图 2-21 所示，中国和全球软件及 ICT 服务、全球 ICT 硬件与电子电气设备行业领先企业平均研发投入强度分别如图 2-22、图 2-23 所示。

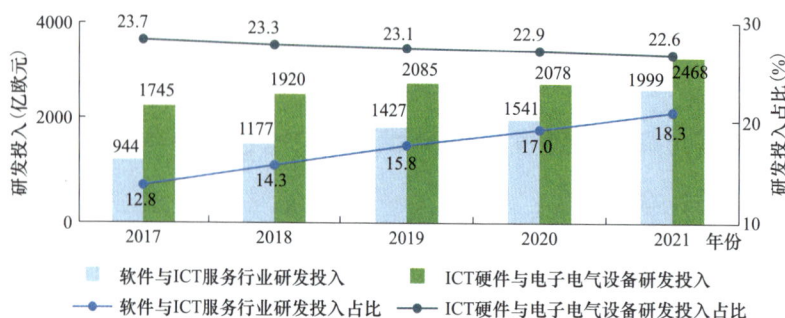

图 2-21　2017—2021 年全球 ICT 行业上榜企业研发投入总额及占比

（2）中国 ICT 行业创新能力不断加强，但投入强度与全球领先企业仍存在差距。党中央、国务院围绕数字中国建设制定了一系列战略规划，持续加大 ICT 行业创新投入力度，互联网、大数据、云计算、人工智能、区块

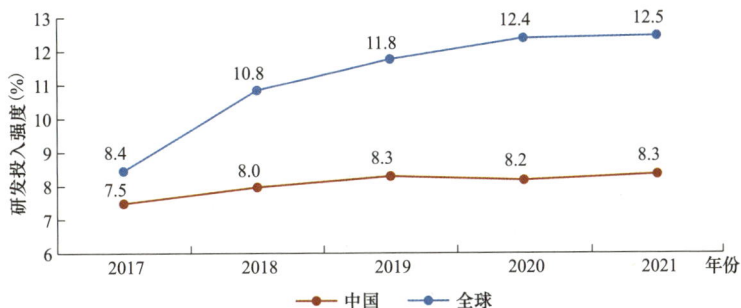

图 2‐22　2017—2021 年中国和全球软件及 ICT 服务领先企业平均研发投入强度

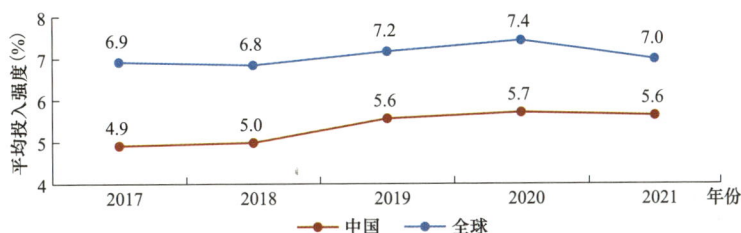

图 2‐23　2017—2021 年中国和全球 ICT 硬件与
电子电气设备行业领先企业平均研发投入强度

链等技术加速突破，新基建加速布局，推动数字经济发展提速换挡。2018—2022 年，中国软件与 ICT 服务、ICT 硬件和电子电气设备行业企业上榜全球创新 2500 强的数量分别由 43、192 家增长至 76、221 家；对应的 2017—2021 年行业上榜企业研发投入总额分别由 108 亿、376 亿欧元上升至 326 亿、743 亿欧元，占全球行业上榜企业研发总投入的比重分别由 11.5%、21.6% 提升至 16.3%、30.1%。2017—2021 年中国 ICT 行业上榜企业研发投入额及行业占比如图 2‐24 所示。

　　服务领域，中国软件与 ICT 服务领先企业与全球领先企业研发投入强度差距仍然明显，2017—2021 年，中国企业平均研发投入强度由 7.5% 升至 8.3%，而同期全球行业平均水平则由 8.4% 提高至 12.5%（如图 2‐22 所示），差距进一步拉大。硬件领域，中国 ICT 硬件行业头部企业高度重视创新驱动，2017—2021 年头部企业平均研发投入强度由 4.9% 提升至 5.6%，与全球行业平均水平的差距由 2 个百分点降至 1.4 个百分点（见图 2‐23）。

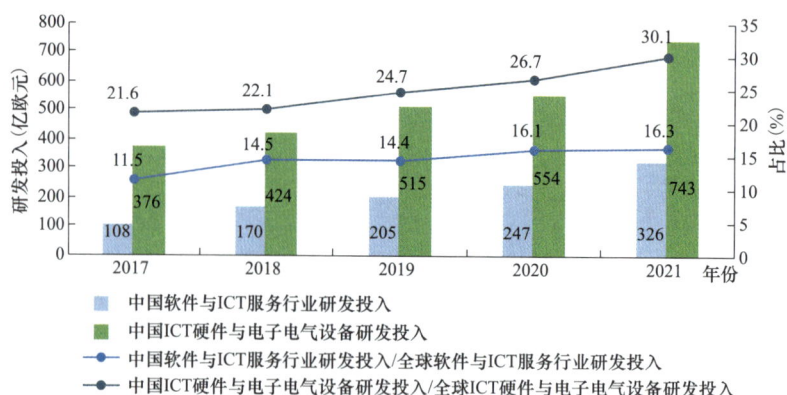

图 2-24 2017—2021 年中国 ICT 行业上榜企业研发投入额及行业占比

2.4.2 疫情驱动制药和生物技术领先企业创新提速

随着全球范围内对人类健康的持续关注，全球制药和生物技术领先企业创新投入与研发强度稳步提升。在"健康中国"战略引导下，中国将制药和生物技术作为重点培育的新兴产业，领先企业数量与研发投入强度急剧提升，但当前与全球差距仍较大。

（1）全球制药和生物技术领先企业研发投入与研发强度均显著提升。新冠肺炎疫情给全球医疗行业带来考验的同时，也促使生物医药类企业进一步加大了研发投入，"技术创新"成为 2020 年和 2021 年众多医药企业年度报告的关键词，通过持续加大研发投入力度以增强市场竞争力。2021 年，全球创新 2500 强上榜制药与生物技术企业数量增加至 478 家，较上年增加 40 家，同比增速达 9.1%，远高于 2017—2021 年 4.9% 的年均复合增速。2021年平均研发投入强度为 16.5%，较 2020 年出现小幅下降，但近 5 年整体保持稳步增长态势。2017—2021 年全球制药和生物技术上榜企业数量及研发投入上榜企业研发投入强度分别如图 2-25、图 2-26 所示。

（2）中国制药和生物技术企业研发投入与全球差距依然显著，新冠医药表现突出。规模方面，中国制药和生物技术领域创新活跃，2022 年行业上榜全球创新 2500 强企业数量为 79 家，较上年增长 14 家，占全球制药和生物技术行业上榜企业的比重由 14.8% 提升至 16.5%；对应 2021 年研发投入

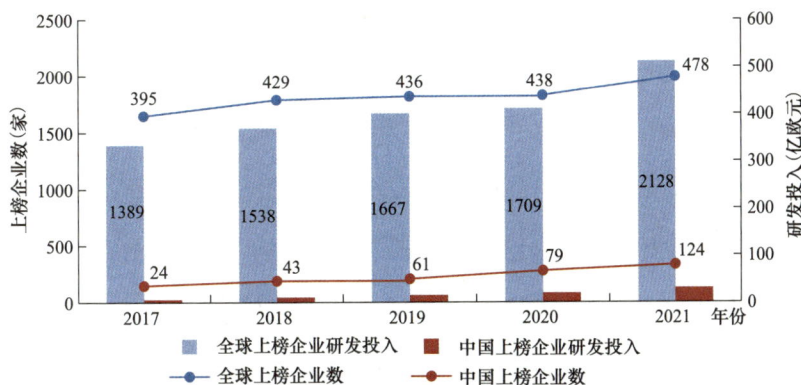

图 2-25　2017—2021 年全球制药和生物技术上榜企业数量及研发投入

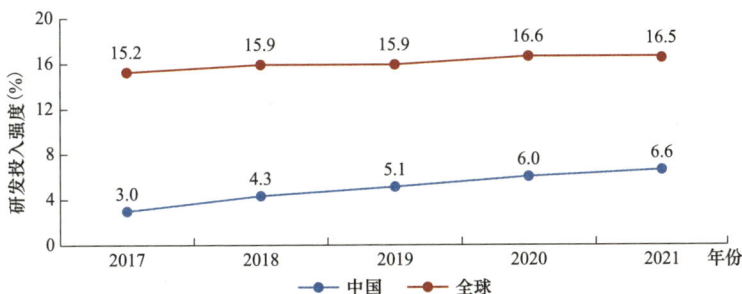

图 2-26　中国、全球制药和生物技术上榜企业平均研发投入强度

总额由 2020 年的 79 亿欧元增至 124 亿欧元，研发增速高达 58.0%。但投入的全球占比仍较低，2021 年占全球制药和生物技术行业上榜企业研发总投入的比重仅为 5.8%（如图 2-26 所示）。强度方面，2017—2021 年中国制药和生物技术行业上榜企业研发投入强度由 3.0% 增长至 6.6%，但与全球 16.5% 的水平仍有较大差距（如图 2-27 所示）。疫情加速了中国制药和生物技术行业企业的创新速度，国内新冠医药研发活跃度较高。根据智慧芽发布的报告显示，从 2020 年 1 月 1 日至 2022 年 6 月 30 日，中国在新冠医药方面累计专利申请和授权发明专利数量上均位居全球第一，分别占全球相关专利申请量的 56% 和 70%。

（3）国内细分行业研发投入差距显著，化药企业研发投入较高，生物药企业创新投入增长快，中药企业研发投入相对较少。化药方面，在一致性评价及国家/地方集采推动下，仿制药出现药品价格螺旋下降，集中度也有望大幅提升，要求化药企业大力推动研发创新，提升创新竞争力。2021 年上榜的 79 家生物医药企业中有 28 家企业研发投入超过 10 亿元人民币，其中化药企业达到 16 家，占比达 57.1%。**生物药方面**，2021 年生物药研制与生产成果突出，重组蛋白药物、血液制品新增上市产品数量是 2020 年的 6 倍，创新活力和增长潜力大。2021 年生物药企业研发投入超 10 亿元人民币企业达 12 家，较上年增长 7 家，其中，百济神州的研发投入高达 94.8 亿元，继续位居医药企业研发投入榜首。**中药方面**，研发投入排名前三位的白云山、以岭药业和天力士，研发投入仅为 8.9 亿、8.4 亿元和 7.0 亿元，同主业为化药和生物药的研发领先企业存在显著差距。

2.4.3　汽车及零部件领先企业创新投入大且趋于稳定

随着汽车及零部件产业发展日益成熟，领先企业规模化发展趋势逐步凸显，全球上榜领先企业数量有所减少，但平均研发投入规模持续提升。中国领先企业与全球企业平均研发投入规模仍有差距，但研发投入强度水平逐步逼近。

（1）产业迈入成熟期，企业研发投入大，但投入增长趋缓。汽车及零部件是全球第四大创新领域，作为技术与资本密集型行业，具有研发投入占比高、企业平均研发投入规模大的特点，全球创新影响力大。2021 年全球汽车及零部件行业领先企业研发投入占比达 12.6%，企业平均研发投入规模高达 9.3 亿欧元，远高于软件与 ICT 服务（5.9 亿欧元）、ICT 与电子电气设备（5.4 亿欧元）。2021 年全球与中国领先企业在六大重点领域平均研发投入情况如图 2-27 所示。

随着产业迈入成熟期，企业扩张持续推进，2017—2021 年上榜企业数量由 152 家下降至 148 家，而平均研发投入规模持续提升，2017—2021 年增长 20.9%。但从行业整体视角，企业创新投入总量增长趋缓，研发投入在全球占比连续三年呈现下降趋势，且 2021 年研发投入强度也呈现出下降趋势，由 2020 年的 5.2% 降至 2021 年的 5.1%。2017—2021 年全球与中国汽车及零部件行业领先企业数量与平均研发、研发投入强度分别如图 2‑28、图 2‑29 所示。

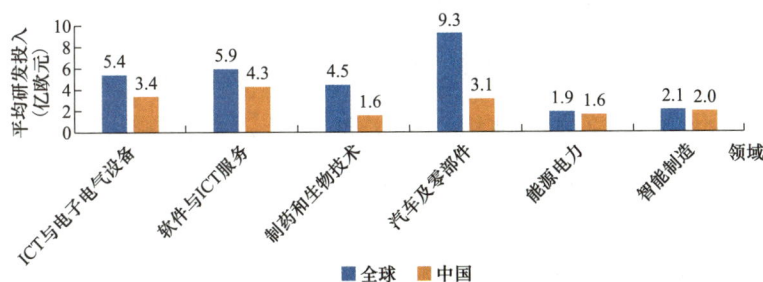

图 2‑27　2021 年全球与中国领先企业在六大重点领域平均研发投入情况

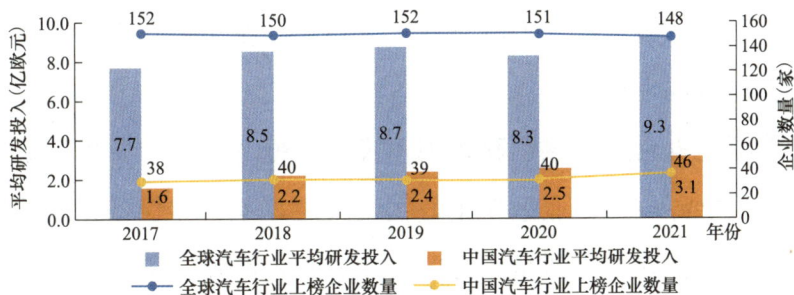

图 2‑28　2017—2021 年全球与中国汽车及零部件行业领先企业数量与平均研发投入

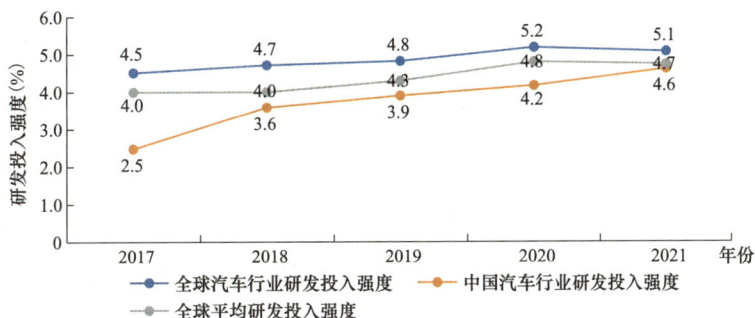

图 2‑29　2017—2021 年全球与中国汽车及零部件行业领先企业研发投入强度

（2）中国汽车及零部件行业创新赶超加速，但与全球平均水平仍然存在差距。汽车及零部件行业是我国国民经济的重要支柱，经过多年的创新发展，由跟跑进入并跑阶段。在汽车的绿色化与智能化背景下，2021 年中国汽车及零部件行业创新提速，上榜企业快速增长，数量达 46 家，较上年度

增长 6 家，其中包含五菱汽车、隆鑫通用动力等代表性企业；2020—2021
年创新投入显著增长，平均研发投入由 2.5 亿欧元增长至 3.1 欧元（见图
2-28），研发投入强度由 4.2% 快速增至 4.6%（见图 2-29）。中国汽车及零
部件企业与全球的规模差距明显，2021 年平均研发投入与全球差距达 6.2
亿欧元，在 6 大重点领域中规模体量差距最大，研发投入强度差距相对较
小，由 2017 年的 2% 缩小至 2021 年的 0.5%。

2.4.4 能源电力行业领先企业以科技创新应对低碳转型

能源电力行业创新投入水平整体较低，但稳中有升。绿色革命背景下，
中国能源电力企业研发投入强度领先于全球平均水平，在平均研发投入规模
方面逐步逼近全球平均水平。

**（1）能源电力企业全球创新表现不突出，但"双碳"背景下创新水平稳
中有升**。全球能源电力行业上榜企业数量较少，但大体保持相对稳定，2022
年，行业内上榜创新企业数量为 36 家，较上年度增长 3 家。能源电力行业
企业研发投入全球占比与研发投入强度较低，2021 年占比仅为 0.6%，与上
年度保持一致，行业研发投入强度 1.1%，远低于 4.7% 的全球平均水平。
但在绿色能源革命的时代背景下，随着全球对低碳可持续发展的重视以及新
能源技术的逐步成熟，以科技创新引领转型发展是能源电力企业的必然选
择，近年来行业研发投入增长与全球平均水平持平，投入占比稳中有升，企
业研发投入强度较 2017 年增长 0.2 个百分点。2017—2021 年全球、中国能
源电力创新企业数量与研发投入占比、平均研发投入与研发投入强度分别如
图 2-30、图 2-31 所示。

**（2）中国能源电力企业研发重视程度显著提升，且研发投入强度领先于
全球平均水平**。投入占比上，中国能源电力上榜企业研发投入在国内上榜企
业的占比显著高于全球平均水平，且总体呈稳步增长态势，2021 年占比达
1.2%，远高于全球 0.6% 的水平，凸显中国对能源电力领域技术创新的高
度重视。平均规模上，中国上榜企业平均研发投入持续增长，且与全球差距

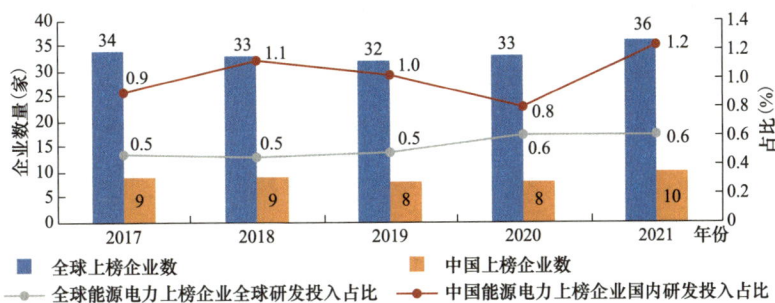

图 2-30　全球、中国能源电力创新领先企业数量与研发投入占比

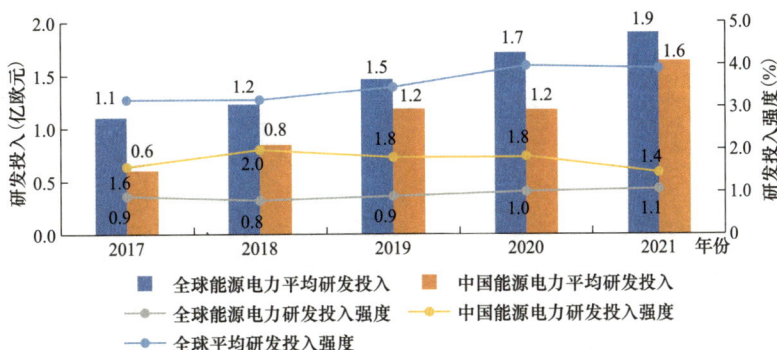

图 2-31　全球、中国能源电力创新领先企业平均研发投入与研发投入强度

逐步缩小，2017—2021 年平均投入规模由 0.6 亿欧元提升至 1.6 亿欧元，增长近 3 倍，与全球平均水平差距由 0.5 亿欧元缩小至 0.3 亿欧元。研发投入强度上，中国上榜企业领先全球，2021 年研发投入强度为 1.4%，高于全球 1.1% 的水平，但受疫情后能源需求回升影响，2021 年营收增长较快，较上年度增长 121%，研发投入强度出现一定程度下降（见图 2-30、图 2-31）。

2.4.5　智能制造行业领先企业创新发展整体趋缓

全球智能制造行业研发投入呈现小幅下滑趋势，但投入强度显著增长。中国作为"世界工厂"，高度重视智能制造行业发展，以科技创新引领"中国制造"向"中国智造"的转变，行业创新资源的投入力度显著强于全球平均水平，但研发投入与智能制造行业全球平均水平仍有一定差距。

（1）全球智能制造❶企业创新投入增速趋缓。创新增长上，2017－2021年，全球智能制造领域企业创新水平整体呈下滑趋势，上榜领先企业数量与研发投入占比连续三年下降，研发投入增长低于全球平均水平。其中，上榜企业数量由 2018 年的 188 家，下降至 2021 年的 167 家，全球研发投入占比由 2018 年的 3.6％下降至 2021 年的 3.2％。规模体量上，全球领先企业平均研发投入规模持续提升，由 2017 年的 1.4 亿欧元提升至 2021 年的 2.1 亿欧元。2017－2021 全球智能制造创新领先企业数量与研发投入占比、平均研发投入与研发投入强度分别如图 2-32、图 2-33 所示。

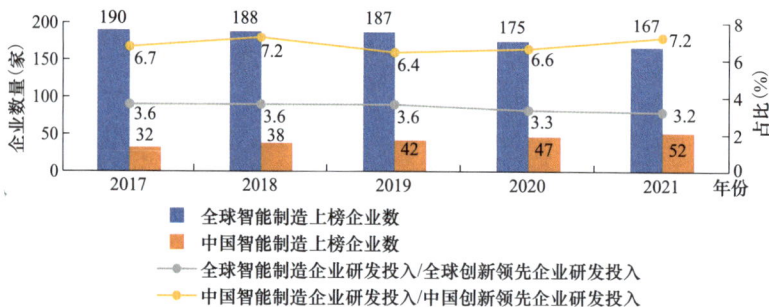

图 2-32　全球智能制造创新领先企业数量与研发投入占比情况

图 2-33　全球智能制造创新领先企业平均研发投入与研发投入强度

（2）中国智能制造加速创新赶超。在国内人口红利逐渐消散和工业 4.0大背景下，数智化转型成为制造业发展的必然选择，但当前核心零部件自主可控能力较弱、国产化替代水平不高等问题仍制约国内智能制造产业发展。

---

❶　智能制造行业主要包括工业工程。

长期以来，中国高度重视智能制造创新突破，行业研发投入整体高于全球平均水平，2021 年国内智能制造企业研发投入占比高达 7.2%，远高于全球 3.2% 的水平；国内企业研发投入强度 3.8%，高于 3.5% 的全球平均水平。从发展趋势上，2017—2021 年，在全球智能制造企业创新投入趋缓的背景下，中国依然保持较高的增长，上榜企业数量由 32 家提升至 52 家，智能制造研发投入占国内领先企业研发投入占比稳步提升，由 6.7% 增长至 7.2%（见图 2-32、图 2-33）。此外，中国智能制造企业研发投入在全球行业企业占比也持续提升，由 2017 年的 15.6% 提升至 2021 年的 29.2%；平均研发投入由 1.4 亿欧元增至 2.0 亿欧元（如图 2-33 所示）。2017—2021 年中国智能制造领先企业研发投入全球占比情况如图 2-34 所示。

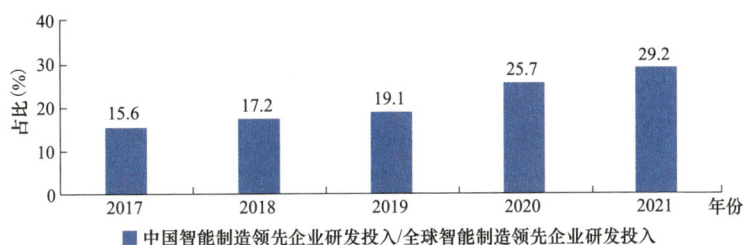

图 2-34　2017—2021 年中国智能制造领先企业研发投入全球占比情况

2.5　小结与展望

创新领先企业仍然是全球经济的支柱，在全球经济整体下行中表现出了较强的抗风险能力，并以较高的创新投入产出水平引领全球经济发展。一方面，国家较强的创新实力与完善的创新生态是企业创新发展的有利条件。全球领先企业布局态势与国家创新水平、创新集群质量趋同，美国企业持续保持着创新领先者地位，在国家创新水平、创新集群质量与领先企业数量上持续保持领先地位，形成了内部创新生态的正向循环。近年来，中国企业创新实力不断增强，国内创新环境与创新生态的优化为企业创新发展提供良好土壤，创新领先企业数量与研发投入显著提升，成为全球企业创新的重要力量。另一方面，创新领先企业向数字化与智能化相关领域聚焦。全球领先企业集中分布于 ICT 硬件和电子设备、制药和生物技术、软件和 ICT 服务、汽车及零部件四大领域，其中，ICT 硬件和电子设备仍是创新占比最高的领域，制药和生物技术、软件和 ICT 服务行业仍处于创新高速发展阶段，企业研发投入增长显著。在数字产业化趋势下，传统服务业领域、传统工业领域企业创新提速，数字技术的加速渗透有望带动传统产业创新转型。

随着科技创新在国内高质量发展中的位势和作用日益突出，中国企业在国家创新体系中的地位逐步上升到新高度，由"创新主体"转变为"科技创新主体"。企业需充分利用国家创新优势，在创新要素配置、科技创新决策、科研项目攻关、创新产业化应用上发挥主体作用，更好利用外部政策与生态环境，赋能企业创新发展。此外，中国作为创新后发国家，重点行业领先企业创新投入增长快，但平均研发投入水平、研发投入强度与全球平均水平相比仍有差距，下阶段仍需在关键产业领域重点发力，提升全球产业科技竞争力。

第 3 章

全球领先企业创新实践

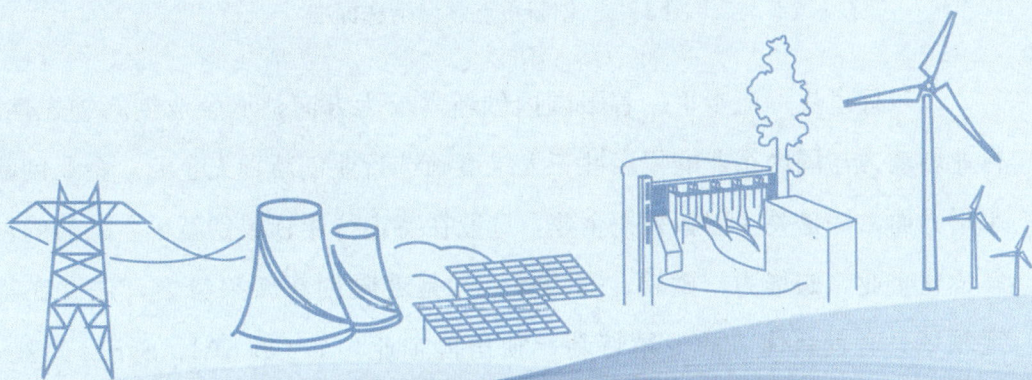

本章从全球创新环境、全球企业创新布局与国内创新导向三大维度出发，选取ICT行业、生物医药、汽车及零部件行业、电力行业与智能制造等五大创新重点领域，持续跟踪研究企业创新实践。创新重点领域筛选标准如图3-1所示。

		ICT行业	生物医药	汽车及零部件	电力行业	智能制造
全球创新环境	新冠疫情	√	√	√		
	绿色低碳	√		√	√	√
	数字化	√	√	√	√	√
企业创新布局	2500强企业重点领域	√	√	√		
国内创新导向	国内创新重点领域	√	√			√

图3-1　创新重点领域筛选标准

以对标世界一流水平、着眼国内创新需求为方向，从企业创新领先性、行业影响力与国内企业的代表性三大维度筛选行业创新领先企业。企业创新水平方面，一是关注创新领先企业，选取在特定行业领域创新排名靠前的创新领先企业，如华为、微软、安川等；二是着眼创新新兴势力，选取在特定领域具有创新优势的专精特新、独角兽企业，如OpenAI、Syrius炬星、梅卡曼德。企业的行业影响力方面，一是关注行业龙头企业，如选取全球工业机器人制造巨头安川，全球领先的医药健康企业赛诺菲等；二是关注代表行业创新趋势的领先企业，如OpenAI在AI技术变革的引领性，特斯拉在新能源汽车的领先地位，以及Ligand的药物授权模式对国内生物医药企业创新发展的借鉴意义。国内企业的代表性方面，选取能代表国内行业创新水平并引领创新方向的领军企业，如华为、恒瑞医药、广州汽车等。

以筛选到的全球创新领先企业作为研究案例，报告从企业经营行为视角出发，建立涵盖技术创新、管理创新与商业模式创新的企业创新分析模型，深入洞察企业创新的前沿趋势。其中，技术创新重点阐述案例企业开发的新技术、新工艺、新产品，以及为促进新技术创新进行的研发机制建设；管理创新重点阐述案例企业为提升生产经营效率，提出的新型管理思想、管理方法、管理工具或管理模式；商业模式创新重点介绍案例企业为拓展新的利润增长点，面向用户群体开发的新服务或新的业务运作机制。全球领先企业创新实践分析模型及案例亮点如表 3-1 所示。

3.1　ICT 行业企业创新实践

ICT 领域科技创新经历了 PC 互联网时代、移动互联云计算时代，逐步进入万物互联 AI 时代。2023 年 ChatGPT 席卷全网，AI 革命正在爆发，引发新一轮科技创新周期。随着云计算、人工智能等前沿信息技术蓬勃发展，加速向经济社会各领域融合渗透，数字化、智能化发展趋势下，ICT 产业加速从数字产业化到产业数字化深度变革中。

（1）加速布局 AI、芯片、云计算等前沿技术，抢占未来发展制高点。ICT 行业具有技术迭代速度快、产品生命周期短的特质，科技竞争日益激烈，仍然是全球企业创新最为活跃的领域。2022 年，行业领先企业围绕 AI、芯片、云计算等核心领域，加速技术布局，持续构筑未来发展竞争力。①开启 AI 大模型新时代，加快建设产业智能化基座，以多模态能力赋能多场景智能化，带动新产业和服务应用范式；②不断丰富云计算产品服务，搭建数字化业务平台，为人工智能、物联网等新技术的产业化应用提供驱动力；③加速芯片迭代升级，深度赋能高性能计算和 AI 等未来技术应用，掌握科技时代的核心生产力；④专注于开发基于量子理论原理的计算机技术，提升计算机解决复杂问题的能力，掌握变革未来 IT 行业的核心力量。ICT 领域领先企业 2022 年重点技术布局情况如表 3-2 所示。

表 3-1　全球领先企业创新实践分析模型及案例亮点

行业	ICT			生物医药		
企业	OpenAI	微软	华为	赛诺菲	Ligand	百济神州
技术创新		● 前瞻布局 AI 技术与云技术	● 建立压强式研发投入机制，以从基线收入作为投入 ● 强调多元技术要素协同创新	● 聚焦肿瘤免疫学、抗体药物 mRNA 三大领域，开展 AI 药物研发部署	● 根据产品的成熟度与盈利能力，建立管线分类体系，完善研发布局 ● 通过并购整合资源搭建技术平台 ● 以 license-in 药物权益为补充，丰富技术储备 ● 借助对外参股布局前沿技术	● 匹配全球化的战略方向，在靶点发现的早期阶段开展创新布局，增强药物的全球竞争力 ● 打造医学、测试、临床执行以及数据统计分析团队，培育起全球化大规模临床开发能力 ● 搭建合作研发网络
管理创新	● 独特的"营利性+非营利性"股权架构设计	● 强调建立更加多元和包容的企业文化，赋能创新发展	● 面向金融、矿山、电力、交通等大型业务场景领域成立"军团"，实行统一指挥、协同作战	● 开展架构调整，聚焦核心领域组建特药、普药、疫苗三大全球事业部，以及独立的消费者健康业务部门		● 以"企业家+明星科学家"模式为核心，高配置建研发、生产运营和商业化团队，建立了强大的商业化能力
商业模式创新	● 创新股权投资机制，设计分阶段设计各各阶段参与方的分红权	● 以 Win10 为基础为其他产品和服务提供平台，打造跨平台生态 ● 聚焦 PaaS 与 SaaS 业务		● 联合科技巨头探索慢病一体化管理与支付创新商业模式	● 通过分拆成熟业务单元独立上市，拓展业务发展空间	● 根据产品成长性和盈利贡献度确定商业化投入力度 ● 根据市场特点制定差异化的商业策略，针对头部、腰部和尾部市场，采取不同策略

续表

行业	汽车			能源电力		
企业	特斯拉	比亚迪	广州汽车	韩国电力	意大利国家电力	南方电网
技术创新	● 建立供应链分级研发机制 ● 强化自动驾驶软硬件的自研能力，为用户提供高质量的人机交互体验	● 构建全产业链垂直布局体系：保证核心技术自主可控，坚持模块化策略，分别围绕插电混动与纯电两大类别，开发通用化研发平台 ● 通过"自研+合作"研发，增强自动驾驶技术研发能力	● 建立"车型大总监"研发组织机制 ● 纯电、智能网联三大重点方向持续开展自主研发攻关	● 推进数字基础设施开发与电力全产业链环节的数字化转型升级 ● 依托"自研+合作"模式，构建智能电网技术创新能力	● 打造开放式创新网络，构建成熟的资源—技术规划—资源集聚—协同攻关—成果应用"的开放式创新链条	● 加强内部创新协同，构建"开放、流动、联合、竞争"的实验室运行机制 ● 强化外部产业协同，发挥现代产业链"链长"带动作用，构建"政产学研用"联合攻关机制 ● 建立面向产业链上下游的成果转化渠道网
管理创新	● 建立"一洲一厂，大产能，集中交付"的工厂规划机制 ● 建立功能集中型的功能集中型布局方案 ● 将敏捷开发理念应用于生产管理		● 采用小步快跑模式，推动企业管控数字化转型 ● 探索"客店工厂"营销服务数字化管理模式 ● 探索项目跟投、"上持下"股权激励等长期研发激励机制		● 推动组织架构变革，由原有的"垂直化"模式向"业务/区域"矩阵式模式转变 ● 加强业务重组，将全球绿色发电、全球热发电部门进行合并，并新增全球电力零售及全球电动出行两大业务部门	● 成立创新领导小组，推行重大科研任务由公司主要领导挂帅督办 ● 建立项目管理委员会、重点开展跨部门、跨单位工作的科研协调统筹 ● 建立接轨国际的创新管理框架体系

续表

行业	汽车			能源电力		
企业	特斯拉	比亚迪	广州汽车	韩国电力	意大利国家电力	南方电网
商业模式创新		● 坚持"立足中低端，发展高端豪华品牌"的布局思路，构建由"王朝""海洋""腾势""仰望"四大系列组成的产品图谱，涵盖全部价格区间，精准切入各级消费市场	● 依托智能驾驶技术能力，拓展"自动驾驶出行"新型商业模式	● 加强数据资产运营管理，赋能数据业务、电动汽车充电业务、智慧能源业务等新型数字业务拓展	● 成立数字综合能源服务商 Enel X，布局数字工业、数字家居、数字城市与数字出行四大新型业务板块，运用数字技术赋能新型业务场景开发	

行业	智能制造		
企业	安川	Syrius 炬星	梅卡曼德
技术创新	● 推动研发体系重组，将研发组织形式模式从"分布式"调整为"集中式"	● 建立以软件为核心的自研产品价格竞争力 ● 深挖创新场景：面向产业创新与基础创新，分别联合不同对象形展产学研联合攻关	● 建立完善的产品规划设计体系，面向不同对象及工业场景开展差异化设计 ● 打造全球创新合作生态，聚合优势创新资源
管理创新	● 加强管理职能的整合集中，设立全球业务风控部门，推进风险管理标准化变革		
商业模式创新	● 基于自身"产品制造+技术方案服务商"的双重业务属性，集合先进研发成果打造安川解决方案工厂，赋能产品生产销售	● 拓展即租即用（RaaS）商业模式，增加营收新增长点	● 构建包含市场需求匹配度、商业模式可拓展性与技术壁垒至能力在内的企业新业务选择模型

表 3-2　　　　　ICT 领域领先企业 2022 年重点技术布局

企业名称	量子计算	元宇宙	人工智能	芯片	云计算	合作网络
亚马逊	√				√	√
苹果		√		√		√
微软	√	√	√		√	√
谷歌	√		√	√		√
Meta		√	√			√
英伟达		√	√	√		√
阿里巴巴	√		√		√	√
华为						
腾讯			√	√	√	√
百度	√		√	√		√

资料来源：中移智库。

(2) 搭建开放式创新合作网络，集成产品与服务生态。在智能互联时代，技术的加速迭代、ICT 技术集成应用深化、跨界融合日益深化，企业难以仅靠内部资源进行高成本的技术创新活动，封闭的系统与产品也难以适应不断创新的互联网和云应用，拥抱同行、拥抱客户、拥抱生态成为行业创新必然趋势。领先企业通过平台开放、技术交叉许可、合作共创等方式，实现相互赋能。其中，微软 Windows 的免费开放为标志，开展跨平台合作、自主生态建设，推进多元化业务转型，并通过与 OpenAI 的协同合作占据 AI 大战先机；亚马逊为提升云服务产品粘性，弥补自身软件能力不足的劣势，加快构建由全球超 10 万家系统集成商和独立软件供应商组成的合作伙伴网络，打造亚马逊云 AWS 运行与集成生态。

(3) 加速垂直行业渗透，与实体经济深度融合。ICT 产业正处于从数字产业化到产业数字化的深度变革中，以云计算、大数据、边缘计算、5G、物联网等为代表的数字技术发展与应用，带动了 ICT 产业与传统产业的深度融合。领先企业立足核心业务，通过创新业务布局模式，开展内部组织变革，深化行业渗透。微软依托"平台＋生态"模式，以智能云业务为核心，与合作伙伴构建行业解决方案，加速向垂直行业渗透；华为加快内部组织变革，军团化管理改革，推动华为 5G 融入工业场景。

本节选择以美国 OpenAI、美国微软和中国华为为例，透视全球 ICT 行业顶尖企业的创新趋势和实践做法。

3.1.1　OpenAI 以创新的组织与股权制度安排支持科技创业

OpenAI 作为一家非营利组织，以"确保创建和采用安全有益的通用人工智能，造福全人类"为使命，于 2015 年由一群科技领袖捐赠 10 亿美元组建，捐赠团队包含与 PayPal 相关的硅谷创业者、创业孵化器 YC 的关联方，以及科技巨头亚马逊和印度软件公司 Infosys 等 9 位个人和机构。为实现"以公益为初衷的商业化运作和在商业化成功后回归公益的愿景"，有效平衡公益属性与研发活动的海量资金与顶尖人才需求矛盾，OpenAI 探索公益机构商业化运作的新路径，依托机构股权架构、治理机制以及股权投资模式的创新，为科技创新保驾护航。

（1）独特的股权架构设计，充分体现了其对人类福祉的核心使命的坚持。OpenAI 作为非营利机构，不追求财务回报，但人工智能的研究需要持续性的大量投入。而在美国，投资人参与非营利机构投资存在一些限制，非营利机构的主营业务（和宗旨直接相关）享受免税待遇，可以接受捐赠，不能有投资，只有非主营业务允许对外部投资人开放。为了彻底解决资金问题，并持续保持公益性初衷，2019 年，OpenAI 进行股权架构变革，将 OpenAI 改制为营利性和非营利性的混合体 OpenAI 改制后股权架构如图 3-2 所示。

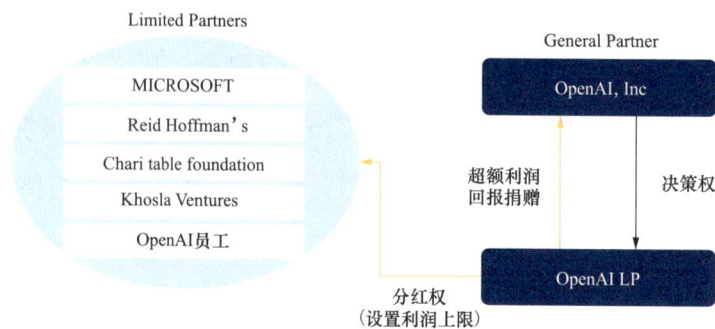

图 3-2　OpenAI 改制后股权架构

最初的非营利机构 OpenAI，Inc 从事技术开发，营利性机构 OpenAI LP 负责商业化。OpenAI LP 作为新型的"有限营利"公司，在组织形态上采用有限合伙形式接受内外部投资，并获取有限的回报，有限合伙人包含 OpenAI LP 的员工、部分董事会成员，以及 Reid Hoffman 的慈善基金、Khosla Ventures 和 Microsoft 等投资者。非营利机构 OpenAI，Inc 是在美国特拉华州注册的有限责任公司，是 OpenAI LP 负责投资管理的普通合伙人（GP），全权引导 OpenAI LP 的运营，通过将超额利润捐赠给非营利的 OpenAI，Inc 的方式，保障技术开发的资金需求。

(2) 创新股权投资机制设计，实现权责利的合理匹配。在独特的股权架构之下，OpenAI 实行分红权与投票权相分离的配套制度安排。控制权分配上，为充分保障科技创新的独立性与公益的初衷，OpenAI LP 通过有限合伙投资协议形式，将控制权配置权重向创业团队倾斜。协议约定 OpenAI，Inc 作为普通合伙人负责 OpenAI LP 的经营管理，投资人作为有限合伙人（LP）并不参与 OpenAI LP 自身的运营管理，从而将实际控制权掌握在 OpenAI，Inc 的董事会，并适度向两位联合创始人配置权重倾斜。此外，OpenAI，Inc 也注重保持在董事会的独立性，确保存在经济利益关系的董事占少数，以持续 OpenAI 的中立性。分红权分配上，OpenAI 遵循"同股同权"原则，通过现金流配置权重向风险投资的倾斜，实现控制权配置权重向创业团队倾斜。区别于常规的对赌协议，为了保护风险投资者的权益，OpenAI 在有限回报的原则下，以回报速度作为股权投资协议设计的目标，分阶段设计各参与方的分红权，以最大限度满足不同利益体的诉求。OpenAI 将利润分配按照四个阶段进行，第一阶段优先保障首批投资者收回初始资本，第二阶段重点保障微软等主要投资者投资额的收回（75%分红权），以及按有限利润原则实现员工和首批投资者投资收益分配；第三阶段微软的分红权比例显著下降（49%），将利润分配比重向 OpenAI 的员工倾斜，OpenAI，Inc 可获得 2% 的分红权；第四阶段实现 OpenAI，Inc 的超额利润分享。OpenAI 股权投资收益分配机制如图 3-3 所示。

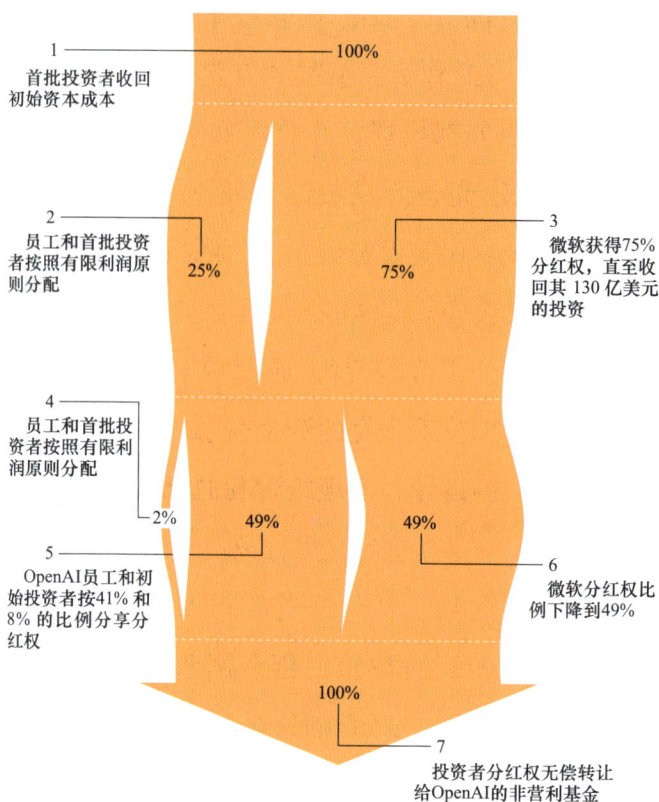

图 3-3　OpenAI 股权投资收益分配机制❶

3.1.2　微软找准自身核心优势聚力推动业务创新转型

随着互联网科技由 PC 互联网进入移动互联网，IOS 系统和 Android 系统主导的手机和平板业务崛起，微软系统平台优势逐渐被削减，进而陷入漫长的转型期。2015 年以来，微软打破过去封闭式思维，在业务、技术、企业文化等各方面走向开放，紧扣自身"大"的核心优势探索业务创新转型。微软以云平台为抓手，以 AI 赋能平台，顺利完成了从 Windows 到云服务的引擎更换，重回世界科技的舞台中心，成为全球第二大云计算公司、市值第二科技公司、全球第四游戏公司，形成生产力和业务流程、智能云和个人计算三大核心主业，成功实现多元化转型，打造第二增长曲线。

---

❶　图片来源：福布斯杂志。

(1) 由封闭走向开放，通过开放共享打造跨平台生态。平台开放方面，微软第三任 CEO 纳德拉上任后宣布取消所有 9 英寸以下移动设备的 Windows 授权费，以 Windows10 为基础为其他产品和服务提供平台，并将微软的一系列明星产品正式向对手平台开放，并适应 iOS 系统和安卓系统特点进行产品优化，为云服务进一步扩大用户基础。跨平台合作方面，微软与 IBM 合作，在各自的云上提供对方的企业软件，并与 Oracle 成为云互操作合作伙伴。自主生态建设方面，微软以云平台为抓手，大力发展自主创建、测试、部署和管理应用程序和服务的云计算服务平台，并支持第三方软件系统，以及不同编程语言、工具和框架，完善应用软件生态。

(2) 找准自身核心优势，拓展增量业务空间。微软凭借 PC 端的长期积累，形成规模化优势，具有用户基数大，资源和人力调配能力强，大客户合作关系稳固等特点，在整合多元客户需求与产品服务，提供完整的定制化解决方案上优势突出。

在业务定位上，微软充分发挥老牌软件巨头优势，聚焦利润空间大、客户粘性较强的 PaaS（Platform as a Service）与 SaaS（软件即服务）业务，一方面可与亚马逊云计算基础设施服务（IaaS）形成差异化竞争，另一方面以 PaaS、SaaS 带动 IaaS 业务，成为全球唯一覆盖三大服务模式的云服务厂商，搭建起软件开发平台与软件服务生态。

在产品设计上，微软聚焦"云"时代企业的 IT 系统大变革趋势，基于长期服务大企业建立的客户信任度、资源综合调配与系统解决方案能力，提供"混合云"服务，兼顾公有云的灵活性、低成本、便捷性与企业对于私有云安全性和可定制性的需求，帮助企业实现公有云与私有云的灵活串联使用。

精准的业务定位与需求识别为微软云业务市场拓展与业务结构优化奠定坚实基础，拓展企业增量发展空间。市场拓展方面，2022 年微软云业务市场份额占比达 21%，仅次于亚马逊（34%）；内部营收结构方面，微软 2022 财年第三季度，Azure 营收首次超越 Office，成为微软营收占比最高、增速最快的业务；利润贡献方面，受益于业务的高溢价，微软云业务利润率为44％，远高于亚马逊云30％的水平。微软近十年核心业务营业总收入占比变化如图3-4所示。

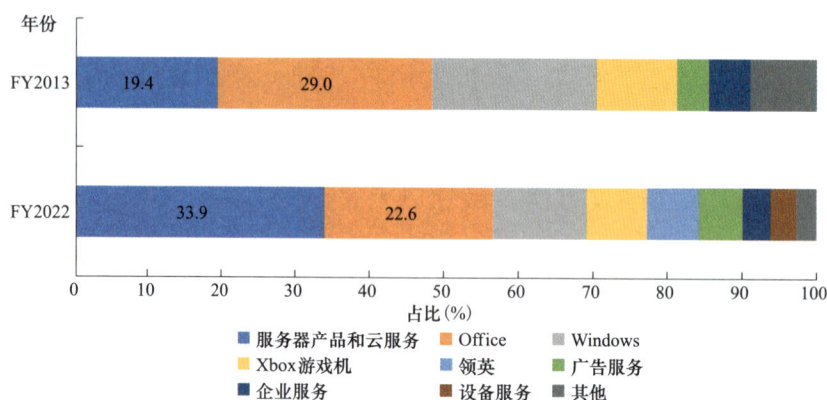

图3-4　微软近十年核心业务营业总收入占比变化情况

（3）前瞻布局 AI 技术，融合自身产品矩阵，占据科技制高点。在云计算业务布局基础上，微软持续开展 AI 技术投入，抢占未来创新制高点。微软自 2015 年开始布局 AI 技术，并在 2019 年投资 Open AI，于 2023 年追加投资金额，融合自身平台与产品优势，形成"微软＋OpenAI"的产研结合模式。一方面，作为 OpenAI 的投资者与独家云供应商，微软向 OpenAI 提供资金、算力、应用场景等资源支持，使后者可以持续投入技术研发，并加速技术落地；另一方面，OpenAI 领先的大模型和 AI 技术融入微软的软件产品体系，在 Azure 云服务和搜索中整合 AIGC 技术，将 GPT-4 接入 Office 工具与 Bing 搜索引擎，实现产品的全面赋能，也助力微软实现弯道超车，成为全球人工智能的引领者之一。

（4）重塑企业文化，支持创新变革。微软长期以来沉浸在 Windows 和 Office 两大产品的垄断优势中，文化具有封闭式的属性，关注公司政策和内部政治，而失去了对客户需求的感知力。萨提亚·纳德拉上任后对微软进行自上而下的改革，强调建立更加多元和包容的企业文化，赋能创新发展。①重新定位企业使命，由"让所有家庭的办公桌上有一台计算机"转变为"赋予全球每个人和每个组织强大的力量，使其取得更大的成就"，意味着微软的意义不再局限于计算机业务；②企业文化强调以客户为中心，突出多元化和包容性属性，推动微软以更加开放的姿态寻求创新合作，以客户需求为导向设计产品与服务；③变革内部考核机制，绩效制度将重心放在内部相互竞争上，在"一个微软"的企业文化导向下，强调以团队成功而不是个人成绩来评判绩效，极大鼓励员工之间的合作。

3.1.3　华为采取压强式投入与系统创新为业务连续性托底

在美国连续多年的制裁下，华为以持续生存和发展作为公司中长期战略的核心命题，在艰难中探索中国企业生存之道。华为坚持中长期技术替代与短期产品提升两手抓策略，一手借助持续压强式投入，加快实现产品替代，一手发挥多元技术要素协同优势，在短期单点突破难度大的情况下，借助系统、算法的创新，着力持续保持产品竞争力，并以军团化组织变革，提升产品的行业渗透力。

（1）坚定战略方向，在构建"智能世界"的道路上持续发力。在外部环境变化加速、国际市场竞争日益激烈的背景下，华为始终坚持自己的战略目标，瞄准前沿赛道，前瞻布局创新方向。华为的愿景曾经是"丰富人们的沟通和生活"，2018 年以来，随着"智能化时代"的到来，华为以"构建智能世界"为核心，将"把数字世界带入每个人、每个家庭、每个组织，构建万物互联的智能世界"作为新时期的发展愿景。近 4 年多以来，华为面临各种极限制裁，但始终以科技创新为抓手，坚定向构建智能世界的战略目标迈进。以"盘古"系列 AI 大模型为例，华为于 2020 年立项，开展为期三年的开发工作，2023 年联合山东能源集团实现"盘古"大模型在矿山领域实现首次商用，解决人工智能在矿山领域落地难的问题。在模型基础上，华为同步推进硬件、软件和软件开发工具国产化，并向业界开放使用，增强中国的 ICT 产业基础安全。此外，华为联合各行业的头部企业，实现自身的人工智能技术和各行业制造技术的深度融合，推动人工智能大模型的行业应用。

（2）压强式研发投入，确保高质量的业务连续。在脱钩断链、贸易制裁、技术封锁等逆全球化趋势的影响下，华为以业务连续性与高质量发展作为当前发展的核心关键词。为保障业务的连续性，突破在核心硬件、基础软件与产品开发工具等方面的卡脖子问题，华为围绕硬件开发、软件开发和芯片开发三条研发生产线，实施全面替代战略。关键、基础领域技术替代需以持续高额投入为托底，华为聚焦"根技术"持续压强式投入，将"年收入的 10％固定投入到研发领域"纳入公司基本法，以收入作为基线进行研发投入。在行业创新趋缓的背景下，2021 年华为研发投入强度创近 10 年历史新高，由 15.9％陡增至 22.4％，而同期行业平均研发投入强度由 7.4％下降至 7.0％，头部企业研发投入强度也显著下降，高通由 27.5％降至 20.1％，苹果由 6.8％下降至 6％，光刻机巨头 ASML 也由 14.8％下降至 13.1％。2017－2021 年 ICT 与电子电气设备行业及领先企业研发投入强度如图 3-5 所示。

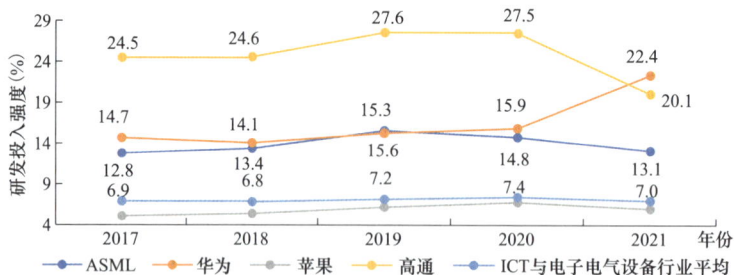

图 3-5　2017－2021 年 ICT 与电子电气设备行业及领先企业研发投入强度

（3）发挥 ICT 领域多元技术要素协同优势，持续提升产品和服务竞争力。应对国内 ICT 领域面临卡脖子难题，在短期单点突破难度大、先进工艺不可获得的情况下，华为向系统工程要竞争力，通过芯、软、硬、端、网、云等多种技术要素的协同创新，在系统、算法方面持续发力，以架构重构、系统工程、优化设计等突破提升产品和服务竞争力。例如，在手机智能化趋势下，人工智能算量大、高耗能的特点对产品的工艺提升提出要求，华为在芯片供应连续性问题与芯片技术瓶颈下，采用加法神经网络来替代传统的大容量的乘法计算的人工智能网络，减少了大规模的浮点乘法，使产品更能适应智能时代的需求，实现产品和解决方案的持续领先。

(4) 加速军团化管理改革，推动华为 5G 融入工业场景。协同创新与数字化应用的业务导向下，2021－2022 年，华为基于市场价值和自身能力匹配度，先后面向金融、矿山、政务、电力、交通等大型业务场景领域成立"军团"，推进与深化 5G、云、AI 等技术的行业应用。军团化的改革是适应新时期华为专业化业务特点下的组织变革，强调以场景为单元，将企业 BG、运营商 BG、云 BU 等核心部门人才，按照海关、公路、能源、光伏等细分场景，划分为独立的部门，通过细分市场的深耕以及"云－管－端"的一体化服务，为行业客户提供一套更全面的解决方案。在数字化跨界融合以及外患的大背景下，军团化的组织形式可规避 BG 单兵作战业务协同性差的问题，通过"军团"的短链条运作和管理授权，统一指挥、协同作战，缩短客户需求和解决方案、产品开发维护之间的联结时间，实现以场景为单元，聚力突破。但军团化的组织需要前端人才储备资源支持，也需要权力的制衡与分配，规避军团独大后"失控"的问题。

3.2　生物医药行业企业创新实践

新冠疫情冲击下，生物医药企业凭借新冠疫苗和药物获得短期的营收增长，但随着后疫情时代的到来，行业面临的重磅原研药专利到期与新药物上市艰难的双重挑战日益严峻，推动药企加快战略转型。跨国药企采取聚焦战略，以创新药为发力点，聚焦肿瘤免疫、神经科学领域、罕见病疗法等潜力领域，并引入数字化技术，寻求增量发展空间。

(1) 采取聚焦战略，重点关注核心产品管线研发。重磅原研药专利到期，以及主要市场政策、市场变化，倒逼企业战略调整，跨国药企纷纷寻求创新转型，以创新药作为推动药企发展的原动力，创新集中趋势愈发明显。新药研发的资金需求量大、风险高、审批耗时长，且随着管线规模迅速扩大，新药研发综合成功率与投资回报率呈现下降趋势，医药创新风险明显增加。在有限资源约束下，赛诺菲、罗氏、诺华等跨国药企先后采取聚焦战略，剥离非核心业务，将市场竞争充分、可替代性强的成熟产品外包，集中力量发展核心业务，在全球范围内进行业务布局优化与组织架构调整，寻求创新的集中突破。此外，跨国药企均将中国列为重点市场，在国家政策、带量采购、医保改革背景下，企业调整营销模式、优化中国区域团队架构，积极参与医保国谈、集采。2009—2019年全球新药研发综合成功率如图 3 - 6 所示。

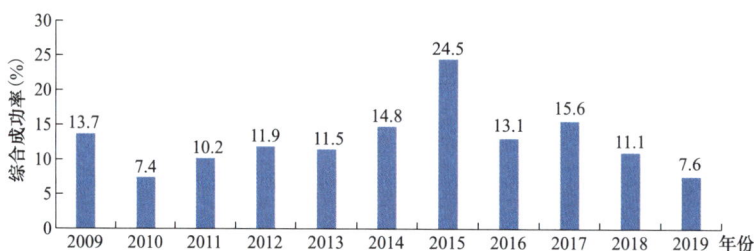

图 3 - 6　2009—2019 年全球新药研发综合成功率❶

（2）丰富创新合作方式，加速合作研发与全球化布局。许可引进与对外授权❷是全球医药行业创新合作的主流模式，能够充分发挥初创生物公司研发优势与大型药企庞大的销售网络优势，通过优势互补形成稳固的创新合作生态。根据 Cortellis 数据，自 2019 年起，获得 FDA 上市批准的新药中，大约 60% 都经过至少一次授权交易，2020 年在美国获批的肿瘤药全部经过交易。随着国内创新药研发能力的提升，国内药企以 License - in/License - out 作为破局点，加速产品的差异化、商业化、全球化发展。一方面，通过 License - in 打造管线的差异化优势，规避由仿制药向创新药转型过程中的产品同质化问题；另一方面，通过 License - out 加速国产创新药"出海"，通过与海外药企合作，在研发端实现优势互补，并借助跨国药企销售网络优势，弥补自身销售和营销团队不成熟、海外市场拓展能力缺失的

---

❶　数据来源：Lan L loyd. 2022 年医药研发趋势年度分析［EB/oL］. Informa。

❷　许可引进与对外授权分别对应 License - in/License - out。

短板。2010—2020 年国内药企 license in 统计数量与 license out 金额与数量分别如图 3-7、图 3-8 所示。

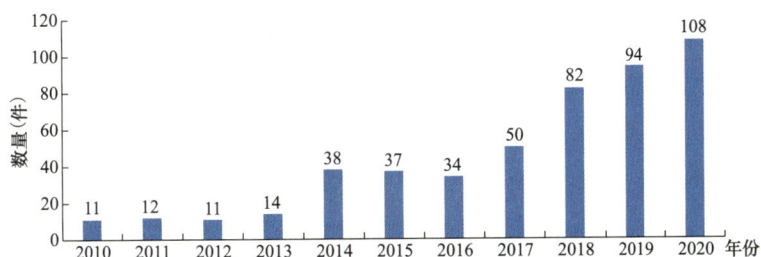

图 3-7　2010—2020 年国内药企 license in 统计数量

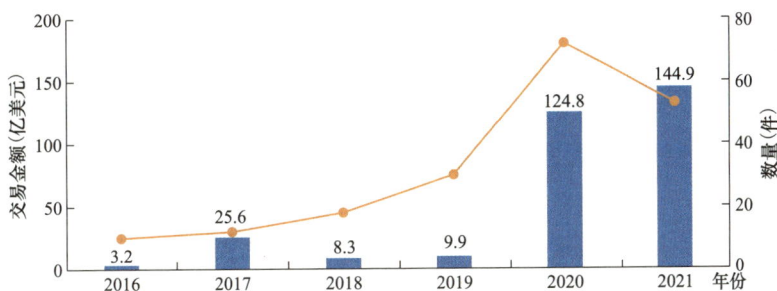

图 3-8　2010—2020 年国内药企 license out 金额与数量❶

（3）加快应用人工智能技术、数字化技术，赋能创新药研发。利用数字化赋能新药研发，构建贯穿药物研发全流程的数字化平台，成为提升新药研发效率与效益的必然选择。随着 AI 技术的成熟，AI 制药由于其高通量试错、优化流程降低人力成本、大幅缩短药物研发市场等优势，成为创新药研发的关键"引擎"之一。大型药企通过内部建立 AI 专业知识、收并购、与生物技术及信息技术公司合作等方式，建立 AI 领域的能力。例如，赛诺菲与 Exscientia 合作，利用 Exscientia 的 AI 个性化医疗平台，在肿瘤和免疫学领域进行合作开发；强生探索技术突破和数据搜集与应用，通过在人工智能领域的技术突破，大幅提升药物研发效率，促进治疗方法更好、更快地进行颠覆性创新。传统药物发现方式与数字化辅助药物研发方式对比如图 3-9 所示。

---

❶　数据来源：Cortellis。

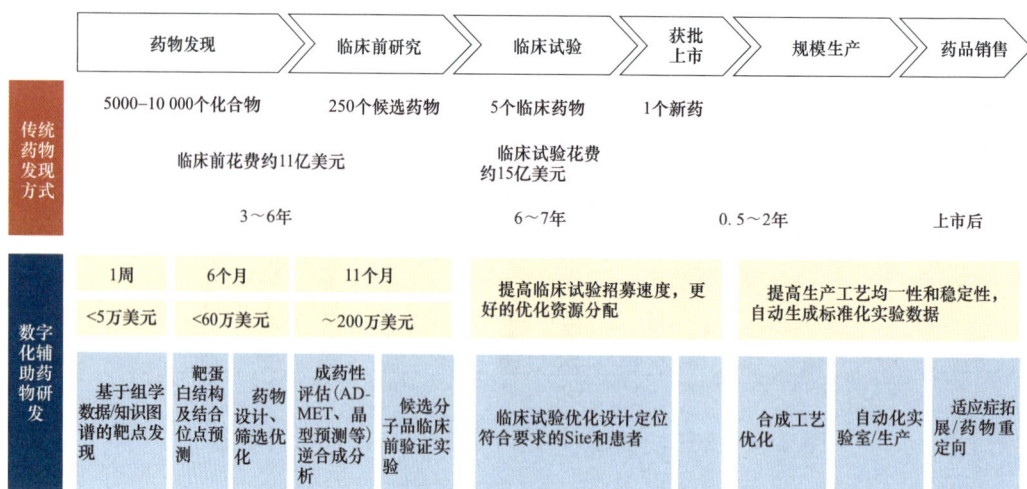

图 3-9　传统药物发现方式与数字化辅助药物研发方式对比

本节选择以法国赛诺菲、美国 Ligand 和中国百济神州为例，透视全球生物医药行业顶尖企业的创新趋势和实践做法。

3.2.1　赛诺菲以聚焦战略推动架构调整与创新转型

法国赛诺菲（Sanofi）是一家全球领先的医药健康企业，产品主要覆盖制药、人用疫苗和动物保健领域。在新冠疫情影响，以及以胰岛素为代表的糖尿病业务陷入疲软背景下，赛诺菲通过架构调整、管线布局优化与大规模数字化改革，应对全球变局，寻求新的业务增长点。

（1）调整业务架构，实现战略聚焦。①开展架构调整，进一步聚焦核心领域。2020 年，赛诺菲实施五年计划——"Play - to - Win"战略，将发展重心转向了肿瘤、罕见病业务，并调整全球架构，组建了特药、普药、疫苗三大全球事业部，以及独立的消费者保健业务部门。**②剥离非核心业务，实现"瘦身"健体**。在新战略指导下，2020－2022 年，赛诺菲逐步拆分原料药业务，实现公司资源的聚焦与开源节流，并将欧洲的六个原料药生产基地合并成一个独立原料药公司，通过独立上市，释放原料药业务增长潜力。**③团队优化重组，精简人员**。集采背景下，面对带量采购竞争，2021年底，赛诺菲中国重组胰岛素团队，将胰岛素针剂和口服药销售团队合并，分成上量组和准入组。2022 年，为促进新产品与现有产品的联动效能，进一步整合市场部品牌团队和战略规划及新产品团队，成立战略规划与产品团队。

（2）部署"AI＋"药物研发，提升研发效率与准确性。赛诺菲致力于成为第一家由人工智能大规模驱动的制药公司，聚焦肿瘤免疫学、抗体药物、mRNA 三大领域，开展 AI 药物研发部署。近年来，赛诺菲与 Owkin、Exscientia、百度等生物技术、AI 技术公司开展广泛合作，通过改进预测建模、替代重复性试验，缩短研究开发时间、提高研发准确度，将开创性的研究过程从几周缩短到仅仅几个小时，并将免疫学、肿瘤学或神经病学等治疗领域的潜在靶点识别提高 20％～30％。例如，2022 年 1 月，赛诺菲和 Exscientia 签署研究合作和许可协议，利用 Exscientia 的端到端人工智能驱动平台，替代小鼠模型等传统方法，采用实际的患者样本，开发新型小分子候选药物，极大提高研发效率与准确性；赛诺菲与 Aily Labs 合作开发人工智能应用 plai，汇聚内部跨职能数据，提供实时、交互式的数据支持，借助 AI 工具提供个体化的假设场景分析和决策支持，驱动公司的数字化转型。

（3）"互联网＋慢病管理"实现药物增值，打造世界领先的数字医疗平台。赛诺菲依托在慢性病产品线的深厚积累，精准识别慢性病院外管理中患者健康意识不足、缺乏专业指导、用药依从性差等突出问题，在大数据、物联网等数字化技术的加持下，把握"互联网＋慢病管理"的增长机会，实现业务延伸布局。近年来，赛诺菲通过外部合作、自主投资等方式，在全球范围内持续深化慢病管理布局，探索数字化健康管理新模式。**①拓展跨领域合作，探索慢病管理创新模式**。2018 年以来，赛诺菲与京东健康、平安医疗科技、腾讯等科技巨头及创新型创业达成深度合作，围绕问诊、诊断、用药等线上诊疗全流程，以及零售流通、数字疗法等重点领域深化数字化布局，并探索慢病一体化管理与支付创新商业模式。**②加强智慧医疗管理的投资布局，建立综合服务能力**。2021 年 6 月，赛诺菲成立子公司——安睦来智慧健康科技，将数字化技术与专业护理团队干预相结合，提供专业化的智慧慢病管理服务。

3.2.2　Ligand 充分运用资本手段加强高潜力技术储备

美国 Ligand Pharmaceuticals 成立于 1987 年，于 1997 年在纳斯达克上市，是 license‐out❶ 模式的典型代表，聚焦于临床前开发，专注于药物发现、早期药物开发、药物重新调配和对外合作，并以授权合作方式利用合作公司的后期开发、监管机构管理和商业化优势，实现药物的批准和销售，进而通过首付款、里程碑付款、销售分成等方式获得收益。license‐out 模式的可持续性有赖于丰富的高潜力技术储备，通过开发或收购技术，与制药公司建立广泛的合作，支持药物的发现和开发。

License‐out 盈利模式下，企业经营收益易受药物技术研发进程与商业化情况影响，业绩波动较大。生物医药技术具有投入大、风险高、更新迭代快的特点，在制药成功率仅为 8% 的行业创新特征下，如何在有限的资金预算下，实现丰富的技术储备，是 Ligand 经营需要面对的核心问题。Ligand 借助并购整合为主打造 OmniAb、Pelican Expression Technology™ Platform 等核心技术平台，并通过对外参股、license‐in 药物权益等方式，形成了覆盖多病症、行业最大的多元化资产组合。

（1）建立管线分类体系，完善支持短中长期发展的产品布局，明确资本运作对象。Ligand 根据产品的成熟度与盈利能力，将管线定义为"Top3、Big 6、Next 12"三类，支持短、中、长期的战略布局。"Top3"是可通过特许授权使用带来稳定可观收益的商业资产，主要涵盖 Promacta、Kyprolis 和 Evomela 三大核心药物；"Big 6"为到达特定阶段、拥有一定潜在价值的领先管道资产，包含 Baxdela IV、Sparsentan 等产品；"Next 12"指在未来具有高收入潜力的管道资产，包含 VK5211、Merestinib 等。Ligand 管线分类体系如图 3‐10 所示。

---

❶　License‐out 模式是指企业进行药物早期研发，然后将项目授权给其他药企做后期临床研发和上市销售，按里程碑模式获得各阶段临床成果以及商业化后的一定比例销售分成。

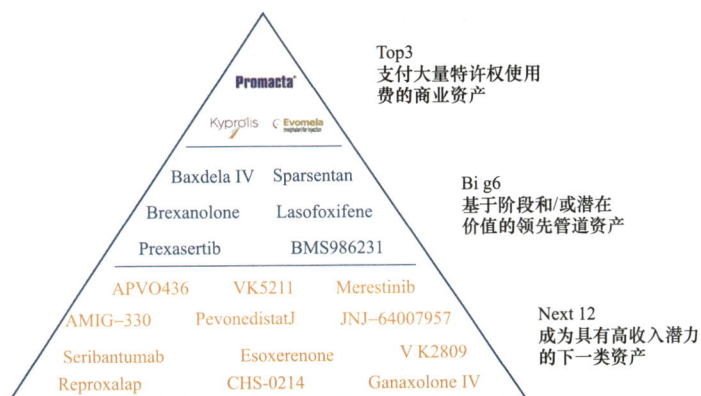

图 3-10　Ligand 管线分类体系❶

（2）通过并购整合资源搭建技术平台，提升资源利用效率。Ligand 通过并购 Open Monoclonal Technology 公司获得了抗体技术研发平台，并通过并购整合 Crystal、Xcell 等相关企业实现抗体技术资源的整合，进而组建抗体药物发现平台 OmniAb，能够在整合优势研发资源的基础上，缩短研发周期，提升成功率。

（3）以 license-in 药物权益为补充，丰富技术储备。Ligand 聚焦潜力较大的药物权益，通过 IP 授权获取该 IP 产品未来的销售权益，提升技术布局的广度。

（4）借助对外参股布局前沿技术，提升业务竞争力。Ligand 通过资产置换、直接投资等方式，参股创新药公司，拓展创新资源布局，并获取股权投资收益。

（5）通过分拆成熟业务独立上市，拓展业务发展空间。例如，2022 年 3 月，Ligand 宣布与 SPAC 公司签署合并协议，将抗体发现业务 OmniAb 公司与 AHPA 合并上市，使 OmniAb 能够进入资本市场独立发展，进入新的增长和价值创造阶段。

3.2.3　百济神州研产销全流程布局打造全球竞争力

百济神州成立于 2010 年，专注于创新药物的研发，是全球首个实现纳

---

❶　图片来源：医药研发新模式：Ligand 如何押住未来？

斯达克、港股和上交所科创板三地 IPO 的创新药企业，凭借自主研发的泽布替尼实现了中国原研新药出海的"零突破"，经历并见证了中国创新药的崛起。百济神州秉持"高举高打"的战略，遵循全球化的战略布局方向，以"企业家＋明星科学家"模式为基础，采取"自研＋合作引进"双轮驱动研发布局策略，围绕研发、生产、商业化全流程体系布局，打造创新药全球竞争力。

（1）优化创始团队与股东结构，为战略布局提供支撑。在创始团队上，采用"科学家＋企业家"的创业组合，保障研发方向科学性与企业经营的专业性，聚力推动原创科研成果转化与商业化；在高管团队配置上，在"高举高打"与创新全流程布局的战略下，围绕创新发现、临床研究、注册审批、生产运营、商业化等各个环节引进高端人才，快速建立核心能力；股东配置上，同时引入安进等同行业头部企业与 Baker Brothers、HHLR Fund 等风险投资基金，保障资金充足，实现研发、商业化等方面的协同共进。

（2）以内部自研体系作为创新发展的基石。百济神州匹配全球化的战略方向，在靶点发现的早期阶段开展创新布局，增强药物的全球竞争力。百济神州在靶点的选择上坚持两大原则，一方面，靶点在概念验证（proof of concept）上，已经有明确的数据支持，但市场上不一定有药物产品；另一方面，科学家需要对靶点及化合物有充分了解，明晰产品差异化的抓手，具备做出"best-in-class"的潜质。此外，百济神州搭建了国内最强的科学发现团队，打造聚焦早期研发与药物发现的技术平台，支持差异化、首创新药研发布局。据统计，百济神州进行的临床前项目中，具有"同类首创"或"同类最佳"潜力的项目占比约 50%。

（3）在全球范围内建立自主化临床团队。在外部临床试验机构超负荷运转的背景下，为提高临床试验效率，降低试验的成本，百济神州通过打造医学、测试、临床执行（招募和监察）以及数据统计分析团队，并建立自有的动物房，培育起全球化大规模临床开发能力，以"去 CRO 化"的独特临床开发模式，保证临床试验的自主、高效、可控。根据 2022 年年报数据，百济神州在全球五大洲临床开发与医学事务团队超过 3500 人，其中海外团队规模 1000 人，在全球超过 45 个国家和地区执行 80 余项临床试验，国际多中心临床试验占比超 60%。

（4）依托自研能力与临床开发能力，搭建合作研发网络。百济神州凭借卓越的临床开发能力与诺华、安进等全球顶级制药及生物科技公司建立合作，通过联合研发、许可授权交易等方式，以"自研＋合作引进"并行策略打造优质产品组合，极大丰富了商业化及在研产品管线，加速全球临床和商业化开发。一方面与自有管线形成互补优势，丰富产品管线深度与厚度，另一方面与自有产品进行联合用药开发，优化商业化产品组合，提升商业价值。如百济神州与诺华达成合作，在北美、日本、欧盟及其他六个欧洲国家共同开发和商业化替雷利珠单抗，获取预付款销售里程碑付款、销售特许使用费，并在抗肿瘤产品领域开展联合治疗的探索。

（5）拓展全球商业化网络布局，加速创新产品的商业化。商业化能力建设是药企创新的终极目的，也是百济神州全球化布局策略的重要一环。团队建设上，2018 年，百济神州前置引进业界的明星经理人加入，开启了中国及全球商业化布局。以此为基础，百济神州通过自主团队建设、关联公司与经销商合作伙伴合作，逐步拓展美国、欧洲、拉丁美洲等多个国家及地区的商业化网络布局，加速创新产品的商业化进程。商业化策略上，一方面根据产品成长性和盈利贡献度确定商业化投入力度；另一方面根据市场特点制定差异化的商业策略，如在医院亚专科设置相对细分的头部市场，通过设置细分领域专队实现专业化的布局策略，针对腰部和尾部市场，采取先做大后做精的策略。

3.3　汽车行业企业创新实践

面对日趋严峻的气候变化挑战，碳达峰、碳中和已成为全球共识，汽车产业绿色升级需求日益迫切，促使领先企业以发展新能源汽车为导向，不断加快业务转型。进入 2022 年，全球新能源汽车销量达到 1082.4 万辆，同比增长 61.6%[❶]，广阔的市场空间吸引更多"造车新势力"加入新能源汽车的研发与生产，行业竞争日益激烈，行业创新分化出三种主要模式。①以特斯拉为代表，重视汽车产品智能增值服务开发；②以比亚迪为代表，重点关注新能源汽车机械性能优化提升；③以广州汽车为代表，追求汽车产品智能化水平与机械能力并重。为抢占市场制高点，当前全球各大领先企业在坚持差异化经营的基础上，正普遍围绕"降低促销"与"提质升级"两大共性核心策略，加快推动供应链自主可控、整车模块化开发与数字服务升级。

（1）加快上游环节关键零部件自研，强化风险防范能力。新能源汽车产业具有链条长的特点，任意中间环节的供应波动，均会对下游整车制造活动产业影响。为降低制造成本，实现定制化设计，并应对中美竞争、俄乌冲突等地缘政治冲突带来的全球供应链不确定性，领先企业持续深化上游产业链布局，在动力电池、电机、电机控制系统等上游核心环节，逐步放弃直接采购、合作开发、许可生产等固有供应模式，通过建立"研产一体化"的独资企业，围绕集团整体技术规划进行定向研发，成果产品优先供应集团内部使用，保障技术自主可控。新能源汽车产业链示意图如图 3-11 所示。

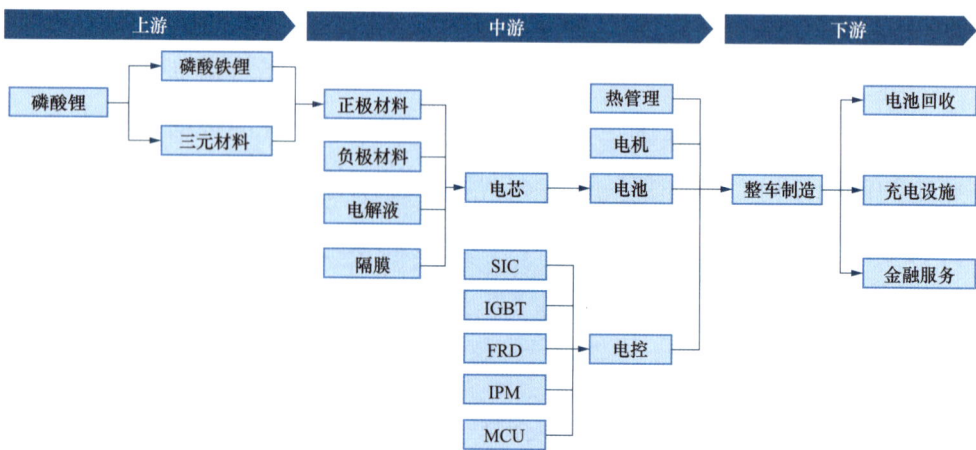

图 3-11 新能源汽车产业链

---

❶ 数据来源：EVTank. 中国新能源汽车行业发展白皮书（2023年）[R]. EVTank，2023.

（2）推进模块化研发模式变革，提升产品研发效率。新能源汽车赛道参与企业众多，叠加用户需求不断丰富，推动技术更新迭代加快，企业研发窗口期缩短，决定了燃油车时代采取的为单一车型定制化开发专门技术的传统模式已难以持续。为适应市场新形势需要，领先企业近年来开始加快向模块化研发模式转变，围绕纯电动（EV）与混合动力（XEV）两大新能源汽车驱动路线，搭建通用化研发平台，为各类车型研发提供可复用的底座架构，从而降低研发成本，缩短研发周期。

（3）推动软件定义汽车，迎合消费升级大趋势。我国人均可支配收入的不断增长正逐步促进居民消费升级，消费者对于新能源汽车的需求已不仅局限于动力性、续航性、燃料经济性等汽车固有消费属性，更多关注人机交互性等数字化服务体验。德勤《2023 年全球汽车消费者调研报告》显示，超过 90％的中国消费者愿意为自动驾驶、车联网等智能技术付费，深刻表明数字化水平已成为新能源汽车产品价值的重要体现。领先企业应对新能源汽车消费升级态势，近年来大力推动产品数字体验优化，一方面，基于"自研＋共同研发"模式，结合自身海量用户数据资源，持续迭代车载软件功能，为消费者提供高质量的自动驾驶辅助服务；另一方面，发挥"整车研发制造＋数字技术开发＋用户平台搭建"的资源整合优势，开拓自动驾驶出行（Robotaxi）等新业态，为用户提供智慧出行服务。

本节选择以美国特斯拉、中国比亚迪和广州汽车为例，透视全球汽车行业顶尖企业的创新趋势和实践做法。

3.3.1　特斯拉坚持创新驱动战略，推动业务降本增效

特斯拉成立于 2003 年，2022 年位列《财富》世界 500 强第 242 位，在全球创新 2500 强中排名第 80 位。特斯拉作为新能源汽车领域的全球标杆企业，近年来将"硬件制造＋软件智能化＋软件生态"作为业务发展方向，持续推动前沿技术研发与商业模式变革，促进产品价值不断提升。2022 年，企业净利润达 874 亿元，继续领跑行业，单车平均利润 75 524 元，是国内

龙头企业比亚迪的 7 倍，其创新实践对于全球新能源车企均具有重要参考价值。2022 年主流新能源、车企净利润对比如图 3-12 所示。

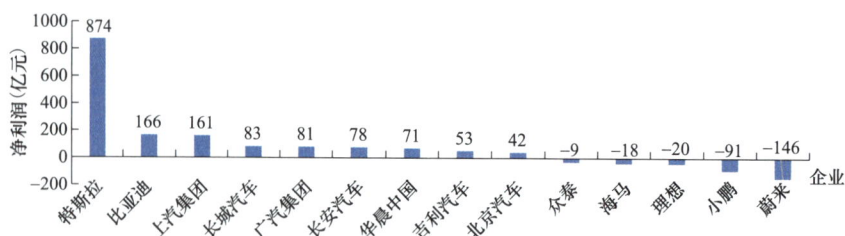

图 3-12　2022 年主流新能源车企净利润对比❶

2023 年，特斯拉在投资者日上正式公布"宏图 3.0"战略（Master Plan3），明确未来将以"降本增效"作为企业业务发展的核心指导原则，总计投资 7 万亿美元，加速推动供应链管理优化、产品性能改善、生产方式变革、销售规模扩大等。特斯拉"宏图"战略三部曲如表 3-3 所示。

表 3-3　　　　　　　　特斯拉"宏图"战略三部曲

	宏图 1.0 战略	宏图 2.0 战略	宏图 3.0 战略
发布时间	2006 年 8 月 2 日	2016 年 7 月 20 日	2023 年 3 月 1 日
主要内容	1. 打造一款跑车，价格昂贵 2. 用挣到的钱生产价格实惠的车 3. 再用挣到的钱，生产价格更实惠的车 4. 在做到上述各项的同时，还提供零排放发电选项	1. 集成储电功能的太阳能屋顶 2. 扩充电动汽车产品线 3. 开发出比人类手动驾驶安全 10 倍的自动驾驶技术 4. 通过分享闲置车辆，产生收益	1. 总计增加 7 万亿美元的全球电动汽车投资 2. 从优化供应链管理、改善产品性能、变革生产方式、扩大销售规模等方面实现新能源车业务降本增效

（1）优化供应链管理体系，强化核心零部件供给保障。①建立供应链分级研发管理机制，提高资源配置效率。特斯拉依据零部件的重要程度实施分级采购，以降低研发资金投入需求。其中，对于技术含量较低或技术相对成熟的零部件，特斯拉主要采用委托研发或外采的策略；对于涉及汽车安全的关键零部件，特斯拉主要联合优势供应商进行联合开发；对于颠覆性、用户

---

❶　数据来源：企业年报

体验度高或具有战略性意义的零部件，特斯拉实施完全自研的策略。②**建立本土化的供应链，降低零部件采购成本**。特斯拉围绕全球超级工厂构建本土供应链渠道网络，降低零部件物流成本与关税成本，为产品降价抢占市场创造基础。③**构建扁平化的供应商网络，提升议价能力与快速响应能力**。特斯拉基于自身强大的核心组件自研能力以及系统配套集成功能，降低了对产品制造中间环节的采购需求，推动企业近年来不断缩减供应链层级，将大量具备总成能力的优秀二级供应商上提至一级供应商，进一步加强了对供应链渠道的控制力。特斯拉供应链分级研发管理矩阵如图 3-13 所示。

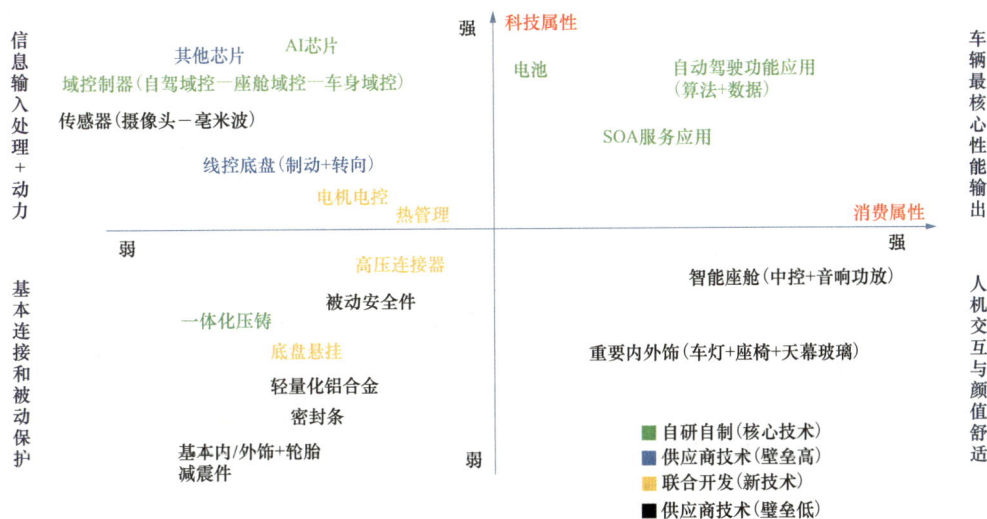

图 3-13　特斯拉供应链分级研发管理矩阵[1]

　　(2) 加快自动驾驶软硬件技术突破，持续构筑核心技术壁垒。特斯拉自 2014 年进军自动驾驶领域以来，不断强化自动驾驶软、硬件的自研能力，为用户提供高质量的人机交互体验，技术积累远超全球同类企业，已成为其技术核心壁垒，赋予特斯拉产品高附加值。①**在硬件研发方面**，特斯拉目前正在研发新一代自动驾驶硬件平台 HW4.0，预计将在 2024 年实现正式量产。新一代 HW4.0 预计将搭载特斯拉最新自研的第二代 FSD 芯片，延续 HW3.0 的双芯片设计，芯片制程工艺将从初代的 14nm 提升至 7nm，整体

---

[1]　资料来源：东吴证券

性能较 HW3.0 可提升 2 倍。②**在软件研发方面**，特斯拉于 2022 年正式公布了智能驾驶感知算法模型 Occupancy Network，采用语义分割替代传统的目标检测，可实现高效感知和路径规划，被认为是智能驾驶领域近年来的一项重大突破。

（3）推动生产布局与生产流程优化，提高整车生产效率。特斯拉近年来重视通过优化工厂布局、产线规划与生产流程，提高制造效率，降低生产成本。**在工厂规划上**，特斯拉不同于一般车企广泛采用的"多地建厂，小产能，快速交付"的生产策略，在业内率先推行全球超级工厂模式，实施"一洲一厂，大产能，集中交付"❶，依托规模效应降低制造成本。**在产线布局上**，特斯拉近年来摒弃了原有的零散式布局思路，逐步向功能集中型布局方案转变。例如，2019 年建成的上海超级工厂采用了功能集中型布局方案，通过将冲压、焊接、油漆和总装四大车间集中在一个空间内，优化了厂区内零部件的流转效率，单车生产能耗减少 17%，员工单位生产效率大幅优于采用零散式布局的加州工厂。**在生产流程上**，特斯拉将"敏捷开发"理念应用于整车制造环节，推动产线效率提升。一是推动数字化柔性生产，基于自身强大的 AI 技术能力，自 2018 年起在超级工厂内引入工作站控制机制（Station Control），将自动驾驶中的感知、决策和控制概念引入到生产线中，提供"视觉模块＋感知模块＋边缘计算模块＋智能网关控制模块"的整套工位智能化解决方案，实现产线根据物料、订单等环境变化而进行自主学习与进化；二是加快组装工艺变革，在 2022 年宣布将把涂装、总装工序由原有的"串行"模式升级为"并行"模式，能够实现对汽车前、后各部分的同时组装，预计可提升空间效率 30%，减少工厂空间 40%，并进一步降低整车生产成本。

---

❶ "一洲一厂"指特斯拉计划一个大洲建设一个超级工厂，基于政策、市场环境、供应链完备度、基础设施、工业用地等因素进行选址，覆盖本大洲区域的产品生产与供应；"大产能"指特斯拉超级工厂规划产能在业内保持绝对领先，如上海超级工厂年产规模超 75 万辆，加州超级工厂年产能超 65 万辆；"集中交付"指特斯拉产品从超级工厂下线后，以三个月为一个周期向大洲用户进行集中交付。

3.3.2　比亚迪加速全产业链自研进程，构建技术核心优势

比亚迪成立于 1995 年，业务涵盖电子、汽车、新能源和轨道交通等领域，2022 年首次上榜《财富》世界 500 强，位列第 436 位，在全球创新 2500 强中排名第 129 位。比亚迪自 2003 年进军汽车行业以来，一直坚持"技术为王，创新为本"的核心发展理念，通过持续推动新能源汽车关键技术攻关，不断扩大全球市场份额，全球知名市场研究机构 Counterpoint 的研究数据显示，2022 年比亚迪新能源汽车销量占全球市场的比重达到 19.8%，排名第一，已成长为全球性的行业巨头，其创新实践对于国内新能源车企具有较大借鉴价值。2022 年新能源汽车全球市场份额前 10 名车企如图 3-14 所示。

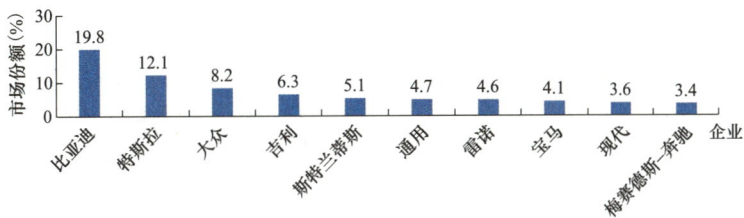

图 3-14　2022 年新能源汽车全球市场份额前 10 名车企

近年来，比亚迪基于"新能源汽车行业即将进入淘汰赛阶段，只有具备核心技术的企业才能活下来"❶ 的战略研判，持续加大自主研发能力建设，通过垂直整合产业链、搭建通用化研发平台、补足自动驾驶技术短板、构建多线条产品研发矩阵等方式增强市场竞争能力，应对日趋激烈的行业竞争。

（1）构建全产业链垂直布局体系，确保核心技术自主可控。 比亚迪近年来通过不断加强供应链垂直整合，形成了上、中、下游全产业链闭环，核心零部件基本达到自研自产自供，有效规避了芯片短缺、电池涨价等不利因素冲击，实现了供应链的安全稳定。比亚迪产业链布局举措如表 3-4 所示。

---

❶ 引用自比亚迪董事长王传福在比亚迪 2022 年度股东大会上的讲话。

表 3 - 4 　　　　　　　　　　比亚迪产业链布局举措

产业链环节	细分领域	重点布局举措	具体内容/重要意义
上游	磷酸铁锂	联合矿业企业成立合资公司	与盐湖股份共同成立青海盐湖比亚迪资源开发有限公司，比亚迪持股49%，碳酸锂产量可达2098.8万t
	三元材料		与国轩高科、中冶集团共同成立中冶瑞木新能源科技有限公司保证了三元锂电池的供应和生产，扩充了动力电池产业链布局
中游	正极材料	建立多元化的供应商体系	主要供应商：湖南裕能、德方纳米、富冶精工、中冶新能源、湖北万润
	负极材料		主要供应商：中科电气、杉杉股份、翔丰华、贝特瑞
	隔膜		主要供应商：恩捷股份、星源材质、中材科技
	电解液	联合矿业企业成立合资公司	与西藏矿业共同成立西藏日喀则扎布耶锂业有限公司，保障了电解液的供应稳定
	电池 热管理 BMS	成立研产一体的独资企业	独资成立弗迪电池有限公司，保证锂电子电池、电源系统的生产以及废旧动力电池梯次利用和再生利用的研发、生产和销售
	SIC IGBT MCU	成立合资专业化公司	联合战略投资成立比亚迪半导体股份公司，整合公司半导体业务，在保证芯片内供的前提下提高外供产量
	电机及电机控制系统	成立研产一体的独资企业	成立弗迪动力有限公司，整合动力系统、发动机、变速器、电机、电控、电源及零件的研发与制造
下游	整车制造	自行投资建设整车生产基地	构建由深圳、西安、长沙、常州、合肥、抚州、济南、郑州、襄阳、深汕合作区10大生产基地构建的全国生产网络，整体规划产能超过400万辆
	电池回收	联合环保企业建立长期战略关系	与格林美签订《储能电站和光伏电站项目合作框架协议书》
	充电设施	联合能源企业成立合资公司	与壳牌公司共同成立比亚迪电动汽车投资公司，负责充电桩与充电站及其零部件的销售，电动汽车充电设施的运维、技术服务、技术咨询

续表

产业链环节	细分领域	重点布局举措	具体内容/重要意义
下游	金融服务	联合金融机构成立合资企业	与西安银行共同成立比亚迪汽车金融有限公司，比亚迪持股 80%，向企业经销商、企业及客户提供租赁、融资、咨询等金融服务

1）上游环节。比亚迪主要通过与矿业企业成立合资公司的形式进行冶炼工艺研发与原材料开采。例如，2017 年比亚迪与青海盐湖集团共同成立青海盐湖比亚迪资源开发有限公司，负责锂资源的开发工作；同年与国轩高科、中冶集团共同成立中冶瑞木新能源科技有限公司，负责三元材料的研发和生产。

2）中游环节。"三电"技术及功率半导体技术是新能源车企市场竞争力的核心支撑，比亚迪在该环节十分重视培育自主研发能力，通过组建研、产一体化的独资公司，确保核心技术自主安全可控。例如，2019 年独资成立弗迪动力有限公司，负责比亚迪新能源汽车电机及电机控制系统的开发与制造；2020 年独资成立弗迪电池有限公司，负责比亚迪新能源汽车动力电池、BMS 系统与热管理系统的研发与产品生产；2020 年将集团原有的微电子部门分拆出来，成立比亚迪半导体有限公司，负责 SIC、IGBT、MCU 等功率半导体元件的研发及生产。

3）下游环节。比亚迪以自行投资建厂的方式进行整车制造，并通过与行业领先企业建立深度合作关系，布局新能源充电、电池回收、汽车金融等后期市场，为客户提供高质量增值服务。例如，2014 年比亚迪与壳牌公司合资成立比亚迪电动汽车投资公司，负责提供比亚迪电动汽车充电设施的运维、技术服务、技术咨询等服务；2015 年与西安银行共同成立比亚迪汽车金融有限公司，向企业经销商、客户提供租赁、融资、咨询等金融相关服务。

（2）搭建通用化研发平台，提升新产品开发效率。比亚迪坚持模块化开发策略，围绕插电混动与纯电两大新能源汽车类别，分别开发通用化研发平台，并在近年升级推出了最新 DM-i 平台与 e 平台 3.0，为新产品快速研发夯实基础。

1）DM-i 混动研发平台。DM-i 于 2021 年推出，是比亚迪的第四代 DM 混动技术系统，由骁云-插混专用 1.5L 高效发动机、EHS 电混系统、DM-i 超级混动专用功率型刀片电池三大核心组件构成，具有成本低、油耗低、噪声低、动力强、安全性高等突出优势。其中，在成本上，比亚迪依靠自研核心零部件优势，以及优化调整 DM-i 系统结构布局，能够显著降低制造成本。在油耗上，DM-i 系统在每种工况下均会有电参与，大部分时间以纯电模式运行，油耗表现突出。在噪声控制上，DM-i 系统在绝大多数工况下采用电机驱动，且发动机大部分时间工作在 NVH 舒适区，使得系统的噪声控制优于行业平均水平。在动力性上，DM-i 系统内置的骁云-插混专用1.5L 高效发动机采用了阿特金森循环工作模式，可实现 15.5∶1 的超高压缩比，热效率达 43.04％，领先同业企业的其他竞品。在安全性上，DM-i 系统搭载了比亚迪 2020 年发布的刀片电池技术，具有被刺穿后无明火、无烟、不爆炸、表明低温的优异性能。比亚迪新一代混动技术平台 DM-i 与主流车企竞品动力性能对比如表 3-5 所示。

表 3-5　比亚迪新一代混动技术平台 DM-i 与主流车企竞品动力性能对比

	比亚迪	上海汽车	长城	丰田	本田
混动系统	DM-i	EDU	DHT	THS	iMMD
技术特点	P1＋P3 拓扑结构	P2.5 单电机结构	P2＋P3 拓扑结构；混动专用发动机	行星齿轮式机电耦合系统	P1＋P3 拓扑结构
	超高压缩比阿特金森发动机（压缩比 15.5∶1）		阿特金森发动机（压缩比 13∶1）	阿特金森发动机（压缩比 13∶1）	阿特金森发动机（压缩比 13.9∶1）
	高功率、低内阻电池		大容量，高密度电池	小容量、高倍率电池	超高放电倍率电池
是否搭建混动专用发动机	√	×	√	√	√

续表

	比亚迪	上海汽车	长城	丰田	本田
电机峰值转速	16 000rpm	15 000rpm	—	—	13 000rpm
电机总功率	145kW	100kW	115kW	134kW	135kW

2）e平台3.0电动研发平台。比亚迪在2021年发布了新一代纯电动汽车e平台3.0，具有安全、高效、智能、美学四大特点。在安全性上，e平台3.0除搭载了安全性能突出的刀片电池外，还进一步运用比亚迪最新的CTB成组设计技术以提升整车的侧向强度和扭转刚度。在高效性上，e平台3.0一方面依靠全球首创的"八合一"电动力总成可实现超长续航，最大行驶里程突破1000km；另一方面依托全球首创的电驱升压快充技术，具备"充电5分钟，续航150km"的超级充电性能。在智能性上，e平台3.0首次实现了整车架构平台化，将传统分布式电子电气架构整合为域控制架构，分为智能动力域、智能车控域、智能座舱域和智能驾驶域四大域控，提升了系统交互效率。在美观性上，e平台3.0通过高效集成，提升了车辆空间和总体布局的流畅性，实现了大轴距、低车姿的外观设计，比亚迪新一代纯电动技术平台e平台3.0与主流车企竞品对比如表3-6所示。

表3-6　　　　　比亚迪新一代纯电动技术平台e平台3.0与
主流车企竞品对比

	比亚迪	广汽埃安	吉利	长城	红旗
电动车研发平台	e平台3.0	GEP2.0平台	SEA浩瀚平台	ME平台	FME平台
续航能力	大于1000km	300～700km	大于700km	200～500km	小于700km
百公里加速	2.9s	—	3.8s	3.5s	5s
充电5min续航能力	150km	—	120km	—	—
智能驾驶技术	DiPilot	ADiGO4.0	ZEEKER AD	ORA-Pilot	L3-L4级产品

（3）加快补全自动驾驶技术短板，推动产品向高端化跃迁。比亚迪长期将汽车的性能、安全性以及舒适度作为研发的首要考虑因素，对于智能化的重视程度存在不足，自动驾驶技术能力相较特斯拉明显落后，制约产品价值

提升。为扭转这一局面，比亚迪近年来通过"自研＋合作研发"的模式，不断增强自动驾驶技术研发力度。一方面，广泛与 ICT 行业领先企业建立合作研发联系，共同推进自动驾驶技术开发。例如，2020 年与博世公司共同开发出企业首款智能驾驶辅助系统 DiPilot。另一方面，加快推动自主研发体系建设，建立技术核心能力。例如，2023 年宣布将专门组建包含 4000～5000 名技术专家的智能驾驶研究部门，负责高级自动驾驶技术的自主研发工作。比亚迪自动驾驶技术协同研发进程如图 3‐15 所示。

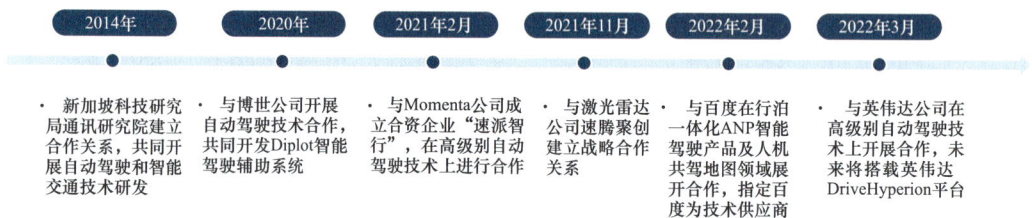

2014年	2020年	2021年2月	2021年11月	2022年2月	2022年3月
·新加坡科技研究局通讯研究院建立合作关系，共同开展自动驾驶和智能交通技术研发	·与博世公司开展自动驾驶技术合作，共同开发Diplot智能驾驶辅助系统	·与Momenta公司成立合资企业"速派智行"，在高级别自动驾驶技术上进行合作	·与激光雷达公司速腾聚创建立战略合作关系	·与百度在行泊一体化ANP智能驾驶产品及人机共驾地图领域展开合作，指定百度为技术供应商	·与英伟达公司在高级别自动驾驶技术上开展合作，未来将搭载英伟达DriveHyperion平台

图 3‐15　比亚迪自动驾驶技术协同研发进程

（4）构建全覆盖的产品研发矩阵，增强细分市场竞争力。不同于特斯拉采用"中高端、大单品"的产品规划策略，比亚迪坚持"立足中低端，发展高端豪华品牌"的布局思路，依托 DM‐i 与 e 平台 3.0 两大通用化研发模块实施快速研发迭代，构建由"王朝""海洋""腾势""仰望"四大系列组成的产品图谱，涵盖低、中、高端以及豪华车型等全部价格区间，能够精准切入各级消费市场。其中，"王朝"系列与"海洋"系列定位于比亚迪的中低端品牌，海洋系列以时尚、年轻的设计风格为主，王朝系列以沉稳大气为主，两者互补形成对 30 万元以下车型的全覆盖，是比亚迪市场竞争力的基石；"腾势"系列定位于比亚迪的高端品牌，覆盖 30 万～50 万元的价位区间，专门搭载了与百度公司协同开发的腾势 Pilot 高级智能驾驶辅助系统；"仰望"系列由比亚迪在 2023 年创立，定位于百万元级的豪华品牌，除进一步增强了自动驾驶功能外，还配置了比亚迪 2022 年最新发布的"易四方"电机驱动技术与"云辇"智能车身控制技术，是比亚迪新能源汽车尖端技术的集成。

3.3.3　广州汽车加快新能源转型步伐，培育自主品牌竞争力

广汽集团成立于 1997 年，是一家 A＋H 股上市的大型国有控股股份制企业集团，2022 年位列《财富》世界 500 强第 186 位，是中国汽车行业的领军企业之一。在国家"双碳"战略的持续引导下，技术、车型多以燃油车为主的广汽合资品牌面临更大的政策及市场不确定性，对广汽集团整体营收产生冲击。为此，广汽集团积极调整战略方针，将培育打造新能源汽车自主品牌确立为新时期集团业务的核心工作，不断加强新能源技术研发投入，推动新能源汽车业务占比逐年提升。2018－2022 年广汽集团新能源汽车销售量及占集团整车销售量比重如图 3-16 所示。

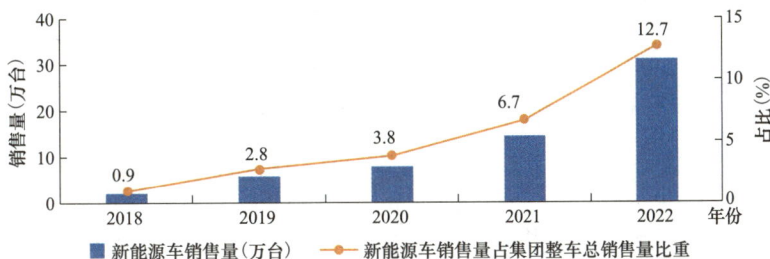

图 3-16　2018－2022 年广汽集团新能源汽车销售量及占集团整车销售量比重❶

近年来，广汽集团坚持围绕"智能化＋混动化/电动化"双核驱动技术路线开展创新谋划，通过推动重点环节数字化转型、改革研发组织模式、加快核心技术自主攻关、创新研发激励机制等，不断增强新能源自主品牌核心竞争力。

（1）推动重点领域数字化转型，提升管理和运营效率。 广汽集团遵循小步快跑的数字化改革模式，在 2020 年启动数字化转型加速器项目（以下简称"GDA"），重点聚焦管控透明化、营销个性化、智能网联服务化等五大领域，建立三年滚动实施路径，改革实践成功入选国务院国资委国有重点企业管理标杆创建行动标杆项目。根据 GDA 计划，**第一阶段（2020－2022**

---

❶　资料来源：企业年报。

年）期间，广汽集团将建立"四化两平台"数字化作战地图，通过统一的数据平台和敏捷的运营平台，实现全价值链智能运营体系；**第二阶段（2023－2025年）期间**，广汽集团将逐步打造"五化两平台×三生态"的数字生态系统，增加数字业务新场景。围绕 GDA 顶层设计，广汽集团统筹规划重点领域数字化项目群，数字化转型取得显著成效。广汽集团数字化转型加速器项目第二阶段（GDA2.0）行动计划如图 3-17 所示。

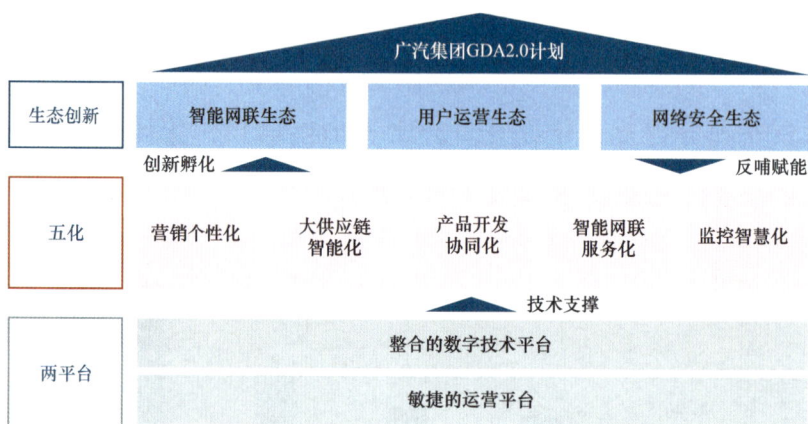

图 3-17　广汽集团数字化转型加速器项目第二阶段（GDA2.0）行动计划

1）企业管控领域。国有资产监管是广汽集团管控能力建设的重点，广汽集团结合自身管控模式及总部战略定位，选取能够集中反映经营效果和风险的财审领域作为突破口，建立了集团级财务核算一体化平台与集团统一审计及风险管理平台，并搭建了审计管理中心、数据分析中心、全面风险管理的三大基础平台。

2）产品营销领域。广汽集团以提升营销触达和运作效率为目标，打破传统汽车"厂家－4S店－顾客"线性营销模式，**探索"客店厂"营销金三角数字化营销服务管理模式**，构筑"顾客直联、顾客直服、顾客直营"的新型顾客关系。**在客端**，秉持"运营客户就是运营 App"的理念，搭建统一的 One App 平台，以 One App 运营为核心，实现线上成交比例达 60％；**在店端**，通过开发智能云外呼、数字门店等智能化工具赋能经销商门店，实现客户到店率提升 12％；**在厂端**，围绕供需业务打造智能供需平台，平均库龄降低 40%，大幅缩短用户交车周期。

3）智能网联服务领域。广汽集团依托集团级大数据平台，打造统一的数据中心，整合核心数据资产，全面挖掘数据资产价值，不断开辟新业态。例如，2022 年广汽集团依托自身强大的大数据积累与人工智能技术能力，自主开发了全国首个开放式 Robotaxi 运营监管平台，具有远程监督、远程管理、远程控制、远程评估四大能力，为集团抢占"自动驾驶出行"这一新型业务市场打下坚实基础。

(2) 建立"车型大总监"研发组织机制，提升研产销一体化能力。广汽集团原先在新产品研发上采取企划、研发、生产、销售、售后等业务单元垂直划分的组织模式，各环节的协同联动性受到较大制约，无法快速响应市场需求进行敏捷开发。为此，广汽集团从 2020 年起开始在广汽埃安、广汽传祺等自主品牌子公司中推动"项目负责人制"改革，通过建立"车型大总监"研发组织机制，提升研发实施效率。其中，"车型大总监"是新产品研发项目的总负责人，负责统筹协调产品技术开发与市场化转化等各项工作；各项目"车型大总监"下设市场、研发、生产、综合四个职能总监，领导相应的团队小组，分别负责市场渠道拓展、新技术开发、产品制造与财务分析等工作。

此外，广汽集团不同自主品牌的"车型大总监"机制存在一定差异，显著体现在研发模块的组建上。其中，广汽埃安通过 2021 年的集团内部重组，承接了广汽研究院纯电新能源领域的全部研发人员，并借此成立研发中心，具备实质上的独立研发能力，因而研发总监及研发团队构成主要以子公司内部科研人员为主；广汽传祺、广汽乘等非纯电自主品牌的研发功能由于目前仍由广汽研究院承担，因而研发总监及研发团队主要来源于广汽研究院。广汽集团垂直划分型研发组织模式与"车型大总监"研发组织模式如图 3-18 所示。

(3) 提升核心技术自主研发能力，实现高水平科技自立自强。广汽集团围绕混电（XEV）、纯电（EV）与智能网联（ICV）三大重点技术方向，持

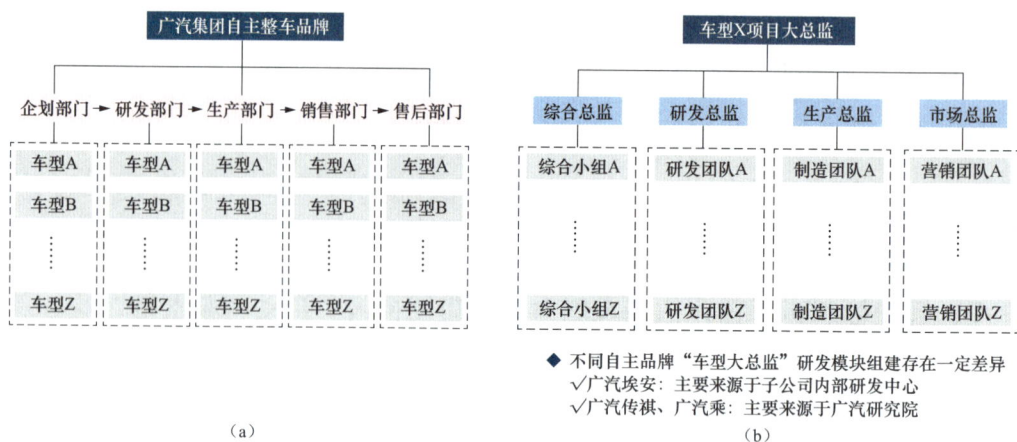

（a）

◆ 不同自主品牌"车型大总监"研发模块组建存在一定差异
√广汽埃安：主要来源于子公司内部研发中心
√广汽传祺、广汽乘：主要来源于广汽研究院
（b）

图 3-18 广汽集团垂直划分型研发组织模式与"车型大总监"研发组织模式

（a）垂直划分型研发组织模式；（b）"车型大总监"研发组织模式

续开展自主研发攻关，2022 年自主研发投入规模达 65.26 亿元，同比增长 26.3%，打造了一批具有行业引领性的科技创新成果，进一步增强了技术竞争力。

1）混电技术领域。广汽集团在 2022 年正式发布了"钜浪混动"这一全新混动技术品牌，并在同年开发出了"钜浪混动"模块化架构，包含混动发动机、机电耦合系统和动力电池三大部分，具有兼容性强、通用性高，可衍生出 4 大类别和 N 个动总组合，适配 HEV、PHEV 和 REEV 等 XEV 车型。

2）纯电技术领域。动力电池作为纯电领域的技术核心，一直是广汽集团的研发关注重点。继 2021 年发布了海绵硅负极片电池技术、超级快充技术以及弹匣电池系统安全技术后，2022 年又开发出突破型复合电池技术——基于微晶技术的新一代超能铁锂电池技术（SmLFP），相较市场上同类磷酸铁锂电池竞品，具有高能量密度、低温容量性能更优、快充性能突出等优势。

3）智能网联技术领域。2022 年广汽集团将车载操作系统与自动驾驶技术作为智能化方向的研发着力点，分别发布了普赛 OS、ADiGO PILOT 两大技术成果。其中，普赛 OS 是面向全车跨域的标准化操作系统，具备高效协同、极简复用、车云统一的特点，能够解决智能驾驶、信息娱乐、智能车控等各领域开发标准和模式不统一的问题，有效提升软件的兼容性和迭代效率；ADiGO PILOT 是广汽最新的自动驾驶系统，配备了业内最先进的 39 个高性能传感器，进一步提升了在高级辅助驾驶、超级泊车、无人驾驶三方面的使用体验。

（4）加快激励机制创新，为人才留用构建良好环境。广汽集团将人才作为科技创新的关键支撑，近年来不断推动长效激励机制变革，增强对高水平创新人才的吸引力。①**建立项目跟投机制，将科研人员与研发成果深度绑定**。2021 年广汽集团基于"车型大总监"研发组织框架，在下属子公司广汽传祺率先探索项目跟投激励机制，允许"车型总监"与研发团队核心技术人员利用自有资金投资新产品研发项目，与集团实现风险共担、利益共享。②**探索"上持下"股权激励，激发新能源技术人才创新活力**。广汽集团利用"双百行动"改革契机，2022 年在国企混改中率先实施大规模"上持下"股权激励，下属子公司广汽埃安通过非公开协议增资，向广汽研究院 115 名优秀科技人员派发股权，共同分享新能源汽车业务的发展成果。

3.4　能源电力企业创新实践

在绿色发展理念与"双碳"目标的共同驱动下，电力行业转型升级存在迫切需求。电网作为电力系统的基础平台及核心枢纽，其数字化水平对于新型电力系统建设成效具有关键影响，一直以来都是电力行业改革的焦点。电网形态与技术革命存在高度关联性，随着新一代数字技术成为第四次工业革命的核心驱动力，社会经济形态由工业经济向数字经济转变，能源革命与数字革命融合发展持续深入，促使能源电力领先企业普遍将数字化转型作为核心经营战略，不断加快电网数字技术研发与数字新业态新模式培育。电网形态演进历程如图 3-19 所示。

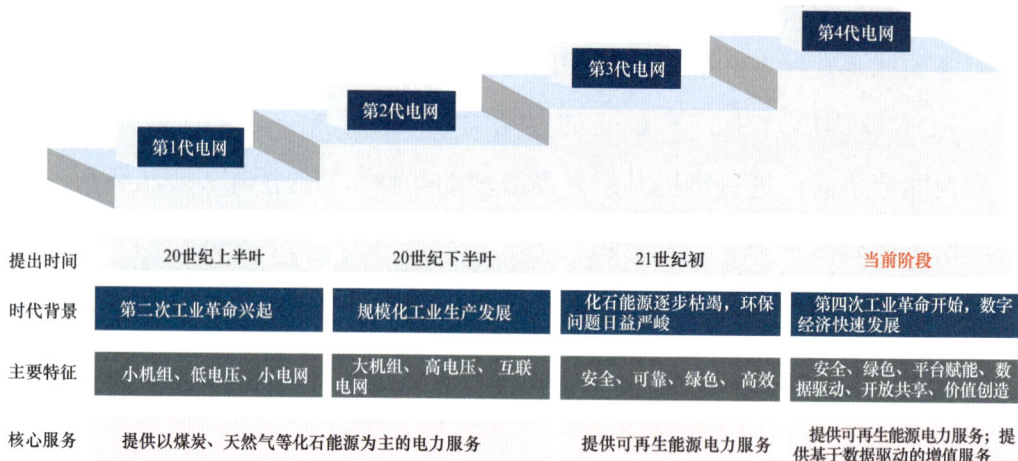

图 3-19　电网形态演进历程

(1) 加强前沿数字技术布局谋划，促进业务改造升级。为提升电网业务生产管理效率，促进经营提质增效，能源电力领先企业愈发重视数字技术创新能力培育，正加快将"大云物移智链"等新型数字技术纳入企业科技创新规划体系，在研发投入、人才招聘、成果产业化等方面给予重点支持。例如，东京电力近年来围绕自身电网业务特征，持续加大人工智能、物联网、无人机巡检、水下机器人、大数据等数字技术的自主研发；法国电力公布的12个研发重点支持领域中，包含3D打印、人工智能、量子计算、超级计算机及数据应用6大数字技术方向。

(2) 打造数字能源生态圈，通过跨界协作赋能技术创新和商业模式变革。领先电网企业正逐步依托自身作为行业龙头的资源聚合能力，基于"平台＋生态"理念，构建数字能源开放式创新平台，协同政府部门、初创企业、金融机构、能源供应商、能源消费者等对象，加快推进数字基础设施建设、电网数字化改造升级与企业数字化运营，并面向日趋多样化、个性化、互动化的用能需求，不断激励以综合能源服务、电动汽车服务、数据商业服务等为代表的新型数字业务发展，打造从能源生产、能源输送、能源存储、能源使用、能源策略到能源服务的一站式智慧用能服务，构建合作共赢的数字能源生态体系。全球领先电网企业新型能源生态系统运行模式如图 3-20 所示。

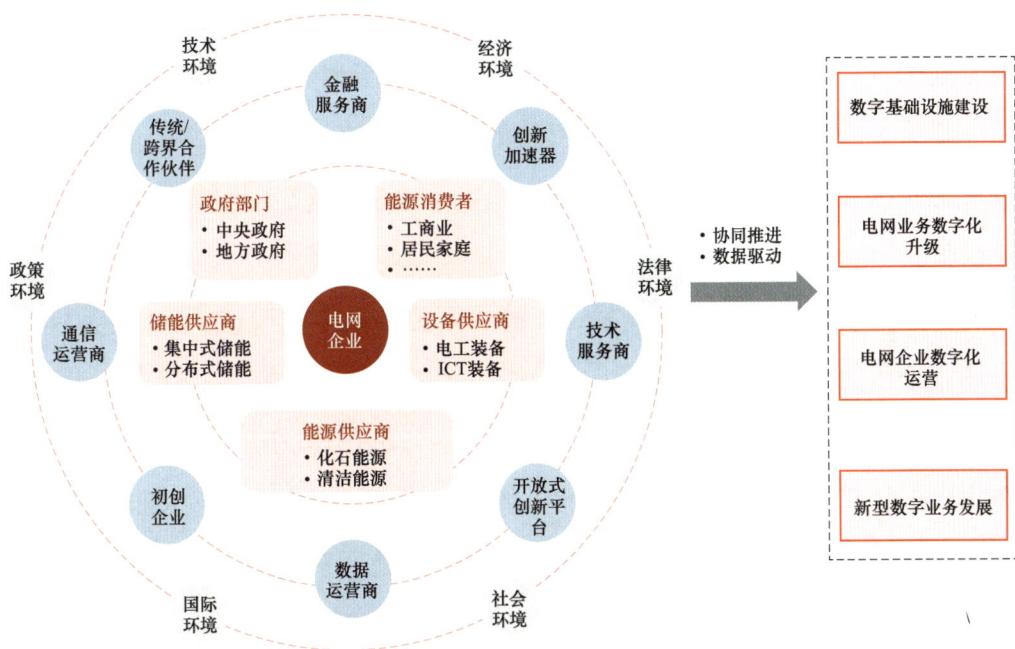

图 3-20　全球领先电网企业新型能源生态系统运行模式

本节选择以韩国电力、意大利国家电力和中国南方电网为例，透视全球能源电力行业顶尖企业的创新趋势和实践做法。

3.4.1　韩国电力加速数字化转型，打造现代化电力强企

韩国电力公社（KEPCO，以下简称为"韩国电力"）成立于 1898 年，由韩国政府控股，是目前韩国最大的电力企业，2022 年位居《财富》世界 500 强第 249 位，在全球创新 2500 强中排名第 337 位。韩国电力作为国有垄断性企业，业务涵盖"发－输－变－配－售－用"电力产业链全环节，在各环节均保持国内市场垄断地位。

近年来，随着韩国政府相继发布《数据产业振兴和利用促进基本法》《产业数字转型促进法》等政策，数字化转型已确定为韩国的国家顶层战略，具备行业连接广泛、用户基数庞大等特征的电力行业成为韩国数字化改革的先行领域。在这一背景下，韩国电力发挥电力产业排头兵的表率作

用，持续推动数字化转型升级，在 2019 年发布数字化转型中期战略，重点强调从"推进先进数字基础设施建设""形成人工智能驱动的能效优化技术能力""构建智能的电网作业系统""开拓新型数字业务"四个方面着手，提升企业发展能级，支撑"智慧能源创造者"（a smart energy creator）发展愿景实现，其创新经验对于全球电网企业推动数字化转型具有较大参考价值。

（1）推进数字基础设施开发，支撑主营业务数字化改造。韩国电力具有市场竞争压力小、资金充足、人才规模庞大的特点，长期以对标全球尖端为目标，自主设计、开发数字基础设施。目前，韩国电力已于 2021 年正式发布集数据收集、提炼和处理能力为一体的"数据集成平台"（KEPCO Data integrated Platform，KDP），主要包括大数据处理系统与 AI 分析系统两大模块。其中，大数据处理系统负责各项数据的标准化和提炼，并通过引入 BI 工具，为数据搜索和预处理搭建了交互式的工作环境；AI 分析平台提供数据分析所需的基本功能，如 AI 分析引擎、AI 算法、AI 分析工具等一站式服务。韩国电力数字基础设施及业务数字化改造代表性举措如图 3-21 所示。

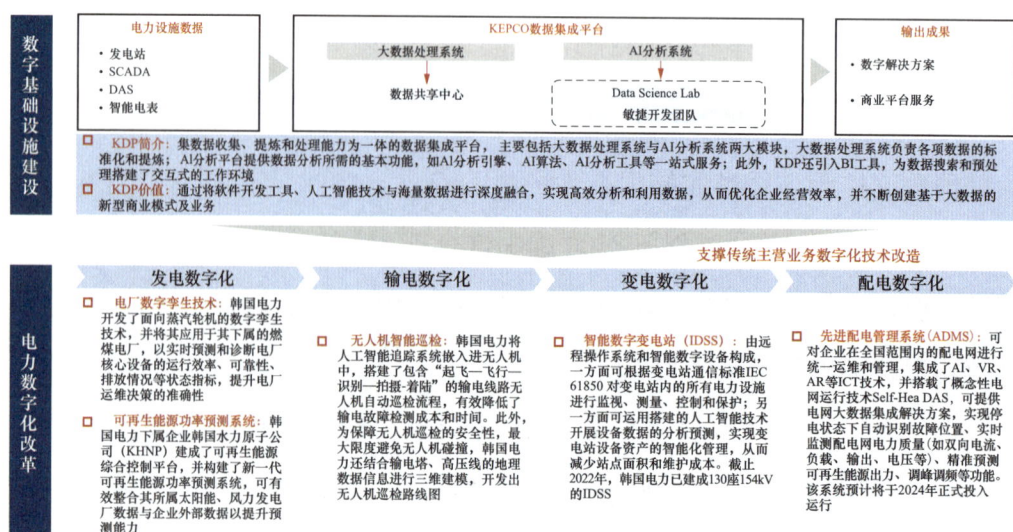

图 3-21　韩国电力数字基础设施及业务数字化改造代表性举措

基于该数字技术底座，韩国电力正在持续推进发、输、变、配等产业链环节的数字化转型升级。**在发电端**，韩国电力开发了面向蒸汽轮机的数字孪生技术，能够以实时预测和诊断电厂核心设备的运行效率、可靠性、排放情况等状态指标，提升电厂运维决策的准确性；**在输电端**，韩国电力将人工智能追踪系统嵌入进无人机中，搭建了包含"起飞－飞行－识别－拍摄－着陆"的输电线路无人机自动巡检流程，有效降低了输电故障检测成本和时间；**在变电端**，韩国电力在 2021 年开发了智能数字变电站（Intelligent Digital Substation，IDSS），可运用搭建的人工智能技术开展设备数据的分析、预测，实现变电站设备资产的智能化管理；**在配电端**，韩国电力正在开发先进配电管理系统（Advanced Distribution Management System，ADMS），可通过集成 AI、VR、AR 等 ICT 技术，以及概念性电网运行技术 Self-Hea DAS，提供电网大数据集成解决方案，具备停电状态故障自动识别、配电网电力质量实时监测、精准预测可再生能源出力、调峰调频等功能，预计将于 2024 年正式投入运行。

（2）依托"自研＋合作研发"模式，构建智能电网技术创新能力。一方面，整合内部人才资源与技术积累，不断强化数字技术自主研发能力。例如，设立专门从事电力 ICT 技术研发的全资子公司 KEPCO KDN，重点围绕 AICBM 技术（人工智能、物联网、云计算、大数据、移动通信）进行研发设计；成立大数据研发机构 Data Science Lab，专门从事进行 AI 及数据挖掘技术创新，以提升企业数据技术及新型商业模式开发能力。**另一方面，发挥产业链"链长"优势，与韩国地方政府共建"区域创新集群"，聚合各类优势资源开展尖端数字技术的研发与转化。**例如，联合韩国光州市政府共同打造了面向 ICT 产业的 Bitgaram 超大型区域创新基地，依托完善的研发经费支持计划及商业服务支持计划，吸引国内优秀初创企业，以及 GE、ABB、LG 等跨国行业巨头入驻，与韩国电力共同围绕电力场景开展前沿数字技术攻关和产业化应用。韩国电力 Bitgaram 区域创新基地运作模式如图 3-22 所示。

- 依照硅谷模式，打造Energy Vally全球智能能源创新生态
- 重点发展以前沿ICT技术研发为核心的Bitgaram创新城

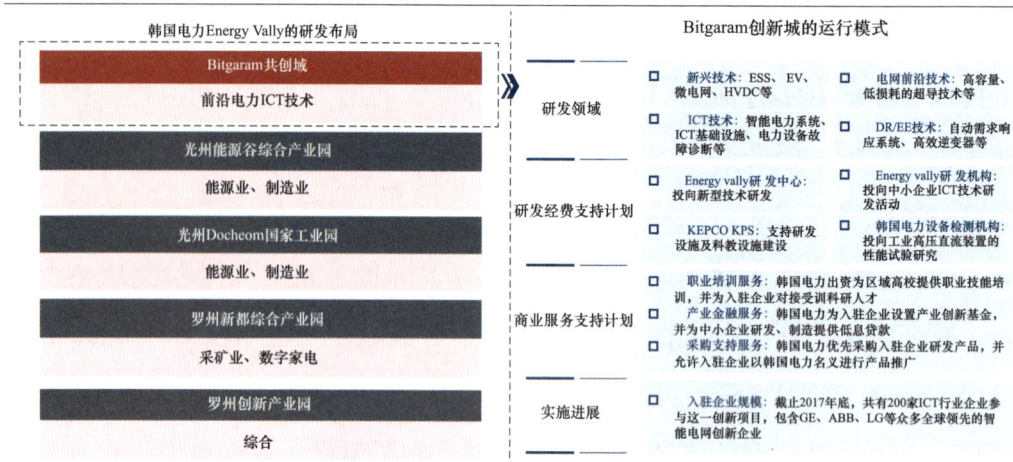

图 3-22　韩国电力 Bitgaram 区域创新基地运作模式

（3）加强数据资产运营管理，赋能新型数字业务拓展。韩国电力利用其在国内电力产业链的绝对领导地位，整合同业资源与跨界资源，于 2019 年推出 EN：TER 综合能源业务平台，重点发展电力数据服务、电动汽车充电、智慧城市业务、能源管理服务、可再生能源交易服务等新型业务板块。

1）数据业务方面。韩国电力主要以数据自行开发、跨界合作开发以及平台中介模式为主。当前，平台中介商业模式已成为韩国电力的重点发展的方向，其通过搭建数据服务市场平台，以"数据交易平台运营商"的身份撮合用户与行业解决方案提供商进行数据服务交易。韩国电力平台中介型电力数据业务运作模式如图 3-23 所示。

2）电动汽车充电业务。韩国电力自行投资建设充电基础设施，并采用自主运营、委托运营与联盟化运营相结合的商业模式高效运营其充电设施资产，持续优化业务运营效率。其中，**在自主运营模式建设上，**韩国电力在 2019 年开发了其自有电车充电服务平台 KEPCO Plug，可向用户提供本企业的充电桩地理信息和状态，并直接收取客户费用。**在委托运营模式建设上，**韩国电力将充电器运营和客户服务所需的所有系统以 One-Package 的形式提供给中小型电车充电服务提供商，帮助其更快进入充电市场。在联盟化运营模式建设上，韩国电力于 2020 年牵头国内其他 13 家充电服务商组建了韩国首个电车充

电服务联盟，建立了充电设施内部共享与共同运营机制，为客户提供一站式充电解决方案。韩国电力电动汽车充电业务运作模式如表 3-7 所示。

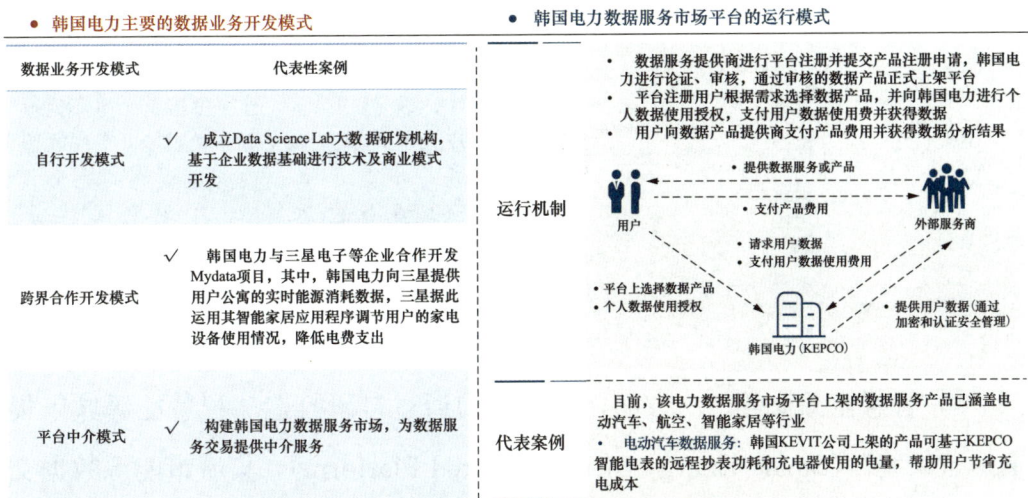

● **韩国电力主要的数据业务开发模式**

数据业务开发模式	代表性案例
自行开发模式	✓ 成立Data Science Lab大数据研发机构，基于企业数据基础进行技术及商业模式开发
跨界合作开发模式	✓ 韩国电力与三星电子等企业合作开发Mydata项目，其中，韩国电力向三星提供用户公寓的实时能源消耗数据，三星据此运用其智能家居应用程序调节用户的家电设备使用情况，降低电费支出
平台中介模式	✓ 构建韩国电力数据服务市场，为数据服务交易提供中介服务

● 韩国电力数据服务市场平台的运行模式

- 数据服务提供商进行平台注册并提交产品注册申请，韩国电力进行论证、审核，通过审核的数据产品正式上架平台
- 平台注册用户根据需求选择数据产品，并向韩国电力进行个人数据使用授权，支付用户数据使用费并获得数据
- 用户向数据产品提供商支付产品费用并获得数据分析结果

运行机制	
代表案例	目前，该电力数据服务市场平台上架的数据服务产品已涵盖电动汽车、航空、智能家居等行业。 ● 电动汽车数据服务：韩国KEVIT公司上架的产品可基于KEPCO智能电表的远程抄表功耗和充电器使用的电量，帮助用户节省充电成本

图 3-23　韩国电力平台中介型电力数据业务运作模式

表 3-7　　　　　韩国电力电动汽车充电业务运作模式

充电业务模式	商业模式示意图	目标	案例
充电桩自建＋独立运营		● 最大化电车充电业务收益，可实现统一运营管理	✓ KEPCO Plug 平台：自有电车充电服务平台，可基于物联网技术、GIS 技术为用户提供本企业的充电桩地理信息和状态，提升韩国电力的充电业务运营效率，有效改善用户体验
充电桩自建＋授权运营		● 降低中小型充电运营商的准入门槛，缩短其投资回报周期，促进电车充电行业发展	✓ 电车充电系统云服务：将充电器运营和客户服务所需的所有系统以 One-Package 的形式提供给中小型电车充电服务提供商，帮助其更快进入充电市场

续表

充电业务模式	商业模式示意图	目标	案例
充电桩自建＋联盟化运营		● 通过强强合作，改善用户充电体验，进一步提升 EVC 业务的市场占有率	✓ ChargeLink 开放式平台：2020 年牵头国内其他 13 家充电服务商组建了韩国首个电车充电服务联盟，可实现联盟内充电设施的完全共享，并配套开发了 ChargeLink 充电服务平台，为用户提供一站式充电解决方案

3) 智慧能源业务。一方面，韩国电力通过自研打造"智慧能源城市集成运营系统"（Smart Energy City Integrated Platform），集城市能源数据交换模型、标准化城市能源信息模型、对外开放能源服务平台三大模块于一体，形成技术竞争优势，成为细分市场的"核心参与者"。另一方面，韩国电力注重通过联合强势利益相关方共同申报、签订配套投资计划等方式促进商业推广，增强对政府客户的吸引力。例如，与韩国通信业巨头 SK 通讯签署智慧城市业务合作协议，将总计投资 5000 亿韩元加强在智慧城业务开发上的协作，并各自组建一个由本公司专家组成的工作组，以"电力＋电信技术"方案联合申报智慧城市建设项目；与韩国釜山市签署"创建智能城市和扩大新能源产业"的谅解备忘录，通过向釜山市政府提供储能、新能源充电桩等新能源基础设施投资建设服务，以及城市新能源产业的技术和运营经验支持，成为釜山城市智慧能源综合运营商。

3.4.2 意大利国家电力构建全球开放式创新网络，强化海外业务竞争力

意大利国家电力（ENEL）成立于 1962 年，是一家集天然气与电力生产、配送、销售于一体的意大利国有相对控股企业，业务范围覆盖全球 47 个国家和地区，2022 年在《财富》世界 500 强中排名第 90 位。近年来，在国内业务成长空间受限的外部背景下，具备良好财务基础的 ENEL 加速进

行海外扩张，通过资本并购、构建全球开放式创新网络、优化调整业务体系等方式不断扩大海外业务规模，2022 年海外业务毛利润占集团总毛利润的比重已达到 67%，其创新经验对于电网企业推进国际化战略具有较大参考价值。

(1) 构建全球开放式技术创新体系，赋能数字化转型升级。 ENEL 利用业务布局高度全球化的特点，近年来加快打造开放式创新网络，为企业数字化转型提供技术支撑，其实施流程主要包含四个关键环节。

1) 明确技术研发重点方向。 ENEL 结合电网业务特点与数字技术发展趋势，选择在电网场景具有较大应用潜力、能够显著提升企业经营效率的前沿数字技术作为创新重点，在人才、资金等资源上予以重点倾斜。目前，ENEL 已将区块链、无人机、虚拟现实、人工智能、量子计算等技术领域确立为企业优先研发方向，并计划在未来进一步扩大重点技术领域的规模。

2) 集聚全球创新资源。 ENEL 近年来搭建了 Open Innovation 在线开放式创新平台，基于企业优先研发方向，面向各类研发机构发布专题挑战大赛，并充分运用平台的专家资源组织技术申报评比，为优秀申报机构提供与 ENEL 全球创新中心开展联合研发的机会。

3) 开展技术协同攻关。 ENEL 自 2015 年起开始推进全球研发网络建设，目前已形成十大创新中心。**在布局选址上**，ENEL 除在硅谷、波士顿、特拉维夫等全球产学研资源丰富的地区建立创新中心外，还选择在里约热内卢、圣地亚哥、卡塔尼亚等集团主要业务区域建立创新中心，以快速响应本地客户需求，实现敏捷开发；**在研发方向上**，ENEL 各大创新中心围绕企业优先研发方向，进行差异化研发布局。例如，特拉维夫创新中心主要专注于人工智能技术研发，并在 2022 年进一步成立 AI & Robotics 实验室，进行人工智能和智能机器人技术的原型设计和实验；**在运行模式上**，ENEL 的各大创新中心除可为研发合作伙伴提供概念验证、研发技术支持外，还可基于自身的渠道资源为合作伙伴提供创业孵化服务。

4）应用创新成果赋能传统业务升级。 ENEL积极推动全球创新中心研发成果的内部转化，支撑企业打造电网业务平台，赋能传统业务升级扩容。例如，2020年ENEL推出了Grid Blue Sky全球统一智能电网平台，融合了数字孪生、远程和虚拟协助、智能维护等新一代数字技术研发成果，能够大幅优化电网业务的运营效率。ENEL全球开放式创新体系运作机制如图3-24所示。

图3-24　ENEL全球开放式创新体系运作机制

（2）加快推动业务体系优化，应对激烈海外市场竞争。 ENEL围绕满足多元用户需求、提升服务品质的经营需要，持续推进业务布局优化调整，不断巩固在主要海外市场的竞争优势。

1）推动企业组织架构变革。 近年来，ENEL通过推动组织结构由原有的"垂直化"模式向"业务/区域"矩阵式模式转变，强化经营业务的跨国迁移及技术的全球化共享，提升需求响应的敏捷性。在"业务/区域"矩阵式组织架构下，业务线条负责不同业务板块的投资规划、资产运维与流程设计优化，主要考核投资优化水平、资产运营效率等指标；区域线条主要负责管理与当地政府机构的合作关系，以及开展具体销售活动，主要考核收入、营运支出、现金流等指标。ENEL业务/区域矩阵式组织架构如图3-25所示。

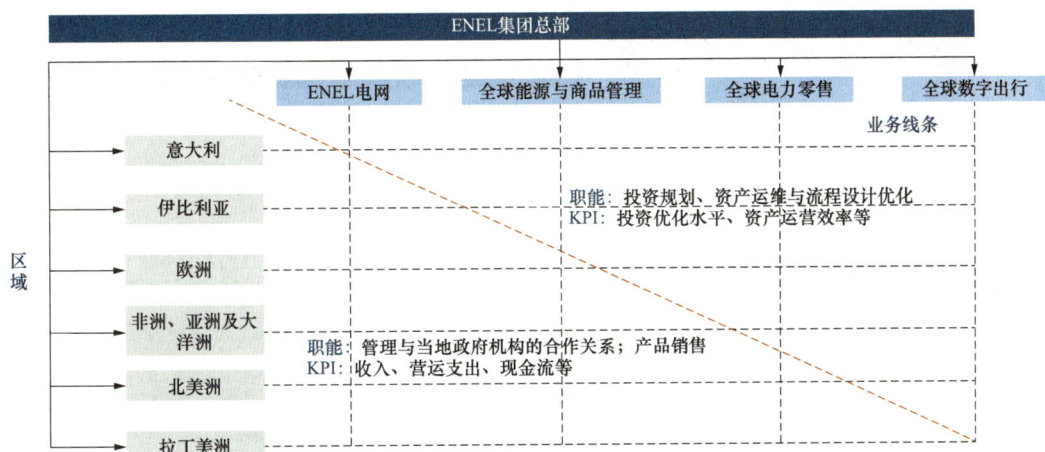

图 3-25　ENEL 业务/区域矩阵式组织架构

2）加强业务线条的重组整合。ENEL 瞄准售电、用能环节直接面向大众用户群体，相较上游发、输电业务具有低投入、高回报的特点，近年来持续推动业务重心向电力产业链下游环节倾斜。2021 年将"全球绿色发电""全球热发电"部门进行合并，并新增"全球电力零售"及"全球电动出行"两大业务部门。

3）重视运用数字技术赋能新型业务场景开发。ENEL 基于自身强大的数字技术研发能力，以及业务重心向产业链下游转移的战略调整，于 2017 年成立数字综合能源服务商 Enel X，布局数字工业、数字家居、数字城市与数字出行四大新型业务板块，以"技术＋数据＋资金"的合作形式，联合初创企业、中小企业、跨国巨头、高校、投资机构等各类利益相关方，面向不同数字业务板块构建、完善集成式业务平台，并深度利用全球售电网络积累的庞大用户群体基础进行产品推广，扩大受众范围。例如，ENEL 面向数字城市业务板块开发了推出了城市与居民解决方案平台 YoUrban，并于 2020 年将联合地图服务提供商 HERE 开发的"城市分析－移动地图"服务嵌入进 YoUrban 平台中，新增"人口流动性估测"智慧城市服务模块。ENEL X 用能服务布局及商业开发模式如图 3-26 所示。

103

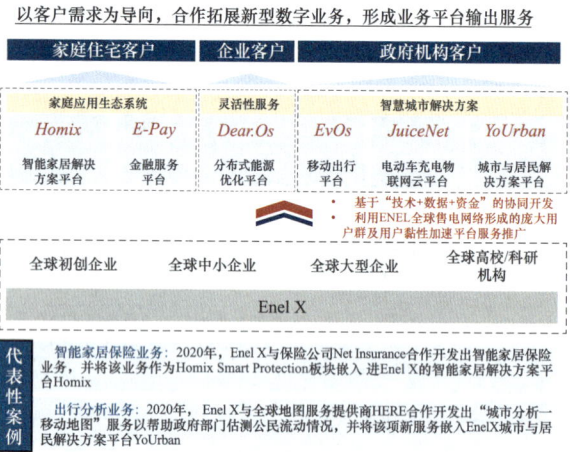

图 3-26　ENEL X 用能服务布局及商业开发模式

3.4.3　南方电网聚焦数字化、绿色化关键核心技术攻关，促进新型电力系统与新型能源体系建设

南方电网成立于 2002 年，是中央管理的国有重要骨干企业，业务涵盖投资、建设和经营管理中国南方区域电网，以及电力购销、电力交易与调度等方面，2022 年营收总额 7647 亿元，位居《财富》世界 500 强第 89 位。南方电网作为国内两家头部电网企业之一，在我国电力行业改革创新的过程中发挥引领带头作用。

继 2021 年中央财经委员会第九次会议提出"构建以新能源为主体的新型电力系统"之后，党的二十大报告进一步强调"加快规划建设新型能源体系"。南方电网立足"两型"重大能源战略部署，坚持创新驱动发展，通过深化顶层设计、研发组织、研发协同、成果转化等机制变革，加快推进电网关键核心技术攻关，支撑企业数字化与绿色化协同转型，不断提升能源电力安全保障能力和产业链现代化水平，其创新实践经验对于国内电力企业转型升级具有较大借鉴价值。

（1）强化战略引领作用，重视创新在企业高质量发展中的核心地位。南方电网近年来坚持把科技创新作为企业发展的"头号任务"，通过持续出台

《关于进一步推进创新工作的指导意见》《公司加强国家战略科技力量建设的实施意见》《公司科技体制改革三年攻坚方案》等顶层规划部署，更加突出创新在企业发展中的驱动作用，在继续发挥创新在电网安全和生产经营"服务支撑"作用的基础上，更多发挥创新"引领战略布局""引领前沿创新""引领价值创造"的功能，全面推动公司发展从要素驱动为主向创新驱动为主转变。

(2) 健全研发组织管理机制，提升企业创新活动的整体效能。在总部管理层面， 南方电网**一是成立创新领导小组，** 加强对公司创新管理的统筹协调，推行重大科研任务由公司主要领导挂帅督办；**二是建立项目管理委员会，** 发挥战略咨询、决策支撑和工作指导作用，负责研究和解决公司项目实施的重大管理问题，重点开展跨部门、跨单位工作的研发协调统筹；**三是建立接轨国际的创新管理框架，** 应用 ISO 56000 创新管理系列国际标准工具，在 2022 年发布《南方电网公司创新管理体系导则》及具体实施方案，形成涵盖创新策划、创新实施、绩效评价、管理改进的企业闭环管控架构，推动研发组织体系、管理模式的优化升级。**在项目实施层面，一方面，完善科技项目立项管理机制，** 建立包含科技引领、业务支撑、产业创新三大类别的科研项目划分模型，并构建分类施策的项目立项管理模式。其中，对于重大科研项目探索实施"总师制"；对于产业创新类重点项目，深入推行揭榜挂帅制、赛马制，并试点开展新兴业务单位、科研单位、管制类单位"众筹制"。**另一方面，推动研发团队组建机制改革，** 探索引入首席研究员（PI）团队、虚拟团队、网络化组织等新型研发团队组建模式。

(3) 强化内外部研发协同，提升创新资源配置效率。 在内部协同上，南方电网构建了"开放、流动、联合、竞争"的实验室运行机制，统筹公司各级重点实验室，通过赋予实验室项目申报自主权、跨单位借用人员建议权、跨单位科研装备及场地使用权、技术路线选择权、实验室成员考核权，加大经费、项目、团队、平台等统筹协同力度，促进集团内部资源的自由流动，改变了以往业务部门"各自为战"的局面。**在外部协同上，** 南方电网积极发挥现代产业链"链长"带动作用，构建"政产学研用"联合攻关机制，聚合国内制造厂家、高等院校、科研院所合作组建创新联合体开展攻关，全面主导产品设计、问题分析和技术攻关，牵引国内生产企业掌握设备制造核心技术，形成"研发—制造—攻关"的快速联动机制，在关键核心技术攻关方面取得一系列重要成效。

（4）加强成果转化市场渠道建设，促进科技成果向现实生产力转变。南方电网近年来重点关注成果转化链条的市场化阶段，通过联合政府部门、产业链企业建立完善的"研发—应用—采购"市场化运作体系，促进自主原创成果的推广应用。其中，**对于产业链下游市场**，南方电网一方面积极申报国家首台套认证，推荐优秀攻关成果纳入公司新技术推广应用目录，统筹指导各级单位开展规模化试点示范和推广应用工作，推动公司技术攻关成果进入市场流通；另一方面，在央企中率先探索实施"专利开放许可"新模式，预先筛选部分专利权有效、不存在排他和独占许可、不存在质押登记的高价值专利明确许可使用费，允许任何机构或个人实施专利。**对于产业链上游市场**，南方电网充分发挥电力行业核心企业的资源配置能力，加快推动电力装备国产化市场建设，通过建立国产化替代市场机制，逐步扩大国产自主可控设备的采购比例，促进提升国产电力装备的市场占有率。

3.5 智能制造行业企业创新实践

在工业革命4.0浪潮下，智能制造已经成为世界各国的主攻方向，推动制造业产业模式和企业形态根本性转变，促进产业体系迈向价值链中高端。全球数字化转型的不断深化，也正在促使智能制造领域的创新焦点从机械设计向ICT技术转变，ABB、安川等传统龙头企业面临更大挑战，以梅卡曼德为代表的专精特新企业正在深刻影响行业格局。领先企业深入把握全球产业升级与数字化变革的历史机遇，聚焦智能工业机器人发展方向，持续推动核心技术创新、商业模式变革与管理决策优化，提升企业经营效能，赋能制造业数字化转型。

(1) 完善研发布局体系，构筑核心技术能力。技术性能是决定产品市场表现的核心因素，领先企业正通过加快推动研发组织机制变革与研发领域调整，建立技术核心优势。一方面，加快打造"内部集中整合＋外部开放协作"的研发组织形态，提升技术创新效率。如 ABB 在中国建立区域研发中心，聚合本土产学研资源共同开展前沿技术研发；安川组建新型研发机构"安川技术研发中心"，整合集团内部的基础研发、应用研发、技术交流合作、科技成果转化等创新资源，打造行业先进的综合性研发平台。另一方面，逐步推动研发重心向算法软件聚焦，结合 AI、云计算等新一代数字化技术强化本体产品的智能化水平。如安川开发新一代工业数据软件 YASKAWA Cockpit，基于工业机器人运行大数据，提供决策优化服务；初创企业梅卡曼德围绕"AI＋3D"技术方案，提升工业机器人的精细化运作水平。

(2) 加速向复杂精密场景渗透，构建"软硬件销售＋综合服务"商业模式。随着算法性能的持续迭代，工业机器人智能化、柔性化程度不断增强，可实现更高精度、更强灵敏性的应用，商业化潜力不断提升。领先企业瞄准这一商业机遇，一方面依托底层核心技术能力加快细分市场开发，推动业务向制造业装配、研磨、铆接等复杂精密场景进行布局。如 ABB 针对高精度螺丝拧紧、装配、码垛等场景需求，推出新一代工业级协作机器人 SWIFT-I™ CRB 1300。另一方面，拓展一体化解决方案、短期租赁等服务模式，带动业务增长。如 Syrius 炬星推出采用租售结合模式，降低客户的资金低门槛，增强市场推广能力。

(3) 推动管理决策模式向标准化转变，降低企业经营风险。智能制造存在学科交叉与产业对象多元的行业特性，决定了行业企业在技术选择与业务进入上往往面临更大的复杂性与不确定性。为此，领先企业正通过推动建立标准化的经营管理模型，提升业务决策的科学性与连贯性，减少潜在的经营风险。例如，安川组建综合事务与风险管理部统筹管理集团风控事务，并通过建立标准化风险分类及评估模型，提升风控决策的可靠性；梅卡曼德立足初创企业定位，建立涵盖市场需求匹配度、商业模式可拓展性与技术壁垒能力三大要素的业务选择模型，提升创业成功率。

本节选择以日本安川、中国 Syrius 炬星和梅卡曼德为例，透视全球智能制造行业尖端企业的创新趋势和实践做法。

3.5.1 安川持续推进全链条业务整合，提升整体经营效率

安川（YASKAWA）成立于 1915 年，是全球工业机器人制造巨头，2020 年全球行业市场份额达 12.9%，仅次于发那科与 ABB[1]，业务产品主要包括机器人本体产品（Robotics），以及伺服电动机（Servo motor）、AC 驱动器（AC drive）、内置控制器（Controller）等机器人核心硬件装置。

安川在 2015 年发布了其 10 年期经营愿景"Vision 2025"，计划通过分阶段改革，在 2025 年实现超过 1000 亿日元的经营利润目标。目前，安川已进入中期的改革攻坚阶段（Challenge 25 Plus），为应对愈发复杂的企业内外部形势，确保实现规划发展目标，于 2017 年提出"i³- Mechatronics"的总体解决方案，计划以"机电一体化"相关业务为核心，通过整合（Integrated）、智能化（Intelligent）与创新（Innovative），全面推动研发、制造、销售等流程环节进行模式转型，增强市场竞争力。

（1）推动研发体系重组，提升创新资源配置效率。安川在 2020 年之前采用"分布式"研发组织体系，应用技术研究与由机器人本体产品、伺服电动机、AC 驱动器（AC drive）、内置控制器四大核心业务部门下设的各个制造基地独立承担，基础研究由集团专门设立独立研发机构负责实施，技术成果由研发立项单位自主实施转化，存在研发资源分散、技术重复研发、技术成果衔接性不强等突出问题。为此，安川从 2021 年起推动集团研发体系重组，通过建立安川技术研发中心（YASKAWA Technology Center，以下简称为"YTC"），将研发组织形式模式从"分布式"调整为"集中式"，YTC 具

---

[1] 数据来源于国际机器人联合会。

有以下三大特点。**①增强不同业务线条的研发协作性**。在新研发组织体系下，YTC 吸收了集团各业务线条的研发人才与技术资源，兼具应用技术研发与基础研究职能，各业务单元的研发活动将围绕集团经营战略和产品规划布局进行统筹调度，提升研发效率，避免无效研发。**②提升开放式创新能级**。通过集团研发资源的整合重组，YTC 成为智能制造行业全球领先的综合性研发机构，推动产学研合作从原有的局部技术合作升级为全面战略合作，扩大了集团开放式创新的规模与影响力。目前，YTC 已签署 27 个产学研合作项目，并与九州大学、东京工业大学等全球顶尖高校建立全面合作关系。**③强化知识产权运营能力**。YTC 作为安川设立的新型研发机构，被赋予统筹管理集团知识产权，促进科技成果产业化的功能。为此，YTC 一方面加强内部协同，通过强化与集团区域分公司的联系，推动成果销售；另一方面，依托开放式创新网络，与外部创新生态合作伙伴建立协同关系，运用外部渠道进行成果推广。安川研发组织体系如图 3-27 所示。

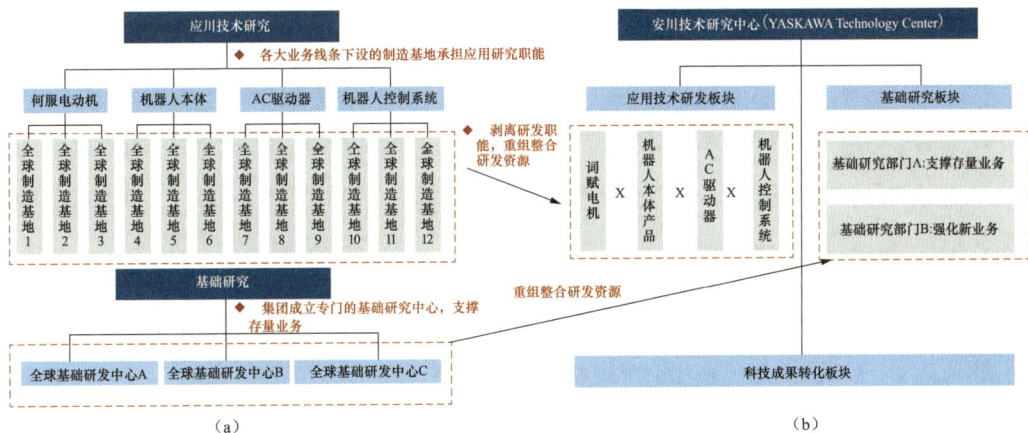

图 3-27　安川研发组织体系

(a) 2020 年前安川研发组织体系；(b) 2021 年起安川研发组织体系

(2) 打造数字化工厂样板，赋能产品生产与技术方案销售。在 i³-Mechatronics 战略的驱动下，安川从 2019 年起开始推进产品工厂数字化升级，并基于自身"智能制造产品制造商＋工厂智能化技术方案提供商"的双重业务属性，集合先进研发成果打造安川解决方案工厂（YASKAWA Solution

Factory)，一方面为集团在全球制造基地实施大规模推广数字化转型提供试点经验；另一方面作为集团技术落地能力的标杆示范，为客户提供方案验证。安川解决方案工厂的最大亮点在于依托"自研＋合作研发"方式，构建"大数据收集＋AI分析"技术能力，实现柔性化生产。其中，内置控制器与工业数据软件作为安川解决方案工厂的核心组件，分别承担数据反馈及系统控制、数据存储及分析功能，直接决定技术方案的市场价值，安川因此采用独立研发的方式分别设计了 YRM‑X Controller 与 YASKAWA Cockpit 两大产品；AI平台在技术方案中负责连接工业数据软件 YASKAWA Cockpit 并生成大数据训练模型，由于技术壁垒较高且市面产品成熟，安川选择了合作研发与外部采购相结合的获取模式。

（3）设立全球业务风控部门，推进风险管理标准化变革。安川原有风险管理工作遵循"垂直线条"模式，各业务部门负责人在经理层授权下独立负责本部门的风险管理工作，存在专业化程度不高、业务线条协作性不强、业务部门标准不统一等一系列问题。为此，安川近年来重视加强风控职能整合，于2021年在集团层面设立综合事务与风险管理部，统筹全球范围内集团各业务线条的风险管理工作，并适应复杂、多元的管理需要，加快推进集团风险管理标准化建设。①**进行风险类型分类**。根据性质不同，安川将企业经营风险划分为外部风险（External risk）、内部风险（Internal risk）与业务伴随风险（Risks associated with the conduct of business）三类。其中，外部风险指无法被人为控制的风险，包括自然灾害、传染疾病、恐怖主义等；内部风险指由企业内部不当操作造成的风险，包括信息泄露、产品质量问题与垄断控告等；业务伴随风险指由企业经营决策产生的潜在风险，包括业务多元化扩张、研发投资等。②**建立风险评估模型**。安川结合风险发生概率与风险影响力建立了风险地图（Risk map），将两项指标均在"中等"及以上的风险因素纳入中风险信息库，两项指标均在"严重"及以上的风险因素列入核心风险信息库，并围绕"外部风险及时修复，内部风险及早预防，业务伴随风险合理判断"的管控方针，对各象限区域内的不同风险类型设计差异化的管控举措。安川风险地图模型如图 3-28 所示。

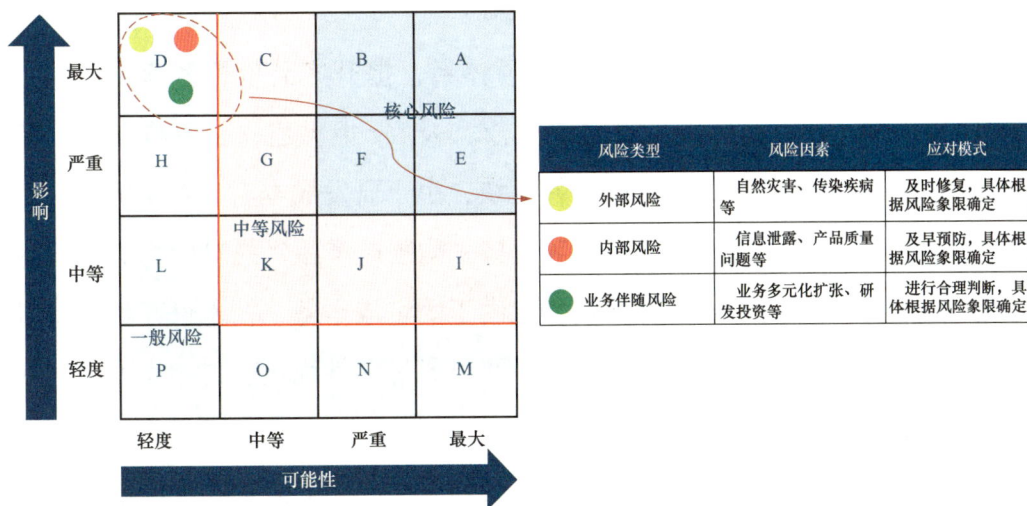

图 3-28　安川风险地图模型

3.5.2　Syrius 炬星聚焦机器人软件技术创新，构筑核心竞争优势

Syrius 炬星成立于 2018 年，是集研产能力于一体的工业机器人整机制造商，业务高度聚焦仓储物流 AMR（自主移动机器人）的软硬件开发，2020 年获得国家高新技术企业资质认证，并在同年入选硅谷知名科技媒体 The Information 发布的全球最具潜力初创企业排行榜（《The 50 Most Promising Startups》）❶。目前，Syrius 炬星已获得红杉资本、字节跳动、联想创投、安徽产业转型基金等国内外知名风投机构支持，并在 2023 年实现数亿元的 C 轮融资，是当前备受瞩目的新兴工业机器人企业，其创新经验对于智能制造整机制造商具有较大借鉴意义。

Syrius 炬星立足物流行业整体利润水平偏低，终端用户普遍不愿为高技术、高价格机器人设备付费，将性价比作为采购优先考虑因素的核心商业研判，以及数字化转型驱动下，工业机器人硬件标准化程度不断提升，已具备

---

❶ The Information 是硅谷最负盛名的科技媒体。研究报告以独家、深度著称，其发布的年度《The 50 Most Promising Startups》榜单严格限定上榜企业需为刚起步或账面资产不足 10 亿美元的初创公司，涉及 6 大行业，总计 50 家企业，被认为是全球权威的科技创业公司评估指南。

可编程扩充基础的技术洞察，在企业成立之初就提出"硬件统一化，软件丰富化"的创新理念，为业务发展奠定基础。

（1）建立以软件为核心的自研布局体系，提升产品价格竞争力。围绕"硬件统一化，软件丰富化"的创新理念，Syrius 炬星建立了差异化的软硬件研发布局体系。**对于传感器等硬件模块，**由于研发成本高且对于机器人整体性能影响不显著，Syrius 炬星一般直接采购国产产品，或对标行业平均水平进行自主研发。**对于软件算法模块，**由于固定成本低、技术可迁移复制且直接决定机器人性能表现水平，因而企业可通过软件优化获得相当大的利润空间和竞争优势，是 Syrius 炬星一直以来自主研发活动的关注重心，具备两大突出特点：①重视构建数据驱动能力，Syrius 炬星针对电商订单波动剧烈，需求预测困难，需要借助大数据分析实现供应链"柔性化"管理的下游堵点，自主研发 FlexGalaxy 智能云服务平台提供高效率的人机协作解决方案；②提升操作系统的开放扩展性，Syrius 炬星不针对特定业务场景开发专门机器人产品，而是以将基础功能模块集成于自研的 megacosmOS 机器人操作系统，并向二次开发者提供操作系统接口的方式，不断丰富软件功能并降低开发支出。

（2）深挖创新场景，开展产学研联合攻关。Syrius 炬星近年来持续聚合各类研发资源打造开放式创新体系，并根据创新生态参与方的优势特长，灵活选择研发合作。**一方面，面向应用技术开发或业务流程优化等产业化场景，加快与产业链上下游企业建立协作关系**。例如，Syrius 炬星联合芯片制造商英伟达公司（NVIDIA）、物流服务巨头京东集团在 2018 年开发出专用于货物拣选的第一代"小白龙"机器人；入驻递四方、德国 DHL、韩国 CJ 等国内外知名物流服务集团实验室，共同设计仓储管理系统和物流机器人一体化服务模式。**另一方面，面向底层核心技术或前沿尖端技术研发等创新场景，重视与全球知名高校及科研院所建立联合攻关机制**。例如，Syrius 炬星与中科院计算所于 2019 年建立战略合作关系，将充分依托中科院在人工智能领域的理论研究优势，加快高性能尖端算法研发；联合北京大学信研院于

2021 年共建智能机器人实验室，将以市场真实需求为导向，在新兴前沿交叉领域开展前瞻性研究；

（3）拓展即租即用（RaaS）商业模式，增加营收新增长点。Syrius 炬星除通过销售软、硬件产品实现盈利外，针对中小物流企业难以负担一次性采购成本支出等痛点，在业内率先推动机器人租赁业务发展。在"即租即用"商业模式下，用户无需购买硬件和软件授权，可按照自身业务需要和资金状况提出租赁申请，Syrius 炬星将基于客户反馈快速调整机器人的调整部署规模和部署周期，并根据业务特性提供全面的定制化服务。目前，Syrius 炬星已依托机器人整机制造能力，与日本物流行业方案解决商 KeyCrew 合资成立专门的机器人租赁服务公司 ROBOCREW，累计生产超过 100 台自研设备并进入租赁运营，加速推动商业模式的市场落地。

3.5.3　梅卡曼德专注"AI＋3D"细分市场，赋能工业机器人智能化变革

梅卡曼德（MECH MIND）成立于 2016 年 10 月，是全球领先的工业机器人智能化服务提供商，2020 年上榜著名硅谷科技媒体 The Information 发布的全球年度 50 家最具潜力初创企业榜单，2022 年入选国家级专精特新"小巨人"企业。梅卡曼德自创立之初便受到 IDG 资本、红杉中国、英特尔资本、源码资本、美团等国内外顶级投资机构的青睐，2022 年 6 月完成近 10 亿元的 C＋轮融资，累计融资金额超 15 亿元，是当前全球智能工业机器人领域融资金额最高的初创企业之一，受到业界高度关注，其创新实践对于智能制造零部件初创企业具有较大参考价值。

在全球产业升级的背景下，制造业面临场景分工多样化、生产流程精细化的新趋势，对工业机器人的智能化水平提出更高要求。与此同时，叠加数字化变革的深入推进，以及传统行业龙头在视觉领域存在布局缺口，梅卡曼德精准切入工业机器人 AI 技术赛道，以成为全球单项冠军为目标，紧密围绕产业链关键核心技术环节开展创新谋划。

（1）基于行业的深刻理解，及早进行研发布局。梅卡曼德创业团队通过

构建包含市场需求匹配度、商业模式可拓展性与技术壁垒能力在内的业务选择模型❶，在创业初期精准聚焦工业机器人领域具备高成长属性的"AI＋3D"业务路径，是其获得大量创投支持的关键因素。**①关注业务与产业需求及技术趋势的契合度**。梅卡曼德创业团队成员基于交叉学科背景与丰富的产业工作经验，精准把握到工业终端实现生产制造柔性化、智能化的核心诉求，叠加 2016 年深度学习技术迎来巨大突破，信息生成对抗网络（InfoGAN）、深度卷积生成对抗网络（DCGAN）等一系列具有重大影响力的深度学习模型相继发布，为 3D 机器视觉领域创造广阔前景，促使梅卡曼德将提供高质量 AI 技术产品作为进入工业机器人市场的切入点。**②重视业务模式的可拓展性**。梅卡曼德初创团队将业务的可持续发展能力作为遴选的重要依据，强调应尽量选择可通过技术产品销售或提供持续性技术服务实现稳定盈利的业务模式，尽量避免进入软件外包、机器人系统集成等提供一次性劳力服务的业务方向。**③强调业务的技术先进性**。梅卡曼德创业团队将"技术能力不依赖于巨头，业务服务为巨头硬性需要，巨头难以独立研发"作为评断业务方向是否具备技术核心壁垒的重要准则，对业务方向进行多次筛选，放弃技术相对成熟的机械臂方向，以及巨头企业已有相关技术积累的机械控制算法方向，选择进入行业技术能力落后且巨头整机厂商普遍缺乏研发布局的"AI＋软件"业务领域。

（2）建立完善的产品规划设计体系，强化业务竞争力。一方面，面向不同产业链对象开展产品规划。梅卡曼德依立足"AI＋3D"的研发定位，将传感、感知与规划作为三大核心业务领域，为用户提供"硬件＋封装软件＋底层开发环境"的产品线条组合，满足不同产业链环节的客户需求。其中，"传感"业务线条的产品包含工业级 3D 照相机等工业机器人传感器设备，主要面向下游的工业机器人整机厂；"感知"业务线条主要提供封装化的机器视觉软件产品，客户群体除工业机器人整机厂外，还包括部分终端工业用户；"规划"业务线条的产品为工业机器人运动控制的底层编程环境，用户

❶ 引用自梅卡曼德 CEO 邵天兰在知乎论坛的发言。

群体主要为终端工业用户与工业机器人解决方案提供商。**另一方面，基于工业场景差异进行产品细分设计**。工业机器人行业的终端工业用户主要包括汽车、物流、重工、家电等，各行业对于工业机器人同一功能的性能侧重存在差异，为此，梅卡曼德依托底层核心技术架构持续进行二次开发，建立满足行业特性需求的产品矩阵，精准切入各类行业市场，拓展营收增长点。例如，在 3D 照相机产品业务上，梅卡曼德在 2023 年初发布的 Mech‐Eye UHP‐140、Mech‐Eye DEEP 与 Mech‐Eye PRO M 三类产品各自具有微米级精度、抗环境光性能优异、高精度结构光的功能特征，分别适用于汽车行业车身构件测量、汽车行业车门涂胶、物流行业拆码垛等工业场景。

（3）打造全球创新合作生态，聚合优势创新资源。梅卡曼德在 2022 年发布"生态合作伙伴"战略，强调通过与高校科研机构、产业链上下游企业、技术转移机构建立战略合作关系，构建开放式创新体系，应对智能机器人时代的发展挑战。**在科研机构合作上**，梅卡曼德目前已在北京、上海、东京、首尔、慕尼黑等国内外科研资源聚集地建立地区办公室，并依托该全球渠道网络广泛对接当地知名高校与研发机构的前沿科技成果。**在产业链企业协同上**，梅卡曼德不断推动与全球工业机器人龙头企业成立战略同盟，加强技术优势互补，例如，2019 年与工业机器人巨头库卡公司（KUKA）建立技术合作关系，将利用各自的技术优势能力共同加强新型工业机器人研发，目前已于 2023 年研发出基于 3D 视觉的机器人混合拆码垛应用单元，可显著提升物流行业的配货效率。**在技术转移机构合作上**，梅卡曼德重视与跨国技术转移平台建立紧密联系，拓展技术成果的供需对接渠道。例如，2023 年与中德技术转移机构莱茵科斯公司（RHEIN‐KOSTER）建立战略合作关系，梅卡曼德将基于自身在智能机器人领域的技术优势，为莱茵科斯提供 3D 视觉、机器人 AI 控制等前沿技术的教育课程体系，而莱茵科斯将依托自身的跨国产教融合基地、合作院校基础设施资源与市场渠道网络，在智能制造行业领域为梅卡曼德提供创新人才对接、技术熟化支持与科技成果推介等服务。

3.6 小结与展望

全球领先企业积极应对全球经济发展的不确定性，把握与顺应时代变革、产业发展趋势，加快推动技术创新、商业模式创新、管理创新的有机结合，创新活动呈现三大态势。①**数字化**、**智能化趋势更加明显**。数字技术在近年来加速向全产业渗透，除 ICT 行业继续保持数字化转型的强劲态势外，生物医药、电力、汽车等传统行业也开始大力推动数字化升级，通过大规模应用 AI、云计算、物联网、3D 打印等新一代数字技术，提升企业竞争力。②**深入挖掘技术创新的应用场景**。领先企业日益重视研发投入产出效率，逐步加强共性技术研发，加快推动场景创新，通过深入匹配技术成果特性与工业场景需求，扩展技术成果的应用范围，不断开发新的盈利增长点。③**重视创新规划**。领先企业重视以强化创新规划完善研发布局体系，增强市场竞争力。一方面，通过识别企业发展基因与核心优势，确定业务主赛道；另一方面，结合主营业务的产业特点与自身禀赋，明确自主研发和协同合作的领域。

把握全球企业创新总体趋势，借鉴领先企业先进实践经验，企业主体未来需重点从以下三个方面加强创新能力建设。①应以打造智慧企业为目标，强化数字技术研发实力，加快推进业务全流程数字化转型，引领企业绿色升级与市场经营能力提升；②应以提高研发投入产出效率为导向，加强共性技术研究，加快构建具备高可扩展性的产品研发矩阵，推动技术成果向多元业务场景渗透；③应加强系统性创新谋划，立足主营业务方向，结合产业变革趋势，超前布局前沿技术领域，以巩固技术核心竞争力，保障供应链安全可控为导向，加快建立完善技术分级研发机制。

第 4 章

中国企业创新发展趋势

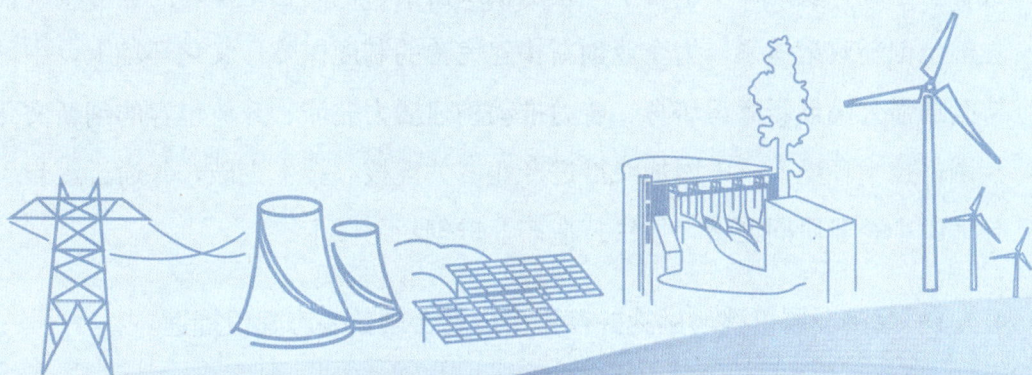

本章借助 PEST 分析模型，把握国内企业创新发展环境，从投入产出视角研判中国企业创新发展趋势，并紧扣新一轮国企深化改革要求，站在新的历史时点，深度把握国企创新发展方向，为我国加快构建企业主导的产学研深度融合体系提供借鉴。

4.1 中国企业创新环境

中国加快实施创新驱动战略，重视通过加强创新环境建设，为企业创新创业营造良好的经济、政策、文化、技术生态，推动国家产业水平跃升。经济环境上，高质量发展目标牵引中国经济持续向好发展，为企业创新建立坚实物质基础；政策环境上，中国正加快从要素、机制、主体、产业等维度建立健全创新政策体系，为企业创新构建完善的制度保障；文化环境上，中国持续加强公民创新意识培育，着力推动构建活力充沛、开放包容的创新文化氛围；技术环境上，中国加快推进产业链关键核心技术突破，并通过逐步引导大中小企业协同创新，加快打造产业链创新"微生态"。

4.1.1 经济发展机遇与挑战并存，多链融合创新生态建设提速

中国经济长期稳中向好的发展态势为企业科技创新持续注入动能，但随着近年来大国竞争加剧、逆全球化思潮抬头等外部不利因素相互叠加，中国企业自主创新面临更大挑战，亟需通过加快多链融合提升创新活力。

（1）宏观经济实现跨越式发展，夯实创新型国家建设的物质基础。党的十八大以来，在高质量发展目标的指引下，我国经济实力实现了历史性跃升。经济总量上，从 2012 年的 54 万亿元增长到 2022 年的 121 万亿元；经济总量占世界经济的比重约为 18%，提高 6.7 个百分点，稳居世界第二位。人均情况上，我国人均 GDP 从 2012 年的 6300 美元上升到 2022 年的 12 741 美元，正式进入高收入国家队列，人民生活水平大幅改善。国家经济实力的飞跃发展，为科技创新活动提供了坚实的物质基础。**一方面，坚实的经济基**

础促进国家研发投入规模的全面提升，全社会研发投入总额分别从 2012 年的 1.03 万亿元增长至 2022 年的 3.09 万亿元；**另一方面，经济高质量发展目标牵引研发投入向战略性新兴产业集聚，**国家"十四五"规划、党的二十大报告等国家顶层战略设计均明确提出要加快发展现代产业体系，重点加大对新一代信息技术、生物技术、新能源、新材料、高端装备、新能源汽车、绿色环保、航空航天、海洋装备等前沿产业的研发资金支持。

（2）经济发展的复杂性、不确定性加剧，企业自主创新面临挑战更加艰巨。在国际地缘政治波动、逆全球化思潮抬头、全球主要经济体货币政策转向、全球经济通胀风险提升等国内外多重超预期因素的反复冲击下，2022 年我国经济发展面临更大的复杂性、严峻性、不确定性。全年 GDP 同比增长 3%，低于年初政府工作报告设定的 5.5% 增长目标；12 月全国制造业 PMI 指数仅为 47，低于荣枯线 3 个百分点，国内企业的经营压力进一步提升，加剧自主创新的困难程度。一方面，宏观经济下行压力增大，叠加科技创新活动具有的高风险属性，中小企业的创新意愿受到抑制，并直接影响企业的研发支出规模；另一方面，随着以美国为首的西方发达国家持续加大对华技术封锁力度，我国企业在高科技产业领域开展研发攻关的技术复杂度上升，面临的堵点、断点问题增多，进一步增加自主创新所需的资金、人力、时间成本。

（3）新征程开启，开放式创新生态建设日益迫切。当前，我国正处于全面建设社会主义现代化国家的关键历史节点。一方面，随着逆全球化思潮抬头、单边主义明显上升、全球性问题加剧，世界进入新的动荡变革期；另一方面，在新一轮科技革命和产业变革蓬勃发展的背景下，世界正经历百年未有之大变局，推动国际力量对比正在发生深刻调整，我国发展面临新的战略机遇。立足新发展形势，党的二十大提出以"推动创新链产业链资金链人才链深度融合"，形成"产学研用"和大中小企业共生发展的开放式创新格局，塑造发展新动能新优势。**一是围绕产业链部署创新链，**按照产业发展需求部署安排创新链，针对产业链的痛点、卡点、堵点，集成各类创新资源，开展关键核心技术攻关，形成对产业链发展的有效支撑。**二是围绕创新链布局产业链**，重视发挥科技创新对产业发展的引领作用，以及从创新链到产业链的"基础研究＋技术攻关＋成果产业化"转化接力机制。**三是围绕创新链、产业链完善资金链、人才链**，通过对资金的筹集、投放、运营、回笼，以及人才的选拔、培养、评价、使用、保障等方面进行体系化、链条式设计，确保资金链、人才链精准对接创新链、产业链各个环节，提高资源要素在链条中的使用效率。

4.1.2 创新政策体系持续完善，制度化保障不断加强

立足全面建成社会主义现代化强国、实现第二个百年奋斗目标的使命任务，党的二十大报告将科技创新摆在国家发展的基础性、战略性地位，强调必须坚持科技是第一生产力、人才是第一资源、创新是第一动力，深入实施科教兴国战略、人才强国战略、创新驱动发展战略，对新时期国家创新工作做出总体规划。**一是不断完善科技创新体系**，着重推动创新资源优化配置与科技评价深化改革，形成具有全球竞争力的开放创新生态。**二是加快实现高水平科技自立自强**，重点以国家战略需求为导向，发挥科技型骨干企业引领支撑作用，集聚力量进行原创性引领性科技攻关，增强自主创新能力。**三是加快完善人才战略布局**，建设规模宏大、结构合理、素质优良的人才队伍，培育国家战略人才力量，打造世界重要人才中心和创新高地。全面贯彻落实党的二十大中心思想，政府部门正着力从强化要素、聚焦主体、完善机制、扶持产业等方面完善健全科技创新政策体系，提升国家科技创新整体效能。

（1）创新要素政策突出关注技术市场培育、科技人才考核与研发投入激励。**技术市场培育上**，科技部印发《"十四五"技术要素市场专项规划》，强调从健全科技成果产权制度、强化高质量科技成果供给、建设高标准技术交易市场、提升技术要素市场专业化服务效能、促进技术要素与其他要素融合和加速技术要素跨境流动七个方面推动技术要素市场化配置改革，力争到2025年建成制度体系基本完备、交易网络互联互通、服务体系协同高效的

高标准技术要素市场。**科技人才考核上，**科技部出台《关于开展科技人才评价改革试点的工作方案》，提出要按照创新活动类型，构建以创新价值、能力、贡献为导向的科技人才评价体系。其中，对承担国家重大攻关任务的人才，要建立体现支撑国家安全、突破关键核心技术、解决经济社会发展重大问题的实际贡献和创新价值的评价指标，重点评价国家重大科研任务完成情况；对基础研究类人才，建立体现重大原创性贡献、国家战略需求以及学科特点、学术影响力和研究能力等的评价指标，实行以原创成果和高质量论文为标志的代表作评价；对于应用研究和技术开发类人才，建立体现产学研和团队合作、技术创新与集成能力、成果的市场价值和应用实效、对经济社会发展贡献的评价指标，重点评价技术标准、技术解决方案、高质量专利、成果转化产业化、产学研深度融合成效等代表性成果。**研发投入激励上，**财政部税务总局科技部出台《关于加大支持科技创新税前扣除力度的公告》，重点面向现行适用研发费用税前加计扣除比例 75％ 的科技型企业，将税前加计扣除比例提高至 100％，推动高新技术企业创新发展。

（2）创新主体政策重视国有企业科技创新能力建设。国有企业作为国家战略科技力量的重要组成部分，是各行业科技创新的骨干，在实现高水平科技自立自强的进程中，发挥着引领带头作用，是当前创新政策重点聚焦的主体对象。2022 年，我国相继出台了《企业技术创新能力提升行动方案（2022—2023 年）》《开展对标世界一流企业价值创造行动》等政策文件予以引导支持。其中，《企业技术创新能力提升行动方案（2022—2023 年）》重点提出要完善国有企业创新的考核、激励与容错机制，落实国有企业科技创新薪酬分配激励机制与国有科技型企业股权和分红激励政策，为国有企业创新营造良好环境；《开展对标世界一流企业价值创造行动》强调要聚焦创新驱动发展开展国有企业价值创造行动，重视发挥国有科技型骨干企业的引领支撑作用推进产学研用深度融合，通过实施科技、管理、商业模式等创新，培育新发展动能。

（3）创新完善机制政策关注机构改革、科技成果转化与融通创新。围绕二十大提出的科技创新顶层战略部署，国家科技创新体制机制改革深入推进，为各类创新主体与创新要素提供有力支撑。**机构改革上，**中共中央国务院印发《党和国家机构改革方案》，一方面，深化党中央机构改革，提出组建中央科技委员会作为党中央决策议事协调机构，负责统筹推进国家创新体系建设和科技体制改革，研究审议国家科技发展重大战略规划，统筹解决科技领域战略性、方向性、全局性重大问题等；另一方面，推动全国人大机构改革，重点聚焦科技部重组，通过将指导农村科技进步职责划入农业农村部、将引进国外智力工作职责划入人力资源和社会保障部等，厘清"领域科技"和"科技领域"的关系，避免部门之间的职能交叉和科技工作的多头管理，有助于进一步提升国家创新体系整体效能。**科技成果转化上，**知识产权局、工信部印发《关于知识产权助力专精特新中小企业创新发展若干措施的通知》，提出从加强专精特新中小企业新技术知识产权保护、构建中小企业专利导航服务机制、支持专精特新中小企业获取和实施优质专利技术、增强专精特新中小企业知识产权金融服务效能等方面，推动专精特新中小企业创新发展。**融通创新上，**工信部等十一部门印发《关于开展"携手行动"促进大中小企业融通创新（2022－2025年）的通知》，强调要以增强产业链供应链韧性和竞争力，提升产业链现代化水平为目标，引导大企业通过生态构建、基地培育、内部孵化、赋能带动、数据联通等方式打造一批大中小企业融通典型模式，促进大中小企业创新链、产业链、供应链、数据链、资金链、服务链、人才链全面融通，形成协同、高效、融合、顺畅的大中小企业融通创新生态。

（4）创新产业政策重点聚焦数字技术、生物医药等尖端科技领域。面向世界科技前沿、面向经济主战场、面向国家重大需求、面向人民生命健康，2022年国家持续出台各类产业创新产业政策，引导、促进和规范尖端产业创新发展。**数字技术领域，**国务院印发《"十四五"数字经济发展规划》，强调要加快推动数字产业化，重点瞄准传感器、量子信息、网络通信、集成电路、关键软件、大数据、人工智能、区块链、新材料等战略性前瞻性数字技术方向，发挥我国社会主义制度优势、新型举国体制优势、超大规模市场优势，提高数字技术基础研发能力。**生物制药领域**，国家发改委印发《"十四五"生物经济发展规划》，提出要着重推进生物科技创新和产业化应用，打造国家生物技术战略科技力量，培育壮大竞争力强的创新主体，发展面向人民生命健康的生物医药。

2022 年中国重点科技创新政策如表 4-1 所示。

表 4-1　　　　　　　　2022 年中国重点科技创新政策

政策维度	政策关注重点	中央政策	政策主要内容
创新要素政策	技术市场培育	《"十四五"技术要素市场专项规划》	从健全科技成果产权制度、强化高质量科技成果供给、建设高标准技术交易市场等七方面推动技术要素市场化配置改革
	科技人才考核	《关于开展科技人才评价改革试点的工作方案》	按照创新活动类型，构建以创新价值、能力、贡献为导向的科技人才评价体系，对三类人才进行差异化评价
	研发投入激励	《关于加大支持科技创新税前扣除力度的公告》	提升研发费用税前加计扣除政策的适用范围和支持力度
创新主体政策	国有企业	《企业技术创新能力提升行动方案（2022—2023 年）》	要完善国有企业创新的考核、激励与容错机制，落实国有企业科技创新薪酬分配激励机制与国有科技型企业股权和分红激励政策
		《开展对标世界一流企业价值创造行动》	重视发挥国有科技型骨干企业的引领支撑作用推进产学研用深度融合，通过实施科技、管理、商业模式等创新，培育新发展动能
创新完善机制政策	机构改革	《党和国家机构改革方案》	新设中央科技委员会，科技部重组
	科技成果转化	《关于知识产权助力专精特新中小企业创新发展若干措施的通知》	从构建中小企业专利导航服务机制、支持专精特新中小企业获取和实施优质专利技术等方面，推动精特新中小企业创新发展

政策维度	政策关注重点	中央政策	政策主要内容
创新完善机制政策	融通创新	《关于开展"携手行动"促进大中小企业融通创新（2022—2025年）的通知》	引导大企业通过生态构建、基地培育、内部孵化、赋能带动、数据联通等方式打造一批大中小企业融通典型模式，促进大中小企业创新链、产业链、供应链、数据链、资金链、服务链、人才链全面融通
创新产业政策	数字技术	《"十四五"数字经济发展规划》	加快推动数字产业化，重点瞄准传感器、量子信息、网络通信、集成电路等战略性前瞻性数字技术方向，提高数字技术基础研发能力
	生物医药	《"十四五"生物经济发展规划》	推进生物科技创新和产业化应用，打造国家生物技术战略科技力量，培育壮大竞争力强的创新主体，发展面向人民生命健康的生物医药

4.1.3 尊崇创新的文化环境加快建立，科研诚信治理稳步推进

党的十八大以来，党和国家深入推进创新文化建设工作，公众的创新文化意识不断提升，崇尚创新、求实守信的社会风气逐步形成。

（1）创新宣传深入推进，鼓励创新、宽容失败、开放包容的文化氛围逐渐形成。党的二十大提出"培育创新文化，弘扬科学家精神，涵养优良学风，营造创新氛围"，深刻表明建设创新型国家需要以创新文化作为有力支撑。当前，我国正不断深化科技知识普及与创新文化培育工作，创新文化氛围不断完善，在全社会形成了科学、理性、求实、创新的价值导向。**一是鼓励创新的社会风潮逐步形成**。在"大众创业，万众创新"的政策引导下，国内企业及企业家的创新积极性逐步提升，公众的创新意识明显增强。2021年《全国企业创新调查报告》显示，我国共有43.1%的规上企业开展了创新活动，其中，88.2%的企业家认为创新对于企业的生存发展具有积极作

用。**二是宽容失败的评价导向逐渐树立**。2021 年新修订的《中华人民共和国科技进步法》提出"国家鼓励科学技术人员自由探索、勇于承担风险，营造鼓励创新、宽容失败的良好氛围。原始记录等能够证明承担探索性强、风险高的科学技术研究开发项目的科学技术人员已经履行了勤勉尽责义务仍不能完成该项目的，予以免责"，在立法层面为创新容错提供制度保障。**三是开放包容的创新观念逐步建立**。随着我国不断扩大国际科技交流合作，加强国际化科研环境建设，全球开放式创新生态日益完善。2021 年《中国科技论文统计报告》显示，我国发表的国际合著论文占全国论文发表总数的比重高达 24.4%，同比增长 3.3%。

(2) 科研诚信治理体系不断健全，为营造优良学风奠定坚实基础。科研诚信是科技创新的基石，我国科研诚信建设在工作机制、制度规范、教育引导、监督惩戒等方面已取得了显著成效，但整体上仍存在短板和薄弱环节，违背科研诚信要求的行为时有发生。针对当前存在的突出问题，我国正在加快推动科研机制改革，逐步建立完善风清气正的学术科研环境。**一方面，通过推进人才评价方式改革，扭转急功近利的科研价值取向**。长期以来，"四唯"的科研人才评价准则一直是造成我国学术不端、学术腐败等现象层出不穷的重要因素。为此，2018 年我国出台《关于深化项目评审、人才评价、机构评估改革的意见》，重点提出要"克服唯论文、唯职称、唯学历、唯奖项倾向"，确立了以"代表作评价制度"开展科研人才评价；**另一方面，通过加大科研失信惩戒力度，引导科研人员树立求真求实的科学精神**。2022 年我国出台《科研失信行为调查处理规则》，聚焦问题导向，在补充完善科研失信行为划分的基础上，进一步细化了惩戒实施规范，为科研诚信建设提供了完善的制度保障。

4.1.4 技术单点突破能力不断增强，产业融通发展微生态日益受到重视

中国企业的自主研发实力不断增强，关键核心环节原创技术成果加快涌现，协同融通的产业链创新微生态体系逐步完善。

（1）关键核心技术攻关能力不断增强，前沿领域重大原创成果加快涌现。近年来，面对西方国家不断扩大对华技术封锁的外部形势，以中央企业为核心的国内企业主体聚焦国家重大战略导向，持续加大基础研究和基础应用研究研发投入，坚持集中力量突破关键核心技术"卡脖子"问题，在航空、机械设备、通信等多个战略性技术领域实现了从 0 到 1 的跨越式突破，推动我国不断向全球产业链价值链中高端领域迈进。**在航空领域**，中国商飞研制生产的国产大飞机 C919 于 2022 年完成全部适航审定工作，正式进入批量生产阶段，打破了空客、波音等国外企业对于民用航空制造业的长期垄断；**在机械设备领域**，东方电气集团历经 13 年自主研制，于 2021 年成功研发并制造出国内首台具有完全自主知识产权的 F 级 50MW 重型燃气轮机，标志着我国在自主重型燃气轮机领域完成了从无到有的突破，打破了美国 GE、德国西门子等国外企业形成的全球市场格局；**在芯片领域**，南方电网公司于 2021 年成功研发国内首个基于国产指令架构、国产内核的电力专用主控芯片"伏羲"，标志着我国电力工控领域核心芯片从"进口通用"向"自主专用"转变，电力二次设备核心元器件做到了自主可控。

（2）企业融通创新机制加快健全，产业创新"微生态"不断完善。大中小企业融通创新是释放大企业创新活力、激发中小企业创新潜力的有效渠道，也是提升产业链供应链稳定性和竞争力的重要途径。韩国、日本、德国等世界科技强国的历史发展经验表明，以领军大企业为产业链核心，集聚产业链上下游企业构建"产业集群"，通过精准给予资金、土地、技术、人才等要素支持，构建若干高效运作的"创新微生态"，是构筑产业链整体竞争力与国际比较优势的关键所在。长期以来，与世界科技强国相比，我国企业创新的宏观生态体系已逐步形成，但面向中小企业的创新"微生态"仍不健全，主要体现在企业间信息、需求对接存在错配与企业融通创新缺乏政策规划和机制设计等方面。针对一系列突出问题，当前我国正着力完善补齐制度短板，2022 年出台的《关于开展"携手行动"促进大中小企业融通创新（2022－2025 年）的通知》正式明确了创新"微生态"的机制建设路径，着重强调以创新链、产业链、供应链、数据链、资金链、服务链、人才链"七链融通"促进大中小企业协同创新。在政策规章的牵引下,我国创新"微生态"建设已初显成效,大中小企业融通典型模式不断涌现。例如,长安汽车对标丰田、上汽集团等先进企业,发挥整车厂商的引领作用,强化与上游零部件供应商的战略协同、研发协同、质量协同、成本协同、资源协同及管理协同,逐步探索出成体系、出成效的协同发展模式,推进产业生态圈建设,推动汽车产业向高质量发展转变。

4.2　中国企业创新趋势

中国企业以科技创新作为巩固和提升市场竞争力的关键,企业创新活跃度、研发投入规模持续增强,创新产出波动上升,企业创新主体地位稳步提升。紧跟全球创新趋势,国内企业创新进一步向电子设备制造等重点行业领域集中;各所有制企业创新优势凸显,国有与民营企业协同互补、良性互动趋势显著增强;企业创新呈现为以四大创新中心为引领,多地加速追赶的格局,区域间产业错位布局与区域内产业高度集中特征越发凸显。

4.2.1　企业创新投入稳步增长,研发强度与产出出现波动

科技竞争与产业升级背景下,创新作为企业巩固与维持核心竞争力的关键,日益受到重视,推动中国企业的研发投入表现持续提升,创新产出规模实现稳步增长。

(1) 中国企业创新活跃度日益提升。一方面,企业创新活动越发活跃,中国规模以上工业企业中有研究与试验发展活动企业数量快速增长,2021年达到8.7万家,占比由2016年的23.0%增至38.3%,年均复合增长率达14.3%。另一方面,企业科技创新投入力度显著提升,2016—2021年,企业研发经费投入与研发人员规模稳步提升,分别达1.7万亿元与383万人年,较上年度分别增长14.5%与10.6%。规模以上工业企业有研究与试验

发展活动企业数量与占比如图 4 - 1 所示。2016－2020 年中国规上工业企业研发经费投入与研发人员全时当量如图 4 - 2 所示。

图 4 - 1　规模以上工业企业有研究与试验发展活动企业数量与占比

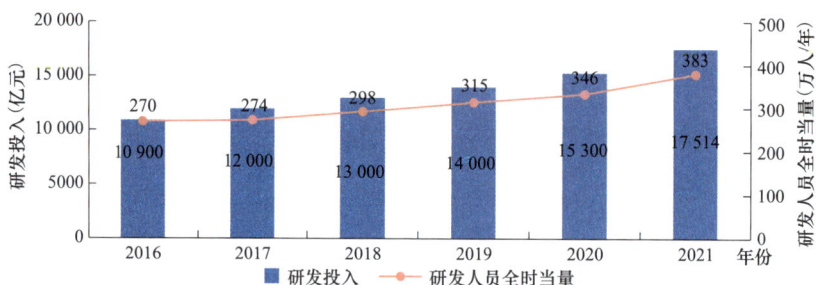

图 4 - 2　2016－2020 年中国规上工业企业研发经费投入与研发人员全时当量❶

（2）中国创新领先企业研发投入规模显著增长。规模方面，中国创新领先企业全球影响力逐步提升，2021 年上榜企业研发投入达 2206 亿欧元，较上年度增长 37.8％，研发投入增速远超全球领先企业平均水平（20.4％），在全球领先企业占比持续提升，2021 年占比超 20％。强度方面，2021 年中国上榜企业平均研发投入强度为 4.0％，高于疫情前水平，总体上仍保持显著增长态势。2016－2021 年中国上榜企业研发投入水平与全球占比变化如图 4 - 3 所示，2015－2021 年全球创新领先企业研发投入强度如图 4 - 4 所示。

（3）企业创新产出增长放缓，呈现波动上升趋势。专利产出方面，2016－2021 年，规上企业有效发明专利数量稳步提升。2021 年有效发明数量 169.2 万件，较上年度增长 16.8％，增速相较上年度 18.9％的水平有所下

---

❶　数据来源：国家统计局。

降。经济产出方面，企业通过科技成果产品化有效带动经营效益增长，高技术产品出口额也快速提升。规上工业企业新产品销售收入 2016—2021 年年均复合增速达 17.1%，2021 年增速达 24.1%；2021 年高技术产品出口额达 9794 亿美元，较 2020 年增长 26.2%。2016—2021 年中国规模以上工业企业新产品销售收入与有效发明专利如图 4-5 所示，2016—2021 年高技术产品出口额与出口占比如图 4-6 所示。

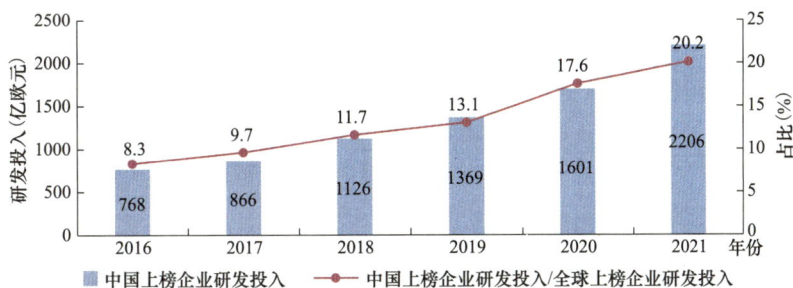

图 4-3 2016—2021 年中国上榜企业研发投入水平与全球占比变化

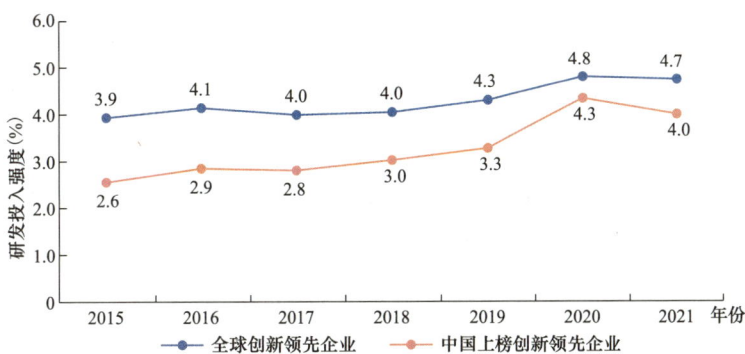

图 4-4 2015—2021 年全球创新领先企业研发投入强度

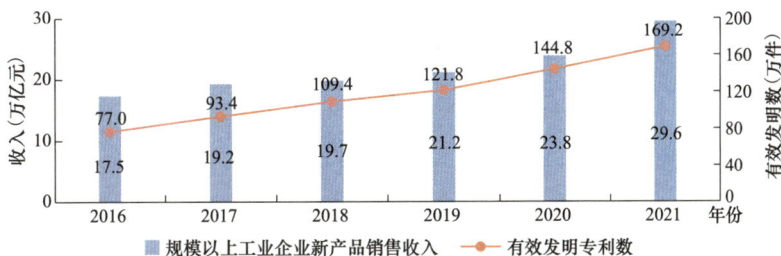

图 4-5 2016—2021 年中国规模以上工业企业新产品销售收入与有效发明专利❶

---

❶ 数据来源：国家统计局。

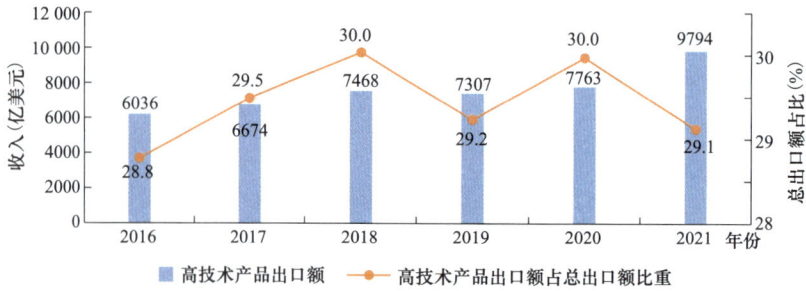

图 4-6　2016—2021 年高技术产品出口额与出口占比

4.2.2　创新企业行业分布越发集中，电子设备制造成为焦点

中国企业创新投入与产出逐步向 ICT、电气设备、汽车等高技术行业集中，产业升级态势愈发明显。

（1）投入方面，2021 年，中国前十大行业规上工业企业研发投入占比稳步提升，合计占比为 74.1%，较 2020 年增长 0.6%。计算机、通信及其他电子设备行业，电气机械及器材制造业，汽车制造业仍是规上企业研发投入占比最高的三大领域，占比分别为 20.4%、10.4% 与 8.1%。但三大领域投入变化趋势有所差异，其中，计算机、通信及其他电子设备行业研发投入增长尤为显著，占比较上年度增长 1.3%，而汽车制造业受行业发展阶段影响，研发投入占比显著下降。此外，对比全球创新重点领域布局特征，中国在医药制造领域短板仍然突出，研发投入占比仅为 5.4%。在新冠疫情背景下，全球对制药和生物技术领域的重视程度显著提升，驱动国内逐步加大对医药制造领域研发投入力度，2021 年创新投入占比增长显著，成为除计算机、通信和其他电子设备外，研发投入占比增幅最大的领域。2020、2021年中国分行业规上工业企业研发投入占比（前 10）如图 4-7 所示。

（2）产出方面，2021 年，中国企业有效专利占比的行业集中度显著提升，排名前 10 的行业专利合计占比为 35.1%，较上年度大幅增长 11.9%。有效专利产出增长仍主要集中于电子设备制造领域，但与研发投入占比涨跌相比，前 10 大行业创新产出占比均实现不同程度的提升。其中，电气机械及器材制造业占比提升 1.4 个百分点，通用设备制造业占比提升 0.8 个百分点，电力、热力的生产和供应业占比提升 0.7 个百分点。2021 年中国分行业规上工业企业有效发明专利拥有量及占比（前 10）如图 4-8 所示。

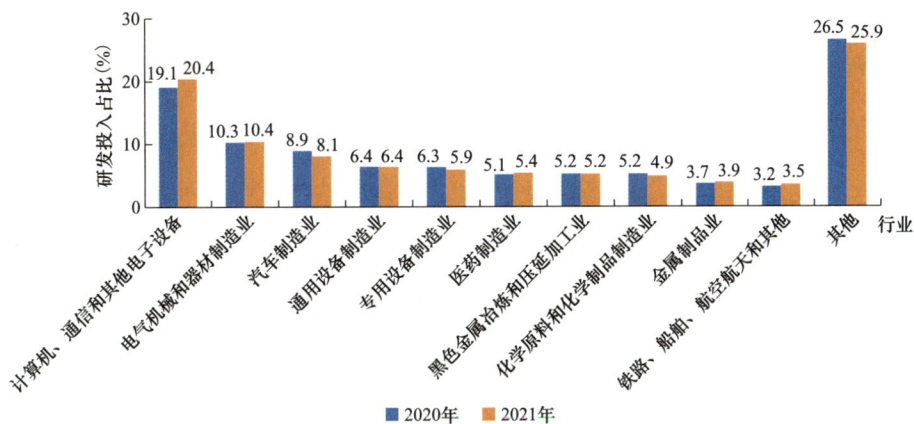

图 4-7   2020、2021 年中国分行业规上工业企业研发投入占比（前 10）❶

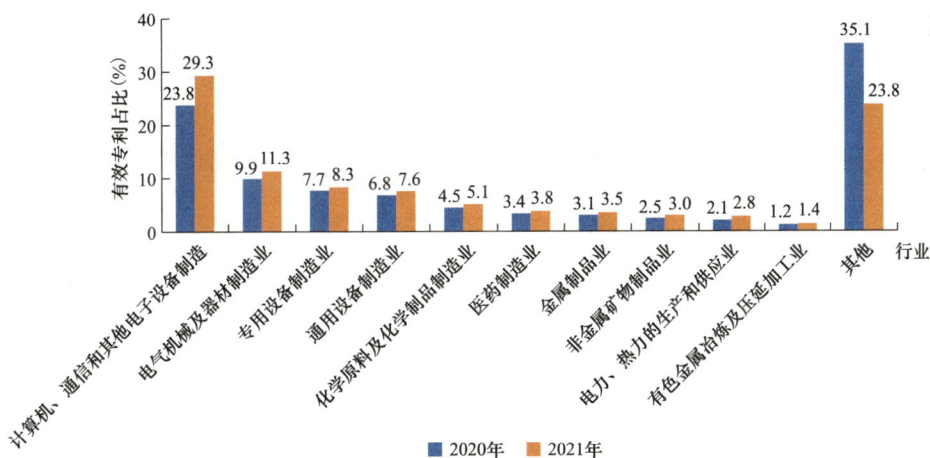

图 4-8   2021 年中国分行业规上工业企业有效发明专利拥有量及占比（前 10）❷

4.2.3   各类型所有制企业各具优势，未来需强化协同创新

民营企业在研发投入总量上继续保持优势地位，国有企业的研发投入力度不断增加，两类所有制企业研发投入错位布局的态势愈发显著。

---

❶ 分行业规上工业企业研发投入占比＝分行业规上工业企业研发总投入/规上工业企业研发总投入，数据来源：国家统计局社会科技和文化产业统计司，科学技术部战略规划司.中国科技统计年鉴 [M].北京：中国统计出版社，2020.

❷ 数据来源：国家统计局。

（1）民营企业仍是中国创新的重要主体，规模占比与投入强度依然领先。规模占比方面，2021年，民营企业上榜数量占比与研发投入占比仍居高位，分别为68.4％与61.8％，近年来占比虽有所下滑，但在国内创新体系中仍然扮演重要角色。强度方面，大量的民营企业面对激烈的市场竞争压力，具有市场嗅觉敏锐、创新动力强、机制灵活、反应快的特点，2021年研发投入强度达6.1％，远高于4.7％的全球平均水平。未来建立并完善国有企业与民营企业协同创新格局，发挥民营企业创新灵活度与国有企业规模优势，实现优势互补、资源共享，是提升企业创新水平的重要抓手。2020、2021年中国国企和民企全球2500强上榜情况如图4-9所示，2019－2021年中国国企和民企全球2500强企业研发投入强度如图4-10所示。

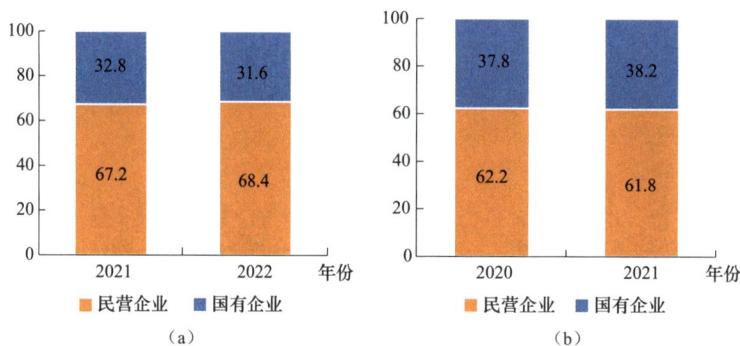

图4-9　2020、2021年中国国企和民企❶全球2500强榜单上榜情况

（a）上榜企业数量；（b）上榜企业研发投入

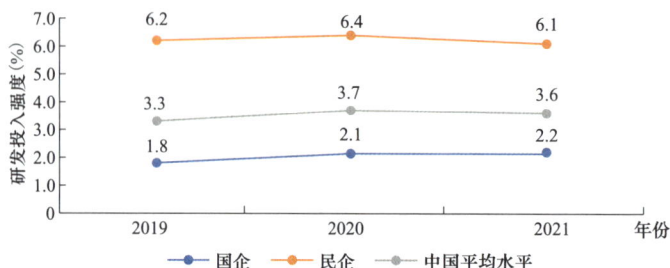

图4-10　2019－2021年中国国企和民企全球2500强企业研发投入强度

（2）国有企业研发投入规模逐步加大，但规模优势有待进一步释放。一

---

❶　所有制视角下，中国上榜企业统计样本不含台湾。

方面，在国企改革背景下，国有企业对科技创新重视程度日益提升，创新投入力度显著加强。2021 年，国有企业上榜数量占比进一步缩小，而研发投入占比进一步扩大，企业平均研发投入规模由 2020 年的 2.7 亿欧元升至 3.5 亿欧元，与民营企业平均研发投入规模进一步拉开差距，民营企业平均研发投入规模由 0.53 亿欧元扩大至 0.89 亿欧元。但国有企业的规模优势仍未充分释放，研发投入强度与民营企业仍有较大差距。2019－2021 年，国企研发投入强度实现稳步增长，由 1.8％提升至 2.2％，但与民营企业 6.1％的水平仍有较大差距，下阶段提升研发投入规模与强度仍是国有企业创新发展的重要任务（如图 4 - 10 所示）。

（3）中央企业创新规模优势尤为突出，科技型骨干企业引领支撑作用进一步发挥。中央企业是中国科技创新的主力军和国家队，是国有企业创新力量的重要组成，2021 年上榜国有企业中，央企以 48.6％的上榜企业数量，贡献了 63.9％的研发投入，创新规模优势显著。在加快打造国家战略科技力量，实现科技自立自强的时代要求下，央企加快"原创技术策源地"和现代产业链"链长"建设，高度重视科技创新体系建设，着力提升研发投入水平。2019－2021 年，央企上榜企业数量与研发投入占比稳步提升，研发投入占比由 62.9％升至 63.9％。2020、2021 年中国央企和地方国企全球 2500 强榜单上榜情况如图 4 - 11 所示。

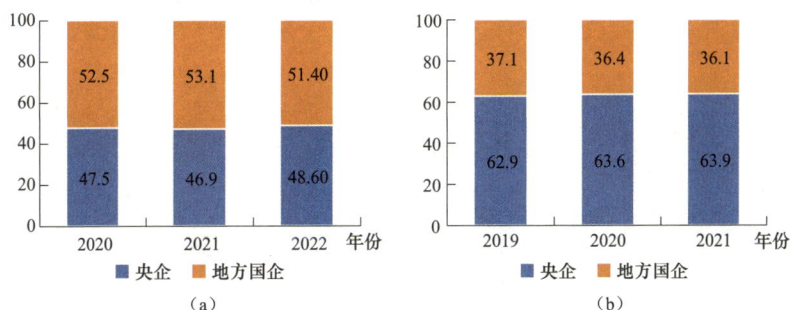

图 4 - 11　2020、2021 年中国央企和地方国企全球 2500 强榜单上榜情况

（a）上榜企业数量；（b）上榜企业研发投入

（4）国有企业与民营企业创新布局的互补性特征显著，各自重点领域研

发投入优势进一步加强。立足基础保障的功能定位，国有企业研发投入高度集中于以建筑和材料行业为代表的传统行业领域，2021年建筑和材料行业研发投入达230亿欧元，较上年度增长34.1%，是排名第二的汽车及零部件行业的3倍。此外，国企加大工业金属与采矿、移动通信、技术硬件和设备等基础材料与ICT硬件领域创新布局，研发投入实现快速增长。民营企业紧跟全球创新趋势，创新布局进一步向互联网、软件和计算机聚焦。2021年，互联网、软件和计算机行业研发投入规模达288亿欧元，超过技术硬件和设备，成为民营企业投入最高的领域。此外，电子和电力装备、制药和生物技术、一般工业等领域研发投入增长显著提速，2021年增速分别为67.4%、58.2%与67.9%，对应的2020年增速仅为13.1%、33.3%与41.6%。2020、2021年中国国有、民营领先企业研发投入行业分布分别如图4-12、图4-13所示。

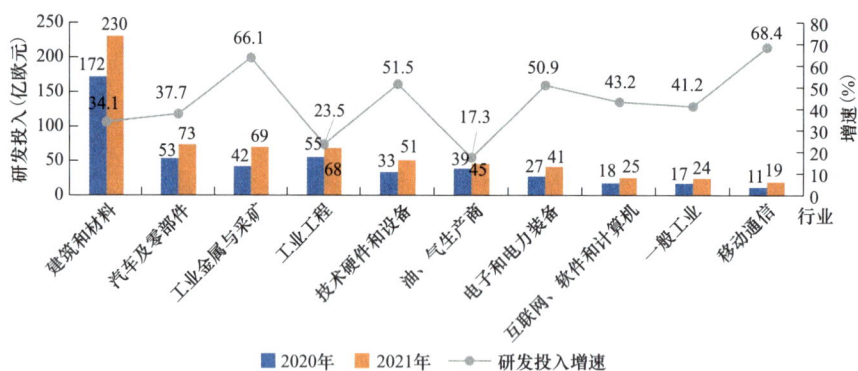

图4-12 2020、2021年中国国有领先企业研发投入行业分布

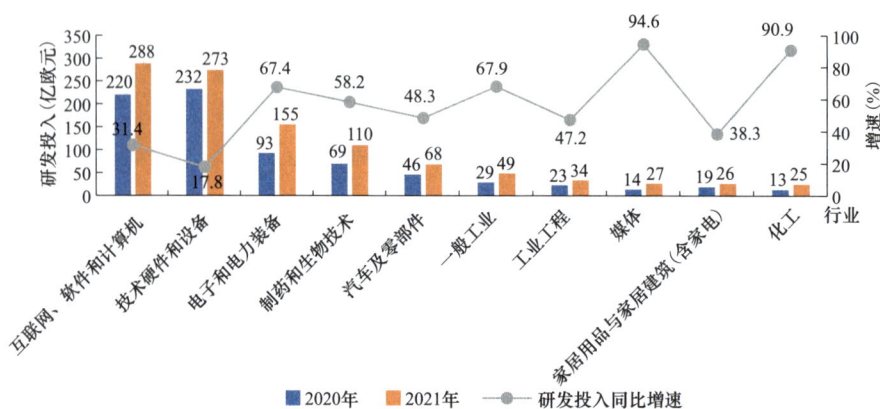

图4-13 2020、2021年中国民营领先企业研发投入行业分布

4.2.4　领先企业集聚于四大区域，形成行业错位发展格局

中国企业创新活动愈发向经济发达地区集中，四大创新中心产业错位发展趋势显著，不同区域内长板产业优势突出。

（1）国内领先企业呈现为以四大创新中心为引领，多地加速追赶的格局。北京、广东、浙江、上海四大省市仍是国内创新企业集聚地，企业创新活跃度高、影响力大，科技创新中心的引领作用日益增强。2022年上榜创新领先企业数量占比 73.2%，对应的企业 2021 年研发投入占比为 53.8%，领先企业增长数量领先全国，分别增长 11、12、8 家与 9家。与此同时，在创新驱动导向下，多地加速创新生态建设，加强创新企业扶持培育，着力打造新增长极。在整体表现上，除四大区域外，其他地区创新影响力稳步提升，上榜领先企业数量与研发投入合计占比呈上升趋势，分别由 23.9%、45.7% 提升至 26.8%、46.2%。企业数量方面，江苏、四川、湖南等地领先企业上榜数量增长显著，较 2021 年分别增长16、4 家与 4 家；研发投入方面，云南、江西增长超 1 倍，分别达 367%、113%，其次为天津、内蒙古、江苏等地，增速分别为 96%、85%、80%。2021、2022 年中国上榜企业区域分布与增长情况分别如图 4-14、图 4-15所示。

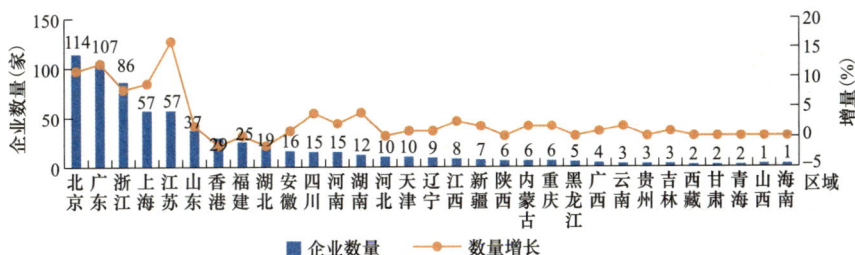

图 4-14　2022 年中国上榜企业区域分布与增长

（2）四大创新中心优势产业突出，呈现区域间产业错位布局与区域内产业高度集中特征。四大创新中心基于自身资源禀赋与产业基础，形成了特色优势创新领域，在建筑和材料，技术硬件和设备，互联网、软件和计算机，

汽车及零部件四大领域实现错位布局。北京、广东、浙江等地研发投入产业集中度较高，2021年优势产业领域研发投入占比均超1/3，其中，浙江集中特点尤为突出，2021年在互联网、软件和计算机领域研发投入占比高达51%。高度集中的创新布局特征下，各地加速创新的多元化部署，培育区域新增长点。2021年三大区域优势产业研发投入占比呈现下降趋势，与此同时，排名第二位与第三位产业领域研发投入占比呈现上升趋势。例如，广东省领先企业在技术硬件和设备领域研发投入占比由53%下降至48%，互联网、软件和计算机，电子和电力装备领域研发投入占比显著提升，分别增长1%与3%。相比之下，上海研发投入行业分布相对均衡，形成了以汽车及零部件为引领，制药和生物技术、工业工程、建筑和材料等多点布局的格局。2020—2021年重点地区上榜企业行业分布情况如图4-16所示。

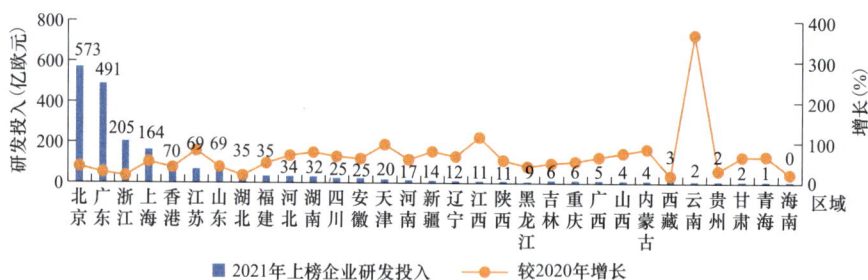

图4-15　2021年中国上榜企业区域分布与增长

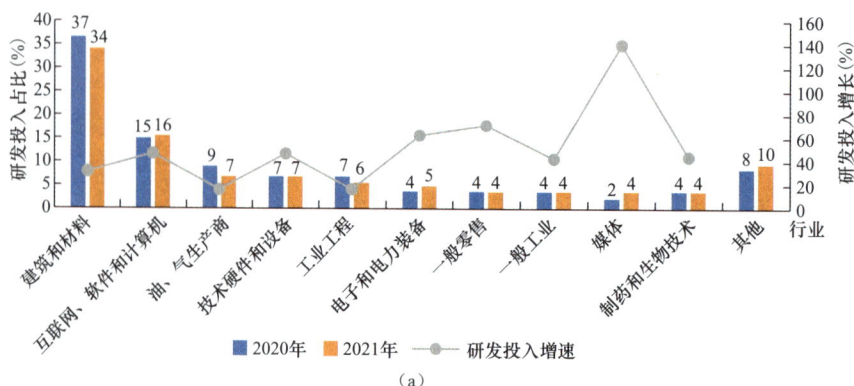

图4-16　2020—2021年重点地区上榜企业行业分布（一）

（a）北京

（b）

（c）

（d）

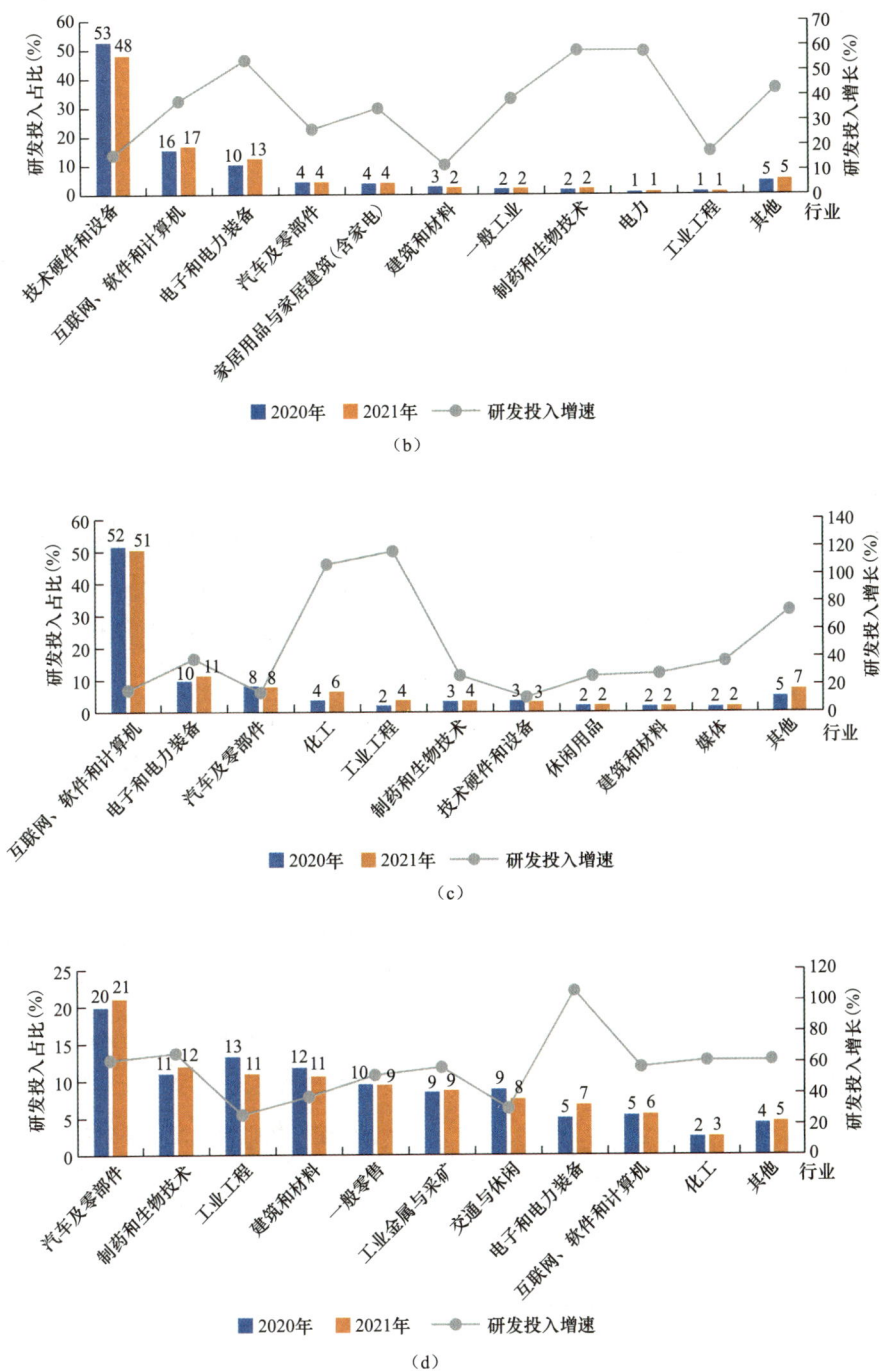

图 4-16　2020—2021 年重点地区上榜企业行业分布（二）

（b）广东；（c）浙江；（d）上海

4.3　国有企业创新发展趋势

新一轮国企改革深化提升行动拉开帷幕，以提高企业核心竞争力和增强核心功能为重点，将科技创新摆在更为突出的位置。国资央企充分发挥科技创新骨干作用，在原创性引领性技术攻关、创新生态体系建设、研发投入机制优化、科技成果孵化转化与科技人才支撑等方面重点发力，加快构建以实效为导向的科技创新工作体系，打造原创技术"策源地"。国有企业创新趋势及示范案例如表 4-2 所示。

表 4-2　　　　　　　国有企业创新趋势及示范案例

总体趋势	重点方向	国有企业示范案例
加强引领性技术领攻关	由技术跟跑、补短板为主，向原创性引领性攻关转变	中国中车在国企改革背景下，将自下而上申报，转变为上下结合的科研立项新机制，加快部署前瞻基础共性技术
	深化中长期激励机制应用，加速多元化政策工具落地	中国电力和上海电力两家上市公司实施股票期权激励，在绿电交通、综合智慧能源、核技术应用等 10 多个项目探索实施跟投机制
	分类开展科研项目管理改革，推动科研活动松绑减负	中海油研究总院启动"赛马制"科研攻关制度，实现了项目管理、经费管理、采办管理、知识产权管理、考评管理五个方面的制度突破，加速成果产出，允许攻关失败
建立企业主导的创新体系	强化企业创新地位，加快建设企业主导的产学研合作生态	中国石油与西南石油大学成立全国首个"央企-高校"创新联合体
	加快整合创新力量，深化推进国有企业转制科研院所改革	上海建科集团为上海市建筑施工技术研究所转制而来，通过引入混改优化治理结构，提升盈利能力与综合实力
优化科技创新投入机制	保障创新投入稳步增长，逐步向基础性、原创性领域聚焦	
	拓展研发投入渠道，借助金融手段支持科技创新	长江电力成功发行市场首单央企控股上市公司科技创新短期公司债券，有效推动债券市场融资品种创新，为公司科技创新提供资金支持

续表

总体趋势	重点方向	国有企业示范案例
优化科技创新投入机制	关注研发投入产出效率提升，科学开展考核评估工作	中国电科院创新建立科研投入产出财务评价体系，设置"投入产出净收益指标"指标，改变传统以项目为维度的科技成果绩效评价，并将其融入各技术领域的资源配置决策、评价与团队考核激励全过程
促进科技成果转化	加强科技成果转化考核，完善科技成果转化机制设计	北控水务集团借助政策创新和科技体制改革，探索开放共享的科技成果转化体制机制
	充分利用各类金融手段，促进成果转化	山东高速集团旗下公司山高千方运用科技成果转化贷款，获得低成本资金支持，加速企业成长
	推动国有企业开放创新资源，提供技术牵引和转化支持	山东科创充分发挥国资国企平台专业化服务机构在"四链"融合中的关键作用，成立并实体化运营山东知识产权运营中心、建设科技创业人才服务平台、建立产学研深度融合创新载体、多元化高校院所合作等方式，形成"连、选、投、育、管、融"的科技成果转化标准化流程
强化战略人才力量支撑	加快高水平人才平台建设，打造区域创新人才集聚地	中国能建试点建设的区域培训中心——华中培训中心，在运行模式、培训服务、沟通机制等方面开展积极有效探索与研究，致力于打造优秀企业家、高端科技人才、高技能人才的培养新高地
	加大科研人才引进力度，提升重点行业科研人员比例	

4.3.1　加强引领性技术攻关

国有企业面向国家战略需求、行业发展需要，将打造原创技术策源地摆在企业发展中的关键位置，通过加快推动中长期激励机制创新应用，逐步改革科研项目管理考核机制等，提升基础性、紧迫性、前沿性、颠覆性技术研究能力。

（1）由技术跟跑、补短板为主，向原创性引领性攻关转变。新一轮国企改革深化提升行动下，强化原创性引领性技术攻关能力已成为国资政策的关注重心。2023年7月国资委举办的中央企业负责人研讨班强调加快推进重大任务攻关，立足国家所需、产业链供应链所困、产业所趋，以开辟新领域新赛道的重大前沿颠覆性技术为主，开展科技创新活动。在政策引导下，国有企业科技创新逐步由过去以技术跟跑、补短板为主，向聚焦原创性、引领性的方向转变，重点聚焦三大创新方向发力。一是着力加强基础应用研究，依托大型国有企业的规模化布局优势与产业影响力，凝练产业基础应用研究方向，从根本上改变技术模仿、引进的创新模式，延展产业未来方向与边界；二是紧盯重点"卡脖子"难题，开展补链强链专项行动，提升关键技术自主可控水平，增强国内产业链供应链韧性；三是面向有发展潜力的产业方向前置开展前沿性、颠覆性探索，开辟企业发展的新领域、新赛道。例如，中国中车在国企改革背景下，将自下而上申报，转变为上下结合的科研立项新机制，加快部署前瞻基础共性技术。

（2）深化中长期激励机制应用，加速多元化政策工具落地。原创性、引领性技术研发周期长、成效慢、风险高，需要建立长期价值导向，国有企业围绕基础研究、前沿颠覆性技术、重大"卡脖子"攻关等项目特性，加快推进中长期考核和激励机制试点探索，推进制度落地运用。例如，国家电投因企施策，精准实施中长期激励，在国氢科技、中能融合、明华电力三家科技型企业实施股权激励，中国电力和上海电力两家上市公司实施股票期权激励，在绿电交通、综合智慧能源、核技术应用等10多个项目探索实施跟投机制。作为改革重点工作之一，科技人才薪酬激励相关的政策工具日益丰富。2022年11月9日，人力资源社会保障部办公厅印发《国有企业科技人才薪酬分配指引》，提出企业可探索建立科技人才回溯薪酬制度，科学评价从事原创技术探索、基础研究科技人才的贡献。新概念的提出给予科技型企业强有力的政策依据，有利于帮助企业树立正能量的价值导向，弥补传统薪酬模式下科研人才的激励不足问题。中长期激励工具及适用条件如图4-17所示。

（3）分类开展科研项目管理改革，推动科研活动松绑减负。原创性引领

权益类激励				现金类激励			
股权激励（含员工持股）			跟投	虚拟股权	分红激励		超额利润分享
股权出售/员工持股	股权奖励	股权期权			项目收益分红	岗位分红	
4号文133号文	4号文	4号文	征求意见稿	暂无	4号文	4号文	2021最新
激励对象是重要技术人员和经营管理人员股权出售应按不低于资产评估结果的价格以协议方式将企业股权有偿出售给激励对象	作为一种配套工具必须于股权出售一同适用，只能奖励给重要技术人员企业成立不满3年的，不得采取股权奖励的激励方式	小、微型企业应在激励方案中明确激励对象的行权价格，若分期出资，以实际出资额对应的股权参与利润分配；大、中型企业不可采取股权期权的激励方式	鼓励从事新产业、新业态、新商业模式的企业，或在投资周期较长、业务发展前景不明朗、具有较高风险和不确定性的创新业务领域实施跟投机制	虚拟股权暂无明确政策参考（审批难度较大），实操案例中奖励基金生成方式较为多样，且其中不包括分红权、增值权	针对某项能够转化为经济收益的科技成果	更倾向于激励科技成果产业化的过程中形成的价值，企业成立不满3年的，不得采取岗位分红	适用于商业一类企业在岗位上连续工作1年以上对企业经营业绩和持续发展有直接重要影响的管理、技术、营销、业务等核心骨干人才

图 4-17 中长期激励工具及适用条件

性攻关需要相对宽松、专业、独立的考核机制支持，通过尊重科研自主、专业评价放权、允许攻关失败，营造自由研究的氛围，激发科研团队的创新能动性。例如，2022 年，中海油研究总院在 2021 年启动"揭榜挂帅制"之后，启动"赛马制"科研攻关制度，实现了项目管理、经费管理、采办管理、知识产权管理、考评管理五个方面的制度突破，加速成果产出，允许攻关失败。此外，国有企业可借鉴科研机构科研项目管理创新实践，简化科研项目管理流程，释放创新活力。2021 年，上海出台文件推动"基础研究高质量发展"，试点设立"基础研究特区"，吸引复旦大学、上海交通大学、中科院上海分院在内的 6 家科研机构大胆探索合适的科研管理和成果评价制度。"特区"政策导向下，科研机构通过行政机关审批权力下放、赋予项目负责人充分的科研路线自主权、不简单以科研成败为导向，破除科研项目审批、验收过程中的条条框框，更好支持基础研究工作。

4.3.2 建立企业主导的创新体系

国有企业充分发挥科技创新"主力军"作用，依托国有企业独特的行业引领优势，加快推动创新链与产业链、资金链、人才链的精准对接，组织集聚国内外优质创新资源要素，构建动态开放、灵活高效的产学研用协同创新体系。

（1）强化企业创新地位，加快建设企业主导的产学研合作生态。企业是产业主体、市场主体和创新主体，在科技研发供给与产业技术需求的有效对接中发挥主导作用。党的二十大报告明确提出，加强企业主导的产学研深度融合，推动国资央企积极参与以创新联合体为抓手的产学研协同攻关，通过重大项目合作、平台合作等方式，实现研发协同。新一轮国企改革背景下，国有企业创新发展需充分发挥作为产业主体、市场主体和创新主体的优势，融合产、学、研多主体优势，在科技研发供给与产业技术需求的有效对接中发挥主导作用，构建"企业出题、科研机构答题"的创新联合体运营模式，加快实现科技自立自强。2023年6月，国务院国资委与中科院达成战略合作，着力加强央企与科研院所创新合作，通过共同研判科技发展态势，强化科技攻关协同、原创技术策源协同、人才队伍建设协同等，推动中央企业打造国家战略科技力量。创新联合体作为跨主体协同创新的有效组织形式，强调建立以企业为主导，以市场化机制为牵引，以重大项目为支撑的体系化、任务型的协同创新组织，在深化产学研融合、加速突破产业关键共性技术中的作用日益突出。近年来，在国家和地方政策的引导下，国有企业加快牵头建立创新联合体。2023年7月中铁工业成立国内首个面向国际视野的国际智能建造创新联合体；中国石油与西南石油大学成立全国首个"央企－高校"创新联合体。

（2）加快整合创新力量，深化推进国有企业转制科研院所改革。加快国有企业转制科研院所改革是强化国有企业创新力量、深化产学研融合的重要抓手。国有企业在实践中主要呈现两大方向。①遵循坚持技术开发类科研机构企业化转制方向，生产经营类转制科研院所市场化改革方向，基础研究类转制科研院所、团队回归公益导向的原则，通过重组整合方式分类开展转制科研院所改革。②结合转制科研院所定位，聚焦法人治理、市场化选人用人、长效激励、科技创新、党的建设等，系统制定改革方案，通过运行机制优化与分类考核评估等，释放科研院所创新活力。北京建机院采取优化重组两个研究院所优势资源、稳妥推进主业和优质资产"混改"、加快登陆资本市场的"重组－混改－上市"改革路径，着力打造转制院所改革转型标杆。上海建科集团为上海市建筑施工技术研究所转制而来，通过引入混改优化治理结构，提升盈利能力与综合实力。上海化工院、上海电缆所、上海电动所等科研院所通过与大型产业集团联合重组，形成创新合力，提升科技资源配置效率。

4.3.3　优化科技创新投入机制

国有企业加快建立多元化科技投入体系，推动科技创新与金融资本深度融合，畅通科技创新的资金支持通道，调动全社会资源投入科技创新，提高研发资金投入力度和使用效率。

（1）保障创新投入稳步增长，逐步向基础性、原创性领域聚焦。根据国务院国资委公开数据，规模方面，中央企业 2012—2021 年年累计投入研发经费 6.2 万亿元，超过全国 1/3，年均增速超过 10%，2022 年研发投入首次突破 1 万亿元，同比增长 9.8%；强度方面，2021 年中央企业研发投入强度为 2.5%，较 2012 年提高 0.8 个百分点；重点企业方面，中央工业企业研发投入强度达到 3%，"科改企业"近三年研发投入强度均超过 14%，2022 年达到 17.7%，呈现出极强的创新引领性。在原创性、引领性技术攻关导向下，国资央企将采取稳规模与优结构并举的策略，一方面保持研发投入水平的稳步提升，另一方面，瞄准国家战略需要，加大基础研究、基础应用研究与前沿技术研究投入。

（2）拓展研发投入渠道，借助金融手段支持科技创新。借助债券融资工具、"企业创新积分贷"等信贷工具，拓展研发资金渠道。2022 年，中国证监会和国务院国资委联合发布《关于支持中央企业发行科技创新公司债券的通知》，重点支持高新技术产业和战略性新兴产业及转型升级等领域中央企业发行科技创新公司债券。2023 年 6 月，长江电力成功发行市场首单央企控股上市公司科技创新短期公司债券，有效推动债券市场融资品种创新，为公司科技创新提供资金支持。与此同时，"企业创新积分制"自 2020 年首批试点以来，逐步实现了全国范围推广，成为科技型企业创新融资的重要手段。

（3）关注研发投入产出效率提升，科学开展考核评估工作。新一轮深化国企改革强调"加强对企业研发投入产出的评价"，科学评估研发投入产出效能、引导科技创新工作提质增效，是国资国企科技创新管理的重点之一。国有企业围绕科技成果转化价值、转化应用成效评估，制定评价指标体系，强化价值创造导向。如中国电科院创新建立科研投入产出财务评价体系，设置"投入产出净收益指标"，改变传统以项目为维度的科技成果绩效评价体系，并将其融入各技术领域的资源配置决策、评价与团队考核激励全过程。

4.3.4 促进科技成果转化

国有企业将科技成果转化作为科技创新工作的重要一环，通过加快建立科技成果转化考核机制，完善要素资源对接与支持机制，打通科技成果向生产力转化的"最后一公里"，提升产业链整体竞争力。

（1）加强科技成果转化考核，完善科技成果转化机制设计。科技成果转化水平日益成为国有企业创新能力的重要体现，2022 年 10 月 25 日科技部印发了《"十四五"技术要素市场专项规划》，明确提出了"把科技成果转化绩效作为核心要求纳入国有企业创新能力评价体系"。在此背景下，完善科技成果转化体制机制，提升科技成果转化效率，将成为国有企业改革发展的重要工作。为了提升科技成果转化成功率，国有企业聚焦需求挖掘、模式选择、价值评估、资源整合、收益分配等核心问题，开展科技成果转化机制探索实践。2022 年北控水务集团借助政策创新和科技体制改革，探索开放共享的科技成果转化体制机制。政策方面，通过制定《首台（套）技术装备名录》支持成果转化，并设置股权激励、经济激励、荣誉激励等多层次的激励形式；科技体制改革方面，通过构建"4×（1＋N）科技平台管理体系"，推动多方联动共建共享合作。

（2）充分利用各类金融手段，促进成果转化。近年来，央国企加强与各级政府、社会资本合作，通过新设科技成果转化基金，运用科技成果转化贷款、知识产权证券化、科技保险等方式，推动技术要素与资本要素融合发展。一方面，各级国资积极参与科技成果转化基金建设，2022 年，全国新成立、启动的科技成果转化基金中不乏央企及各地国资的身影。科技成果转化基金秉持"投早投小投科技"的逻辑，瞄准科研院所、高校等早期科技项目，引导产学研主体的协同联动，支持原创性引领性技术转化。例如，国投集团发挥国有资本投资公司独特功能，与科技部等联合发起设立 150 亿元科技成果转化基金，聚焦重点区域的科技成果转移转化和产业化落地。2022年 12 月 22 日，安徽省与合肥市共同出资设立的科大硅谷引导基金，重点支持科大硅谷创办的科技创新能力突出的中小微科技型企业。另一方面，综合运用科技成果转化贷款、知识产权证券化、科技保险等金融工具，加速科技成果孵化转化。山东高速集团旗下公司山高千方运用科技成果转化贷款，获得低成本资金支持，加速企业成长。2023 年杭州金投租赁发起浙江省首单知识产权证券化（ABN）产品，聚焦重点产业领域、专精特新企业，以 14家高新技术企业共计 135 件授权专利为基础资产，破解科技型中小企业融资难题，释放知识产权市场价值。2022 年成立的科技成果转化（引导）基金（不完全统计）如表 4 - 3 所示。

表 4 - 3　2022 年成立的科技成果转化（引导）基金（不完全统计）❶

省份	出资方	基金名称	基金规模（元）	关注方向
安徽	安徽国有金融资本投资管理、合肥高质量发展引导基金	科大硅谷引导基金	300 亿	科大硅谷的科技创新能力突出的中小微科技型企业
湖南	中南大学、执君资本、湘投基金	湖南湘投执君生命科学产业基金	100 亿	集成电路、生物医药、人工智能、高端装备、新材料等科技成果转化企业

---

❶　资料来源：创头条

续表

省份	出资方	基金名称	基金规模（元）	关注方向
江苏	苏州创新投资集团、海南天山投资、苏州相城金融控股	泽适（苏州）先进技术成果转化基金	50亿	"军转民、民参军"技术转化
山东	国科控股、山东高速集团、山东新动能基金管理有限公司	齐鲁科学城科创投资基金	62亿	中科院济南科创城重大科技成果转化
广东	中国科学院控股有限公司、广东省粤科金融集团有限公司等	中科科技成果转化创业投资基金（广东）合伙企业（有限合伙）	注册资本15亿	

（3）推动国有企业开放创新资源，提供技术牵引和转化支持。①提供技术支持，通过产学研创新联合体、知识产权合作转化等方式，实现技术与资源互补，引导产学研等主体的协同联动和成果的贯通式转化。②开放应用场景，依托大型国有企业的产业化应用场景优势，从产业视角把握技术应用方向，促进成果转移转化。2021年底，在国务院国资委科技创新和社会责任局指导下，北京市国资委举行央企－京企应用场景发布会，中央企业、北京市管企业携手推出106项应用场景，共同推进科技创新成果加速落地转化。③发挥科技服务平台作用，围绕科技成果转化提供需求对接、专利激活、科技诊断、载体建设、人才支撑、金融支持等服务，打造科技成果转化赋能平台。山东科创充分发挥国资国企平台专业化服务机构在"四链"融合中的关键作用，成立并实体化运营山东知识产权运营中心、建设科技创业人才服务平台、建立产学研深度融合创新载体、多元化高校院所合作等方式，形成"连、选、投、育、管、融"的科技成果转化标准化流程。

4.3.5　强化战略人才力量支撑

国有企业将打造高质量人才队伍作为提升科技创新实力，实现高质量发展的重要基础，着力推动构建高水平人才引育平台，完善人才引进、薪酬分配、考核评价机制。

（1）加快高水平人才平台建设，打造区域创新人才集聚地。①组建人才发展集团，承接区域人才发展战略，通过提供专业化服务，聚合高端人才资源，服务区域创新型企业与产业发展。2021－2023 年，全国主要省市为强化高端人才引进，先后成立人才发展集团，赋能企业创新发展。②加强人才培养平台建设，通过建立人才培养教育实训基地，与高校、科研院所开展人才交流，融入支持产业人才创新创业联盟建设等方式，发挥国企引领支撑作用。2022 年中国能建试点建设的区域培训中心——华中培训中心，在运行模式、培训服务、沟通机制等方面开展积极有效探索与研究，致力于打造优秀企业家、高端科技人才、高技能人才的培养新高地。主要省市人才集团组建情况如表 4-4 所示。

表 4-4　　　　　　　　　　主要省市人才集团组建情况

企业名称	成立时间	基本介绍
山东省人才发展集团	2021 年 2 月	承接"人才兴鲁"战略和人才制度改革攻坚行动，深化人才发展体制机制改革
湖北省人才集团	2023 年 6 月	为企业的高端人才购买股权提供资金支持，帮助企业深度绑定高管团队和核心人才，同步发布长江优企人才基金
四川省人才发展集团	2023 年 3 月	省级层面首个人才发展集团，重点打造高端人才聚合平台、人才发展服务平台、人才双创促进平台、人才数智管理平台"四大平台"
广州人才集团	2021 年 8 月	打造推进"人才强市"战略的市场化主体
四川天府人才集团	2023 年 2 月	四川天府新区与深圳人才集团合作成立，配套设立"天府人才基金"，构建人才交流、引育、服务、创业四大平台，全面提升西部地区高端人才汇聚优势
南阳人才发展集团	2021 年 3 月	河南省首家人才集团，深入推进新时代人才强市战略，健全市场化、社会化的人才管理服务体系

（2）加大科研人才引进力度，提升重点行业科研人员比例。一是健全高端人才引进政策，综合运用成建制引才、柔性引才方式，吸引高端人才进入，持续提升科技创新实力。二是强化国企薪酬分配向科技人才倾斜，合理

提高科技人员薪酬水平。2022 年 11 月颁发的《国有企业科技人才薪酬分配指引》强调重点加大对承担前瞻性、战略性、基础性等重点研发任务的科技人才激励力度，工资总额增量优先用于科技人才激励，合理提高科技人员薪酬水平。三是健全科技人才评价体系，适当延长基础研究人才、青年科技人才等评价考核周期，以鼓励持续研究和长期积累。四是拓展科研人员成长通道，优化岗位体系设置，探索人才流动与离岗创业机制，破除科研人员成长瓶颈，释放高端人才创新效能。

4.4 小结与展望

党的十八大以来，在以创新驱动引领高质量发展的国家战略导向下，中国企业创新的经济物质基础不断夯实，政策保障体系持续完善，开放包容的创新文化氛围逐步形成，重点领域关键环节的技术供给能力不断增强，创新环境建设取得显著成效。站在百年未有之大变局加速演进，新一轮科技革命和产业变革深入发展的重要历史节点，我国需加快健全完善有利于创新的经济、政策、文化、技术环境，为建设创新型国家提供坚实支撑。**在经济发展上**，以"四链融合"构筑发展新动能新优势，巩固提升企业研发投入的物质能力；**在政策制定上**，加大对基础研究的重视力度，加快出台面向中小企业科技创新的支持政策；**在文化建设上**，强化科学精神的价值引领，进一步提升科技创新宣传能力，加快推进科研激励机制与评价体系改革，着力构建边界清晰、动态调整的创新容错机制；**在技术攻关上**，加强大中小企业融通创新，着力营造精准的创新微生态，推动产业创新模式从"点状突破"向"链式创新"转变。

在国际科技竞争日益激烈、国内经济增长动能切换的背景下，科技赋能逐步成为时代的主题词，要求中国企业加快科技创新步伐，提升全球竞争力，抢占未来产业制高点。在长期的积淀下，中国企业创新全球影响力、产出效率显著提升，研发投入强度接近全球平均水平，带动新产品销售收入与高技术产品出口额实现稳步增长。面向未来，企业仍需巩固现有创新成效，找准短板问题，调整创新重心。**一是由强调创新规模增长向聚焦创新产出效益转变**，将创新力转化为企业竞争力；**二是聚焦国内短板领域、卡脖子环节开展技术攻关**，聚焦生物医药等全球创新重点领域，加速企业创新赶超；**三是深化国有企业与民营企业的创新协同**，充分发挥国有企业的规模优势与民营企业创新灵活性特点，找准定位，协同发力。

国企深化改革背景下，国有企业需聚焦提高企业核心竞争力和增强核心功能两大改革目标，促进创新链产业链资金链人才链深度融合，充分发挥需求引领、源头供给、资源配置、转化应用优势，强化科技创新的"国家队"与"主力军"作用。**对内着力加强自身能力建设**，通过锚定原创性引领性创新方向，深化转制科研院所改革，加大科研人才引进力度，探索科技金融工具应用，建立长期价值导向的激励约束机制等，建立企业科技创新核心竞争力。**对外突出创新引领带动作用**，深度挖掘国资央企在创新组织、资源配置与场景应用方面的优势，通过牵头产学研合作生态建设，提供技术牵引和转化支持，加快高水平人才平台建设等方式，带动产业创新发展。

第 5 章

专题研究：科技成果转化推动价值创造

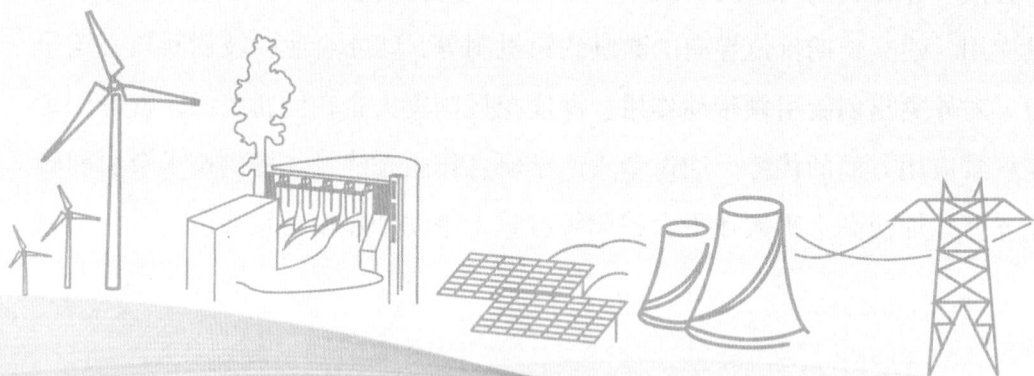

创新引领
智力共享

科技成果转化❶是科技创新全过程的"最后一公里"，是研发投入产出效率的最终体现，实施成效很大程度上决定了科技创新的成败，直接影响科技成果能否成功转化为现实生产力，已成为当前世界各国科技政策的关注重点。本章将结合《全国技术市场统计年报》《中国专利调查报告》和韩国《技术转移与产业化促进计划》等国内外权威报告，综合研判我国科技成果转化的实施现状，总结典型科技强国的制度体系特点，提炼全球领先研发机构的先进实践经验，为国内政府部门及企业创新主体提供针对性的科技成果转化建议。

科技成果转化体系建设严格遵循体制改革牵引、流程链条规范、资源要素保障的逻辑思路。据此，本章搭建"顶层设计－实施流程－要素支撑"的科技成果转化分析模型，对重点国家、领先企业的实践模式进行深入解构）。**在顶层设计部分，**将重点分析研究对象的成果转化设计原则、组织体系、角色定位、产权分配规则、转化归属权分配规划、激励约束机制（收益分配规则）等。**在实施流程部分，**将围绕科技成果转化的业务链条，重点分析研究对象在科技成果发现、科技成果评估、科技成果转化选择、科技成果产品化、科技成果商业化等核心环节的实践模式。其中，科技成果发现环节重点研究科技成果披露及信息对接机制；科技成果评估环节着重阐述技术评价的关注要点及评价工具；科技成果转化选择环节重点分析不同转化模式的匹配模型及实践特点；科技成果产品化环节主要分析技术中试能力建设的模式方法；科技成果产业化环节重点关注产业投资、市场渠道的对接模式。**在要素支撑部分，**本章将着重阐述研究对象在科技成果转化全流程环节中数据、技术、资本、土地、人才等要素资源的配置机制。科技成果转化分析框架如图 5-1 所示。

---

❶ 根据《促进科技成果转化法》，"科技成果转化"指为提高生产力水平而对科技成果所进行的后续试验、开发、应用、推广直至形成新技术、新工艺、新材料、新产品，发展新产业等活动的总称。

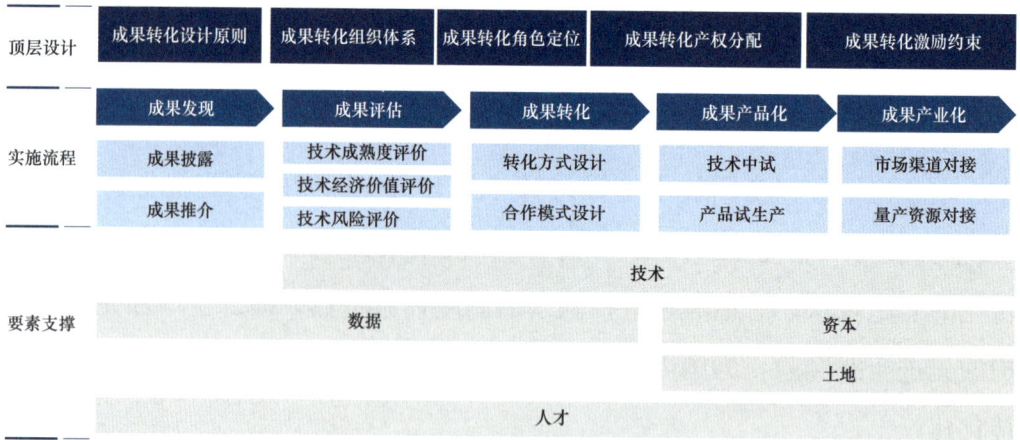

图 5-1　科技成果转化分析框架

5.1　中国科技成果转化现状

　　党的十八大后，党中央高度重视国家科技成果转化应用能力建设，通过持续出台促进科技成果转化的法律法规和政策文件，为科技成果转化创造良好政策环境，推动各类创新主体的科技成果产出规模、转化活跃度、产业化水平不断提升，科技创新对经济发展的支撑作用愈发显著。此外，也应充分关注到我国科技成果转化改革中仍面临诸多制约因素，成果转化机制建设水平和运作效率相较美国、韩国等全球科技强国仍存在较大差距。

5.1.1　政策实施

　　改革开放以来，我国持续推进科技成果转化制度体系建设，通过先后出台《中共中央关于科学技术体制改革的决定》《促进科技成果转化法》《关于实施科技规划纲要增强自主创新能力的决定》等政策法规，逐步确立了"企业为主体、政府为引导"的科技成果转化体系框架。随着十八大提出创新驱动发展战略，加速科技创新成果向现实生产力转化成为我国新时代科技工作的重要主线，建设能够充分活跃要素流动的科技成果转化制度体系成为迫切需要。适应新发展形势要求，十八届三中全会将市场在资源配置中所起作用的表述由"基础性"调整为"决定性"，奠定了市场机制建设在科技体制改革中的关键地位，推动我国科技成果转化制度建设正式迈入系统性完善阶段，形成了以"企业为主体、市场为导向、政府为引导"的新型制度体系为目标，以科技成果转化"三部曲"❶为顶层设计，技术机构、专业人才、技术市场、科技金融、中试资源、市场渠道等要素配合跟进的政策体系架构。

（1）建立企业主体、市场导向、政府引导的新型制度体系。为适应新时代科技成果转化的环境和形势，我国于 2015 年对《促进科技成果转化法》进行修订，着重提出国家的科技成果转化工作要进一步突出企业的主体作用，体现科技成果转化的市场导向，同时更好发挥政府的服务职能，以此为基础根据，重点厘清了科技成果的产权归属，并对处置权、使用权、收益权进行了改革优化。其中，在产权归属上，新法明确了职务科技成果的所有权归属于单位❷；在处置权归属上，新法明确了国家设立的研究开发机构、高校对其持有的科技成果，可以自主决定采用转让、许可或者作价投资三类方式实施转化；在收益权归属上，新法明确了国家设立的研究开发机构、高等院校转化科技成果所获得的收入全部留归本单位处置，且科研单位需提取不低于 50％的转化净收入作为科研人员奖金激励。根据新修订的《促进科技成果转化法》，我国此后又相继出台《实施促进科技成果转法若干规定》及《促进科技成果转移转化行动方案》，形成了包含法律条款、配套细则与具体任务部署的科技成果转化系统体系框架，为后续相关要素配套政策的制定提供指引。

（2）支持发展技术转移机构。我国将培育发展技术转移机构作为提升国家转移转化服务能力，促进科技成果高水平创造和高效率转化的重要举措和关键任务，2018 年科技部、教育部出台《关于进一步推进高等学校专业化

---

❶ 科技成果转化"三部曲"指《促进科技成果转化法》（2015 修订版）《实施促进科技成果转法若干规定》《促进科技成果转移转化行动方案》。

❷ 根据《促进科技成果转化法》，"职务科技成果"指执行研究开发机构、高等院校和企业等单位的工作任务，或者主要是利用上属单位的物质技术条件所完成的科技成果。利用政府资源或接受政府资助的工作任务项目产生的成果同样属于职务科技成果。

技术转移机构建设发展的实施意见》，明确支持高校通过设立技术转移办公室、技术转移中心等内设机构，联合政企设立从事技术开发、技术转移、中试熟化的独立机构，或者创立全资技术转移公司、知识产权管理公司等独立法人的方式建立技术转移机构。

（3）推动成果信息整合汇总。我国将构建全国统一规范的科技成果披露机制作为提升成果信息供需对接效率的重要着力点，2014 年科技部出台《关于加快建立国家科技报告制度的指导意见》，提出以建成全国统一的科技报告呈交、收藏、管理、共享体系，形成科学、规范、高效的科技报告管理模式和运行机制为目标，持续推进构建科技报告逐级呈交的组织管理机制，推动科技报告的持续积累和开放共享。

（4）完善科技成果转化人才自主培育机制。我国当前正不断强化科技成果转化人才自主培养能力建设，着力推动以人才结构的优化和素质的提高带动科技成果转化服务质量的提升。2023 年科技部出台《高质量培养科技成果转移转化人才行动方案》，重点强调从推动人才培养工作规范化发展、升级国家技术转移人才培养基地功能、优化科技成果转移转化人才供给结构、畅通技术经理人职业发展路径、提升科技成果转移转化人才培养社会关注度、促进科技成果转移转化人才队伍国际化建设六个方面构建科技成果转化人才培养支撑体系。

（5）推动构建开放统一的技术市场服务体系。我国技术交易具有主体多元，市场资源分散，"孤岛"现象突出的特点，整体运营和服务效率低下。为此，中央近年来持续出台多项支持政策，促进我国技术市场规范化发展。2018 年科技部印发《关于技术市场发展的若干意见》，对技术市场的分类布局、服务功能及服务模式等进行了规划部署。在分类布局上，意见强调要发挥国家技术转移区域中心作用，链接各类技术交易市场，形成互联互通的全国技术交易网络；在服务功能上，重点强调要完善技术类无形资产挂牌交易制度，推广科技成果市场化定价机制，健全科技成果评价体系；在服务模式上，提出要引导推动技术市场服务机构发展大额资金支付分批次担保、知识产权质押融资等创新服务。

（6）促进科研设备等中试资源的开放共享。我国近年来不断推动科研设施合作机制建设，着力破除中试门槛高、中试资源利用率不足的长期堵点，提升科技成果产品化的成功几率。2017 年科技部、发展改革委、财政部印发《国家重大科研基础设施和大型科研仪器开放共享管理办法》，强调要推动政府资金建设、购置的用于科学研究和技术开发的各类重大科研基础设施向对社会开放共享，着力为创新创业、中小微企业发展提供支撑保障。

（7）引导成果转化金融支持工具的市场化运营。为更好发挥政府在科技成果转化中的引导职能，提升政府资金在科技成果产品化与产业化阶段的配置效率，推动高质量科技成果的产业化落地，我国近年来正加快推进政府成果转化基金的市场化机制改革。2016 年国务院出台《关于促进创业投资持续健康发展的若干意见》，重点提出政府应当按照"政府引导、市场化运作"的原则推动设立创业投资引导基金，发挥财政资金的引导和聚集放大作用，引导社会资本参与科技成果产业化投资；2021 年财政部对《国家科技成果转化引导基金管理暂行办法》实施修订，在总则部分进行了重大调整，将转化基金的支持方式由旧版的"设立创业投资子基金、贷款风险补偿和绩效奖励等"修改为新版的"设立创业投资子基金"，删除贷款风险补偿、绩效奖励等支持方式，突出体现了以市场化方式运作国家科技成果转化引导基金的政策导向。

（8）加大对成果产业化用地的供给保障力度。2015 年国土资源部等六部委出台《关于支持新产业新业态发展促进大众创业万众创新用地的意见》，强调要优先安排新产业创业企业用地，积极推行以先租后让、租让结合等供应方式向符合条件的企业供应土地，并鼓励利用存量土地建设创业创新平台，利用现有建设用地建设的产学研结合中试基地、共性技术研发平台、产业创新中心，可继续保持土地原用途和权利类型不变。

（9）加强对创新产品的政府采购扶持力度。我国近年来持续出台多项政府采购扶持政策，强化对高质量科技成果市场拓展的保障力度。2018 年发改委印发《关于促进首台（套）重大技术装备示范应用的意见》，提出要推动各级政府以首购、订购等方式采购首台套等重大产品；2019年科技部出台《科技部办公厅关于营造更好环境支持科技型中小企业研发的通知》，提出要加大对科技型中小企业装备首台套、材料首批次、软件首版次等创新产品的政府非招标采购力度；2022年全国人大通过《中华人民共和国政府采购法（修订草案征求意见稿）》，首次在立法层面明确要发挥政府采购市场的导向作用，推动创新产品研发和应用。

十八大以来我国科技成果转化重点政策如表5-1所示。

表5-1　　　　　　　　十八大以来我国科技成果转化重点政策

政策类型	对应的科技成果转化环节	代表性政策名称	政策关注重点	主要内容
顶层设计		《促进科技成果转化法》（2015年修订版）	成果转化的产权、处置权、使用权、收益权归属问题	产权归属：职务科技成果的所有权归属于单位
				处置权归属：国家设立的研究开发机构、高校对其持有的科技成果，可以自主决定采用转让、许可或者作价投资三类方式实施转化
				收益权归属：国家设立的研究开发机构、高等院校转化科技成果所获得的收入全部留归本单位处置，且科研单位需提取不低于50%的转化净收入作为科研人员奖金激励
技术要素政策（技术转移机构）		《关于进一步推进高等学校专业化技术转移机构建设发展的实施意见》	支持高校建立专业技术转移机构	高校可通过设立技术转移办公室、技术转移中心等内设机构，联合政企设立从事技术开发、技术转移、中试熟化的独立机构，或者创立全资技术转移公司、知识产权管理公司等独立法人的方式建立技术转移机构
数据要素政策（科技数据）	成果发现	《关于加快建立国家科技报告制度的指导意见》	建立国家统一、规范的科技成果披露机制	以建成全国统一的科技报告呈交、收藏、管理、共享体系，形成科学、规范、高效的科技报告管理模式和运行机制为目标，持续推进构建科技报告逐级呈交的组织管理机制，推动科技报告的持续积累和开放共享

续表

政策类型	对应的科技成果转化环节	代表性政策名称	政策关注重点	主要内容
技术要素政策（技术转移人才）	成果评估	《高质量培养科技成果转移转化人才行动方案》	建设技术转移专业人才队伍	从推动人才培养工作规范化发展、升级国家技术转移人才培养基地功能、优化科技成果转移转化人才供给结构、畅通技术经理人职业发展路径、提升科技成果转移转化人才培养社会关注度、促进科技成果转移转化人才队伍国际化建设六个方面构建科技成果转化人才培养支撑体系
技术要素政策（技术市场）	成果转化	《关于技术市场发展的若干意见》	规划技术市场的分类布局、服务功能及服务模式	技术市场分类布局：发挥国家技术转移区域中心作用，链接各类技术交易市场，形成互联互通的全国技术交易网络
				技术市场服务功能：完善技术类无形资产挂牌交易制度，推广科技成果市场化定价机制，健全科技成果评价体系
				技术市场服务模式：引导推动技术市场服务机构发展大额资金支付分批次担保、知识产权质押融资等创新服务
技术要素政策（中试资源）	成果产品化	《国家重大科研基础设施和大型科研仪器开放共享管理办法》	推动中试设施的开放公用	政府预算资金投入建设和购置的用于科学研究和技术开发活动的各类重大科研基础设施向对社会开放共享
土地要素政策（创业用地）	成果产品化、产业化	《关于支持新产业新业态发展促进大众创业万众创新用地的意见》	优先安排新产业创业企业供地，鼓励存量土地建设创业创新平台	优先安排新产业创业企业用地，积极推行以先租后让、租让结合等供应方式向符合条件的企业供应土地
				利用现有建设用地建设的产学研结合中试基地、共性技术研发平台、产业创新中心，可继续保持土地原用途和权利类型不变

续表

政策类型	对应的科技成果转化环节	代表性政策名称	政策关注重点	主要内容
资本要素政策（创业投资）	成果产品化、产业化	《国家科技成果转化引导基金管理暂行办法》（2021年修订版）	政府风投资基金将建立市场化运作机制	在总则部分进行了重大调整，将转化基金的支持方式由旧版的"设立创业投资子基金、贷款风险补偿和绩效奖励等"修改为新版的"设立创业投资子基金"
技术要素政策（市场渠道）	成果产业化	《关于促进首台（套）重大技术装备示范应用的意见》	加大政府技术采购保障力度	推动各级政府要以首购、订购等方式采购首台套等重大产品

5.1.2 转化成效

在各类科技成果转化要素政策的持续激励下，近年来，我国科技成果转化的活力不断加强，企业科技成果转化主体的地位不断巩固，中央企业对国家科技成果转化生态的战略支撑作用愈发凸显，科技成果产出规模、转化活跃度、产业化水平等成果转化能力指标均得到显著提升。

（1）我国科技成果转化的动能不断增强。党的十八大以来，我国将"加速科技成果向现实生产力转化"作为科技工作的重要指导思想，逐步破除科技成果转化的体制机制障碍，科技成果转化动能不断加强。**产出规模**上，我国发明专利的授权量近年来持续增长，由 2018 年的 43.2 万件提升至 2022 年的 79.8 万件，年均增长率为 16.6%，领先同周期全国研发经费投入年均增长率 4.7 个百分点。**活跃程度**上，根据科技部发布的《全国技术市场统计年报》，2017—2021 年间，我国技术合同成交额从 13 424.2 亿元持续增长至 37 294.3 亿元，技术合同成交额占国内生产总值的比重由 1.6% 大幅提升至 3.3%；2022 年我国 PTI 指数❶达到 52.7，较 2021 年提升 0.5，2019 年以来

---

❶ PTI 指数由国家知识产权局综合发明专利产业化率、产业化收益以及发明专利的许可、转让、作价入股等转移转化相关数据为基础，以及知识产权使用费出口额、专利质押融资金额等行政记录构建，可综合反映国家专利转移转化的活跃程度。

始终高于 50 的荣枯线。**产业化水平上，**根据国家知识产权局发布的《中国专利调查报告》，我国发明专利的产业化率逐年上升，由 2018 年的 32.3% 增加至 2022 年的 36.7%；发明专利的产业化收益水平同样实现稳步增长，2022 年自行实施产业化的发明专利中，收益金额在 1000 万元/件以上的高收益发明专利的占比达到 22.3%，较 2021 年提升 7.2%。2018－2022 年中国 PTI 指数变化如图 5-2 所示。

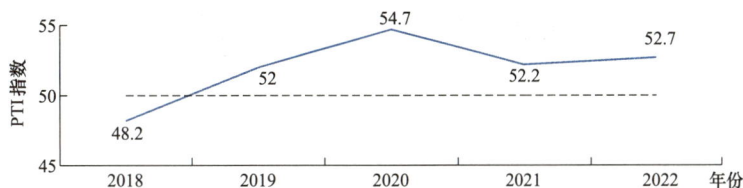

图 5-2　2018－2022 年中国 PTI 指数变化

（2）企业在科技成果转化体系中的主体地位保持稳固。产出规模上，2022 年企业发明专利授权量上升至 444 706 件，占当年国内发明专利授权总量的比重达到 63.9%，分别领先高校、科研机构 38.4、56.8 个百分点。**活跃程度上，**企业在输出技术合同成交额占比、专利实施率等重要指标上保持领先地位。一方面，企业已成为技术交易市场最具活力的参与主体，2021 年输出的技术合同成交额为 34 550.6 亿元，占全国技术市场交易总额的比重高达 92.6%；另一方面，企业开展专利成果转移转化更具积极性，2022 年企业专利实施率达到 59.4%，分别高于高校及科研机构 42.5、35.9 个百分点。**产业化水平上，**企业在发明专利的产业化率、产业化收益水平等关键指标上相较高校、科研机构优势明。产业化率指标方面，2022 年企业发明专利产业化率为 48.1%，相比 2018 年提高 3.1 个百分点，分别领先高校、科研机构 44.2、34.8 个百分点；产业化收益水平方面，企业具有"高收益专利占比高，低收益专利比重小"的特点，整体产业化收益状况明显优于高校及科研机构。其中，高收益区间占比上，2022 年企业发明专利自行产业化收益金额在 1000 万元/件以上的比重为 23.1%，分别领先高校、科研机构 16.0、12.4 个百分点；低收益区间占比上，2022 年企业发明专利自行产业化收益金额在 10 万元/件以下的比重仅为 10.4％，分别低于高校与科研机构 58.2、20.4 个百分点。2018、2022 年不同专利权人发明专利实施率和产业化率对比分别如图 5-3、图 5-4 所示。

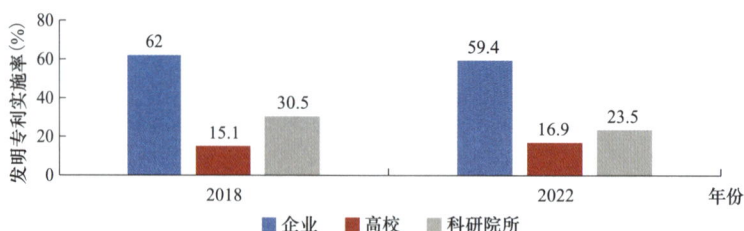

图 5-3　2018、2022 年不同专利权人发明专利实施率对比

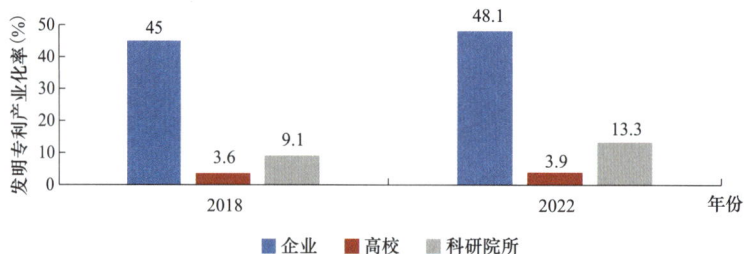

图 5-4　2018、2022 年不同专利权人发明专利产业化率对比

（3）中央企业对企业科技成果转化主体地位的支撑作用愈发凸显。产出**规模上**，中央企业发明专利申请量由 2017 年的 87 066 件增长至 2020 年的 143 664 件，占同年企业发明专利申请量的比重由 11％提升至 16％。**活跃程度上**，根据科技部发布的《全国技术市场统计年报》，2021 年全国企业法人机构输出技术合同成交额前 20 强中，共有 15 家中央企业上榜，上榜数量相较 2017 年增加 3 家。其中，中信建设有限责任公司、中国核电工程有限公司、中交路桥建设有限公司三家中央企业分列榜单前三位。2022 年全国企业法人机构输出技术合同成交额前 20 强如表 5-2 所示。

表 5-2　2022 年全国企业法人机构输出技术合同成交额前 20 强

排名	企业名称	企业所有制性质
1	中信建设有限责任公司	中央企业

排名	企业名称	企业所有制性质
2	中国核电工程有限公司	中央企业
3	中交路桥建设有限公司	中央企业
4	中国建筑一局（集团）有限公司	中央企业
5	华为技术有限公司	民营企业
6	上海华为技术有限公司	民营企业
7	中铁二局集团有限公司	中央企业
8	中交一公局集团有限公司	中央企业
9	中国建筑第八工程局有限公司	中央企业
10	中国公路工程咨询集团有限公司	中央企业
11	北京达佳互联信息技术有限公司	民营企业
12	中国能源建设集团广东省电力设计研究院有限公司	中央企业
13	上汽通用汽车有限公司	中外合资企业
14	高通公司	外资企业
15	中铁电气化局集团有限公司	中央企业
16	中冶京诚工程技术有限公司	中央企业
17	中钢设备有限公司	中央企业
18	中国路桥工程有限责任公司	中央企业
19	中国石化工程建设有限公司	中央企业
20	中铁隧道局集团有限公司	中央企业

5.1.3 存在问题

我国的科技成果转化工作近年来取得了巨大突破，但与全球科技强国相比，科技成果转化体系建设仍存在较大的完善空间，突出反映在技术市场不成熟、国有机构顶层设计体系不健全、成果供需信息渠道不畅、专业化评估能力不强、成果产业化资源保障能力不足等方面。

（1）技术转移市场发育不成熟。 技术转移机构发展水平直接影响技术交易市场的运作能力，当前我国技术转移机构建设情况滞后，主要体现在总量不足、区域分布不均衡、企业主体参与力度不强、市场化运作成熟度不高、组织体系不健全四个方面。**在总量规模上**，根据《2022 全国技术市场统计年报》（以下简称为"年报"），截至 2021 年底，我国共有各类国家技术转移机构 420 家，远落后于美国 2008 年时 900 家❶的整体规模。**在区域分布上**，截至 2021 年底，我国海南、宁夏及西藏三地仍未设立技术转移机构，全国布局网络尚未实现，且东部地区技术转移机构总数占全国比重达 56.4％，多于中、西、东北部地区总和。**在主体分布上**，我国发布的《国家技术转移体系建设方案》《关于进一步推进高等学校专业化技术转移机构建设发展的实施意见》等政策文件仅提出加强高校、科研院所技术转移机构建设，而对于企业主体设立技术转移机构缺乏明确政策引导和支持，导致企业集团建设专门技术转移机构的热情不高，仅部分中央企业进行了规划部署。以国家技术转移机构数量最多的北京市为例，报告数据显示，51 家国家技术转移机构中只有 6 家由企业集团设立，占比不足 12％。**在市场化运作上**，报告数据显示，截至 2021 年底，我国提供有效数据的 399 家国家技术转移机构中，市场化运作的企业法人机构仅有 192 家，占比不足 50％。**在组织体系运作上**，美国、德国等科技强国的研发机构除在总部层面设立技术转移中心或技术转移领导小组统筹全机构科技成果转化建设外，通常还在下属单位设立技术转移办公室承接上级部署开展具体工作，形成了上下贯通、分工明确的技术转移机构组织体系。与之相比，我国科研单位普遍缺乏层次化、结构化的技术转移机构组织体系设计，通常仅设立总部科技成果转化中心，而在下属单位往往不设置专门的技术转移机构，制约了科技成果转化的效率和专业性。北京市 2021 年底由集团企业设立的国家技术转移机构名单如表 5-3 所示。

表 5-3　北京市 2021 年底由集团企业设立的国家技术转移机构名单

技术转移机构名称	所属企业集团
北京机科国创轻量化科学研究院有限公司	中国机械科学研究总院集团

❶ 数据来源：杜旭虹，曾铮. 我国技术转移服务机构发展现状及对策研究［J］. 中国科技产业，2008（05）：78-81.

续表

技术转移机构名称	所属企业集团
北京矿冶科技集团有限公司	矿冶科技集团
中材集团科技开发中心有限公司	中国中材集团
中国兵器工业新技术推广研究所	中国兵器工业集团
中国钢研科技集团公司市场部	中国钢研科技集团
中国航天系统工程有限公司	中国航天科工集团

（2）国有科研机构的市场化运作顶层设计支持不足。国有科研机构是我国科技力量的重要组成部分，也是国内技术交易市场的主要参与主体，其转化效能直接影响国家科技成果转化的整体水平。目前，我国国有科研机构的市场化运作顶层设计有待健全，集中表现在成果转化激励机制建设不成熟与成果转化过程监管不完善两大方面。

1）成果转化激励缺乏完善的政策法律基础。国家科技成果转化生态主要包括政府、技术供给机构、成果完成人、技术交易机构、技术经纪人、技术需求企业等相关方。当前，我国面向多元主体的国有科技成果转化激励机制仍不健全，主要面临三大问题。**①面向国有技术市场运营方的激励机制尚不完善**。当前，我国的各项成果转化激励政策主要聚焦于技术供给机构与成果完成人，对于技术交易市场方的重视力度不足，缺乏国家层面的政策法规对政府、国有技术交易机构、技术经纪人的激励行为进行明确规范，仅电力等个别行业出台了行业技术转移机构考核管理办法，实施范围有限，制约了国有体系内科技成果转化的整体活力。**②面向国有机构研发人员实施成果产权激励需加强立法保障**。2015 年修订的《促进科技成果转化法》在第 19 条规定，国有研发机构或高校只能在不变更职务科技成果权属的前提下与成果完成人或参加人签订协议共同转化并分享收益，在很长一段时间内对国有科研单位开展科技成果产权混合所有制变革构成较大阻碍。为此，科技部从 2020 年起开始推动试点改革，出台《赋予科研人员职务科技成果所有权或长期使用权试点实施方案》，提出选取 40 家高校和机构作为试点，探索建立赋予科研人员职务科技成果所有权或长期使用权的机制和模式。目前，试点改革已取得一批突出的实践经验，形成良好的示范效应，但试点成效尚未能促成对《促进科技成果转化法》实施修订，科技成果产权混合所有制变革仍然缺乏法律依据，制约了国有科研机构大规模实施成果产权激励。**③面向国有技术市场供给方的量化考核机制需加快形成**。我国现阶段正逐步推动将成果转化激励与考核评价绩效挂钩，2021 年出台《关于完善科技成果评价机制的指导意见》提出"把科技成果转化绩效作为核心要求，纳入高等院校、科研机构、国有企业创新能力评价"，但由于评价类别划分、指标设计、权重赋值难以确保公平性和准确性，至今仍未能形成国家统一的成果转化量化考核指标体系。

2) 成果转化路径缺乏国家政策引导。成果转化选择缺乏操作指引与模式创新是当前国有科研机构在确定成果转化方案时面临的两大突出问题。一方面，当前我国在《促进科技成果转化法》中仅提出科技成果持有者可选择采用自行实施转化、转让、许可、共同合作转化、作价投资等 5 类主要方式进行成果转化，但法案及后续国家政策均未对不同转化模式的适用条件、材料要求、实施流程、权责划分等作出明确规定，技术转移机构通常只能根据实践经验自行制定成果转化操作手册，缺乏全国统一性和规范性，极大提升了成果转化的难度和风险，导致以国有企业为代表的技术供给方"不愿转""不敢转"；另一方面，《促进科技成果转化法》规定了成果转化的模式框架，但后续政策并未根据我国技术转移市场的实际运行特点及时引导进行转化模式创新，导致相较于部分科技强国，我国国有科研机构的成果转化路径通道不足，进一步制约了转化。

(3) 成果供需对接不够畅通。科技报告管理制度不健全、缺乏成果推介渠道是当前制约我国科技成果供需对接效率和质量的关键堵点。**在科技报告管理制度建设上**，报告覆盖范围相对局限是主要问题。《促进科技成果转化法》中明确提出"国家建立、完善科技报告制度和科技成果信息系统"，但目前科技报告制度的管理对象主要是科技部组织实施的科技计划、专项以及基金项目，发改委、工信部、农业部、卫生部、交通部等其他部委的专项项目报告尚未能得到有效管理。**在成果推介渠道建设上，**一方面，政府部门当前搭建的国内成果推广渠道主要以定期举办对口洽谈会等"路演"形式为主，存在模式单一、时效性差、难以吸引优质需求企业等突出问题，降低了国内中小企业成果对接的成功率；另一方面，政府当前对于海外技术转移网络布局的重视力度不足，缺乏促进国内外技术转移机构对接、合作的具体路径规划及行动方案，对国内龙头企业的海外市场拓展支持力度有待提升。

（4）成果评估专业化水平有待进一步提升。数字技术赋能成果评价能力不强、技术转移专业人才供给能力不足是当前我国提升科技成果评估能力所面临的主要制约。其中，**在成果评价数字化能力建设上，**利用人工智能技术提升科技成果评估的效率和准确性已成为当前全球科技强国的共识，韩国等部分国家已将构建全国科技成果评价 AI 系统作为近年来的重要战略方向，相比之下，我国对数字技术的赋能作用重视力度不足，仅有北京、上海等地的少数技术转移机构在评价环节引入了人工智能技术，缺乏全国统筹的系统布局规划。**在技术转移专业人才培养上，**一方面，我国技术转移专业教育起步较晚，仅有上海交通大学、南开大学等少数高校在最近几年开设了技术转移课程和专业学位；另一方面，当前技术经纪人尚未纳入国家职业资格目录，不具备法定的职业资格身份，无法进行全国统一的人才评价和职称评定，专业人才的职业发展缺乏国家制度认证和保障。

（5）成果产品化及产业化的资源保障能力有待加强。国家知识产权局发布的《中国专利调查报告》（以下简称为"报告"）显示，2022 年我国42.5％的受访企业开展专利产业化时存在缺乏资金、设备或场地的困难，中试设施难以利用、产业融资困难、市场渠道难以开拓已成为当前我国企业推动科技成果市场化过程中面临的主要问题。政府作为我国科技成果转化体系中的"引导者"，现阶段对于企业主体实施成果产业化的资源保障力度不足，是造成企业面临上述困难的重要因素。报告数据显示，我国受访企业中，认为政策需要进一步推动仪器设备试验场地等场地共享、引导面向小微企业的风险投资行为、加强知识产权质押融资等金融服务、加大政府采购对专利产品的支持力度的比重分别达到 32.2％、22.8％、26.5％与 36.1％。2022 年中国受访企业认为促进专利产业化需重点加大政策支持力度的 10 个方面如表 5-4 所示。

表 5-4　　　2022 年中国受访企业认为促进专利产业化需重点
加大政策支持力度的 10 个方面

政策维度	占比（%）
知识产权人才培养与引进	55.1
以专利产业化为条件的减税降费政策	44.6
搭建产学研创新合作平台	39.2
加强专利成果供需对接服务	38.2
加大政府采购对专利产品的支持力度	36.1
推动仪器设备、试验场地等共享	32.2
加强知识产权质押融资等金融服务	26.5
引导面向小微企业的风险投资行为	22.8
其他	1.7

1）中试设施保障力度不足。我国主要通过支持高校将设施向企业开放，鼓励企业与相关方合作共建公共研发平台的方式促进企业开展中试活动，政策不具有实际约束力且缺乏明确的激励举措，导致全社会的资源共享动力不足，中小企业仍面临"中试难"的困局。

2）产业融资支持有限。一方面，当前我国主要通过国家科技成果转化引导基金向科技型中小微企业提供中央财政风险投资，市场逐利性较强。截至 2021 年底，国家科技成果转化引导基金下设 36 只子基金，规模总计 624 亿元，但投资高度集中于信息技术、生物制造、新材料等个别产业领域，累计投资企业不足 500 家[1]，支持力度有限；另一方面，我国部分地方近年来探索发展前沿引领性投资方式给予科技型企业成果转化支持，但普遍存在操作规范不明确等问题。例

---

[1] 截至 2020 年底。

如，对于"先投后股"模式❶，政府投资的资金定位、转股时机、转股条件、转股主体至今仍未能得到充分规范，实施存在较大风险与不确定性。

3）市场渠道保障不充分。加强政府对企业，特别是中小企业的创新产品采购扶持是科技强国的通用做法，美国、韩国等国已对政府的采购比重、采购范围、采购方式、采购周期进行了明确规范。我国近年来虽持续出台各项政策文件强调加大对科技创新产品及服务的购买力度，但尚未建立可量化的国家采购标准、实施细则以及考核机制，难以保证有效落实。

5.2　重点国家科技成果转化模式借鉴

世界科技强国普遍将科技成果转化视作经济发展与社会进步的重要驱动力，通过推动科技成果转化体制机制持续优化完善，为各类创新主体营造有利于科技成果转化的良好环境，促进成果转化效能提升。其中，韩国、美国、以色列三国的科技成果转化制度体系建设具有鲜明特点，分别形成了"企业主体、面向市场、政府主导推动""多元主体并重、市场导向、政府约束""高校与高科技初创企业为主体、完全市场导向、政府配合"的三类代表性模式，具备典型参考意义。韩国、美国、以色列科技成果转化顶层设计对比如表5-5所示。

表 5-5　　　韩国、美国、以色列科技成果转化顶层设计对比

	韩国	美国	以色列
制度体系设计原则	**自上而下：政府围绕中心法指导成果转化体系建设**，通过出台阶段性实施计划具体推进、调整转化工作	**自上而下：**根据研发经费来源模式确立成果转化制度框架，**政府通过平行立法对各类转化机制进行专门规范**	自下而上：不设专门法律进行规范约束，科研机构在研发法的基本原则下充分自由运作，**政府科技管理部门通过政策配套为科研主体提供保障服务**

---

❶　"先投后股"是一种创新型财政支持模式，政府在其中定位为企业"合伙人"，先期以科技项目形式向科技型企业投入财政资助资金，在被投企业实现市场化股权融资时或发展良好后，将投入的财政资金转换为股权，并按照"适当收益"原则逐步退出，目前已在上海、陕西、重庆等地得到应用。

续表

	韩国	美国	以色列
重点支持的研发对象	高校、企业	国家实验室、高校、企业	研究型高校、初创企业
技术转移机构体系	"国家—区域—科研单位"的三级技术转移机构组织体系，上级转移机构对下级机构具有较强的指导约束性	"国家—行业协会—科研单位—分支机构"的四级技术转移机构组织体系，各级技术转移机构保持相对独立，上级对下级的指导性不强	"协会/联盟—科研机构"的两级技术转移机构组织体系，各级技术转移机构充分独立运作
制度体系角色定位	企业主体，面向市场，政府主导推动	多元主体并重，市场导向，政府约束	高校与高科技初创企业为主体，完全市场导向，政府配合

5.2.1 韩国：围绕中心法基础框架，政府主导推进制度改革

韩国自建国起长期采用模仿吸收的科技战略方针，技术多以国外引进为主。进入 20 世纪 90 年代后，其自主创新能力不足、国产技术难以转化为生产力等短板问题逐步暴露，技术储备难以适应国家产业升级需要。为此，韩国在进入 21 世纪后开始重视提升自主创新能力，将科技成果转化能力建设作为国家自主创新体系构建的重要一环，于 2000 年颁布《技术转移促进法》[1] 作为国家科技成果转化建设的中心法，指导政府通过出台阶段性实施计划，系统推进国家科技成果转化体系改革。

（1）构建以中心法为指导纲领，政府分步主导推进的国家科技成果转化体系。韩国的科技成果制度体系遵循"自上而下"的设计逻辑，政府以《技术转移促进法》作为建设科技成果转化体系的指导纲领，通过持续出台《技术转移与产业化促进计划》逐步推进具体改革工作，具有强烈的行政主导色彩。其中，《技术转移与产业化促进计划》包含四大内容，原则上确立了成果产权、成果转化归属权、成果转化收益分配、成果转化流程建设等核心要

---

[1] 《技术转移促进法》历经多次修订，于 2006 年修订后更名为《促进技术转移及商业化法》。

点的改革导向；《技术转移与产业化促进计划》（以下简称为"计划"）是政府在中心法框架下，结合上一周期国家成果转化建设进展，以及未来阶段的国内外形势预期，出台的国家总体行动方案，内容包含下一改革阶段的政策方针、发展目标、关键举措以及任务分配，重点举措规划总量一般在 20～30 条左右，通常以 3 年为一个规划周期，目前连续出台 7 期❶。

（2）建立定位明确、职能清晰的技术转移组织体系。韩国自第一期计划起便明确要建立国家技术转移中心，并在之后的促进计划中不断丰富完善科技成果转化组织体系的内涵和形态，目前已形成稳定的"国家－区域－科研单位"三级组织架构，其建设实践具有三大亮点。

1）注重通过机构简并提升体系运作效率。韩国在 2009 年之前，国家层面的技术转移机构有韩国技术交易中心（KTTC）、韩国产业技术评价院（IETP）等，区域层面的技术转移机构有区域技术转移中心（RTTC）与区域公共技术转让联盟两类，均存在功能定位重叠、管理界限不清、运行效率低下等突出问题，为此，第二期计划推动区域技术转移机构进行合并，组建新的区域科技园区（TP），统筹推进区域内科技成果转化事务；第三期计划推动韩国技术交易所（KTTC）、韩国产业技术评估院（IETP）等 7 家国家科技管理机构进行合并，组建新的韩国产业技术振兴院（KIAT）作为国家技术转移中心，并由韩国产业技术振兴院负责运营韩国国家技术银行（NTB）❷。

2）重视完善各级技术转移机构的功能定位。在国家层面，韩国技术银行（NTB）是韩国唯一的全国性技术交易市场，独特的技术收集与成果推介模式是其成功的关键。技术收集上，NTB 除支持用户自主注册、登记科技成果信息外，还依托国家技术商业化信息网络与科技成果披露机制，实现与韩国各级国有科研院所、技术转移机构、区域技术交易平台的信息互联，能够智能汇集全国各行业的技术成果信息；成果推介上，NTB 除举办热点

---

❶ 截至 2022 年 12 月。
❷ NTB 是原有 KTTC 的替代机构，实际行使韩国国家技术交易所职能。

专题推介会、定期向技术交易活跃的企业进行成果推送外，还积极围绕用户需求提供技术供需匹配，引导具有潜在交易可能的技术供应商根据用户需要进行成果改进。在地方层面，地区科技园（TP）是韩国的区域性技术交易中心，承担区域内成果供需对接、商业孵化与技术交易等功能。以庆尚北道科技园为例，作为韩国庆尚北道地区唯一的区域性技术交易机构，下设"企业支持部"具体推进地方科技成果转化工作，主要负责围绕地方优势特色产业，发掘有商业潜力的初创企业、提供数据驱动的初创企业孵化服务、搭建区域科技成果数据库和技术交易平台，以及组织区域科技成果的对外推介。韩国地区科技园典型功能结构如图 5-5 所示。

图 5-5　韩国地区科技园典型功能结构

3）强调通过上级牵引提升下级机构的运作积极性。韩国的技术转移机构除具有基础的科技服务功能外，还带有一定行政管理属性，可通过制定政策等方式对下级机构的成果转化工作进行引导。例如，韩国产业技术振兴院通过参与制定《技术转移与产业化促进计划》、组织对下级技术转移机构进行考核等方式，监督区域技术交易机构的运行情况，促进其运营绩效提升。

（3）建立覆盖广泛的成果转化激励约束机制。当前全球各国的激励关注重点主要集中在研发机构及成果完成人两类对象上，对于其他相关方的重视力度存在不足。为此，韩国政府重视建立包含多元利益相关方的转化激励约束机制，激发全社会成果转化活力。其中，**对于政府**，将科技转化支出情况纳入政府考核体系，如第三期计划设定了政府年度科技成果转化支出占研发总投入比重不低于 3% 的底线要求。**对于研发机构**，除给予技术交易税收减免外，还在第五期计划提出通过发放"技术中介服务消费券"的方式，激励中小型技术供给企业寻求专业机构实施成果转化。**对于技术中介机构**，第二期计划引入了技术评估机构竞争机制，对优秀技术评估机构给予市场推广和额外税收返还；第五期计划明确韩国将参考海外商业机构经验，建立涵盖交易规模、交易类型、交易贡献度等评价维度的国家《技术中介佣金准则》，保障技术中介机构的收益。**对于技术经纪人**，韩国从第六期计划开始推动提出构建全国统一、规范的技术经纪人交易激励标准。

（4）打造互联互通的成果发现渠道网络。韩国政府通过分别建立面向成果披露与成果推介的优化策略，最大限度提升成果发现的实施效率。**成果披露上，主要采取了信息系统融合、管理制度优化等策略**。其中，信息系统融合突出体现为第二期计划实现了政府资助项目专利成果管理系统与韩国技术交易所信息库的数据对接，通过该联动机制，政府资助项目的专利信息能够以标准化格式定期上传技术交易所系统；第三期计划将技术评估信息流通系统（Firstep）整合进国家技术银行（NTB），以实现对全国技术交易机构成果信息的整合。管理制度优化表现为第五期计划首次明确了政府资助项目信息必须强制性上传国家技术银行（NTB）。**成果推介上，主要采取了创新集群搭建、海外合作、线上拓展等策略**。创新集群搭建上，韩国从第二期计划起开始通过构建包含区域科技园、高校、金融机构、企业的创新生态系统（RIS），提升科技成果推介的频率及质量。海外合作上，韩国从第三期计划起，加快了海外技术转移据点的布局，通过与欧盟 EEN 等知名国外技术交易机构、平台建立协同合作机制，共用渠道资源进行宣传推广。线上拓展上，韩国政府近年来顺应社会数字化变革，通过建立移动端 NTB App 等方式扩大需求端的受众范围。

（5）构建全方位的科技成果评估工作体系。韩国政府意识到科技成果评估的实施效率、质量对技术转移的促进作用，长期将建立市场导向的评价策略、构建差异化评价模型、提升评估实施效率、提升技术交易从业人员专业性作为科技成果评估体系建设的工作重心。**在建立市场导向的评价策略上**，韩国通过前期建设，已基本形成互联互通的全国技术交易信息网络，具备大规模利用市场法进行成果评估的现实基础，因此韩国政府从第五期计划起开始推动通用技术评估方法改革，将原有采用的收益法评价模型调整为"收益法＋市场法"相结合的评价模型。**在构建差异化评价模型上**，韩国从第三期计划起开始持续开发、完善适用于 ICT、生物医药等尖端技术领域的专门技术评估模型。**在提升评估实施效率**上，韩国政府极其重视发挥数字技术的赋能作用，依托全国技术交易网络，从第七期计划起大力推动建设全国 AI 技术评估系统。**在提升技术交易从业人员专业性上，韩国政府一是强调发挥国内大学的教育平台功能**，从第二期计划起要求大学开设技术评估课程并设立相关专业学位；**二是重视吸收借鉴海外先进经验**，从第三期计划开始加快推动国内高校与国外知名教育机构合作开设技术转化课程，学习借鉴挪威BUNT 等先进技术商业化人才培养模式；**三是重视构建职业上升通道**，在第二期计划中建立了技术评价国家职业资格体系。

（6）加强成果转化模式创新。韩国政府在传统的自主投资转化、技术许可、技术转让等模式外，还开发或引入了"技术产权资产证券化""技术购买改良转让""技术共享""专利信托""先用后付""专利组合交易""假马竞标"和"产学研共同法人"等新型成果转化商业模式，极大丰富了供需双方的转化路径选择，提升了成果转化的市场活力。例如，"技术购买改良转让"模式在第二期计划中被正式提出，指技术交易机构可通过优先购买技术成熟度较低的科技成果，在政府资金资助下进行追加开发，形成较成熟产品后向需求企业出售。"技术共享"模式在第五期计划中被提出，韩国大企业可通过该模式，在 NTB 中向国内中小企业无偿转让休眠专利，并建立业务合作。如三星集团从 2015 年起开始参与该模式，截至 2022 年底，已无偿转让了 959 项专利技术，与 502 家韩国企业韩国中小企业建立了合作关系。"专利组合交易"在第六期计划中被提出，产、学、研机构间可借助该机制进行以提升价值为目的的专利组合，并进行捆绑交易。

（7）产业资源统筹配置。中试资源、产业融资、市场渠道是企业推动原型成果市场化过程中面临的三大突出问题，也是韩国政府一直以来成果产业化制度改革的重心。**在中试资源方面**，韩国政府不断推动高校与企业的协同共享，如第七期计划提出要推动高校将闲置的研发设施资源向企业进行开放，支援企业成果熟化工作。**在产业融资方面**，韩国政府强调通过"自主投资＋牵引投资"方式，引导资本支持技术转化。如在第六期计划中，按企业竞争力，划分了保障型政府投资基金及优先型政府投资资金两大类模式，每类下设若干子基金，分别用于给予普通中小企业以及领军型初创企业资金支持；在三期计划中，明确提出通过牵头成立并举办技术金融论坛（Tech - Biz Plaza）、国际技术转移峰会等，吸引社会金融资本对接优秀初创企业。**在市场渠道方面**，韩国重视通过制定硬性规定，强化政府对企业新技术产品的采购保障。如第二期计划扩大了政府新技术义务采购的规模范围，并设立了政府最低采购额度；第五期计划建立了优秀商业创意产品认证制度 GBP（Good Business - Idea Product），对经认证的成果产品予以政府采购优惠及市场拓展支持。韩国政府"自主投资"企业科技成果产业化的主要策略如表 5 - 6 所示。

表 5 - 6　韩国政府"自主投资"企业科技成果产业化的主要策略

政府产投基金划分依据	政府产投基金类型
企业的成长阶段	初创期：企业成长支持型基金
	成熟期：产业支持型基金
企业的竞争力	普通中小企业：保障型政府投资基金
	领军中小企业：优先型政府投资资金
企业的成果转化模式	成立衍生企业：Spin - off 专项支持基金
	产学研合作转化：产学研转化联合专项基金

韩国科技成果转化模式特点如表 5 - 7 所示。

表5-7　韩国科技成果转化模式特点

	第一期促进计划 (2000—2004)	第二期促进计划 (2005—2008)	第三期促进计划 (2009—2011)	第四期促进计划 (2012—2014)	第五期促进计划 (2015—2016)	第六期促进计划 (2017—2019)	第七期促进计划 (2020—2022)
纲领性指导法案			《促进技术转移及商业化法》				
阶段性改革方针	1. 强化技术转移机构建设； 2. 推动研发项目初期商业化评估； 3. 构建技术评价体系； 4. 推动国立科研机构研究成果市场化转移		1. 加强国家技术资源的发掘和管理； 2. 扩大技术金融供给及系统，构建全周期技术转移、商业化支持系统； 3. 支持进军全球市场； 4. 扩充技术转移、商业化基础	1. 加强技术与市场的联系；提高技术转移中介机构能力； 2. 促进融合和开放式创新； 3. 加快建设技术转移市场机制	1. 技术交易市场顺畅运行； 2. 增强成果推介能力； 3. 加强商业化技术供给； 4. 为初创企业创造成长条件	1. 推动成果转化由政府主导转变市场主导转变； 2. 促进技术交易研发体系(Buy R&D)发展	1. 将成果商业化前置至研发规划阶段； 2. 加强成果供需对接； 3. 扩大对成果产品化及产业化的支持
成果转化组织体系	设立韩国技术交易中心（KTTC），确立"韩国技术交易所（KTTC）—区域技术交易中心（RTTC）—科研机构技术转移办公室（TLO）"	整合国家科技机构，将部分技术转移相关职能划入KTTC，提升组织体系运营效率	将原有KTTC等七家国家科技服务机构整合为韩国产业技术振兴院，下设韩国技术银行NTB，实际使国家技术交易运营平台的定位	建立提供"事业企划—技术管理—事业投资"全周期的技术商业化综合营运公司		推进跨部门合同的成果转化支援协同，建立"接力合作"服务机制	持续推进跨部门的成果转化"接力合作"机制

续表

	第一期促进计划 (2000—2004)	第二期促进计划 (2005—2008)	第三期促进计划 (2009—2011)	第四期促进计划 (2012—2014)	第五期促进计划 (2015—2016)	第六期促进计划 (2017—2019)	第七期促进计划 (2020—2022)
成果转化组织体系	推进体系组织体系的韩国技术转移	将区域公共技术转让联盟及区域技术转移中心合并为区域科技园区（Technology Park），推进区域性的技术转移工作	完善"KAIT-TP-TLO"的三级国家技术转移推进体系，进一步明确各级技术转移机构的功能定位	建立提供"事业企划-技术投资"全周期综合业务的技术商业化综合运营公司		推动区域内大学企业 TLO 联合体，加强高校同技术商业化合作	
成果转化激励约束		技术转移机构："引进"技术竞争机制"，对优秀技术评估机构给予推广和税收返还	政府：设定政府年度科技成果转化推进支出占研发总投入比重不低于 3% 的底线要求	成果完成人：提高成果职务科技成果转化收益分配占比，并给予完成人后续科研项目申报优先支持	技术转移机构：参考海外商业机构经验建立规模、交易类型、交易额等评价维度的《技术中介准则》，保障技术中介机构的收益	研发机构：提高企业技术交易收入的税收优惠力度	

续表

	第一期促进计划（2000—2004）	第二期促进计划（2005—2008）	第三期促进计划（2009—2011）	第四期促进计划（2012—2014）	第五期促进计划（2015—2016）	第六期促进计划（2017—2019）	第七期促进计划（2020—2022）
成果转化激励约束		技术转移机构：引进"技术评估机构竞争机制"，对优秀技术评估机构给予推广和税收返还	成果完成人：恢复技术转让所得税额减免制度并延长优惠时长	技术转移机构：将专业人才培养及激励情况纳入TLO经营评价体系，政府根据经营考核评价结果划分TLO等级并进行差异化的经费扶持，促进TLO的市场化方向运营	研发机构：通过向国内中小企业发放"技术中介服务消费券"，引导企业借助专业资源进行成果转化 研发机构：将国内的公立研究机构按照研究性质不同划分为未来颠覆性基础研究型、研究型教育型、研究型商业化四类，建立差异化评价指标体系，考核结果异化分档，政府予以差异化的税收优惠	技术交易经纪人：建立统一、规范的技术交易中介机构收费标准及技术经纪人交易激励标准	

续表

成果发现改革	第一期促进计划 (2000—2004)	第二期促进计划 (2005—2008)	第三期促进计划 (2009—2011)	第四期促进计划 (2012—2014)	第五期促进计划 (2015—2016)	第六期促进计划 (2017—2019)	第七期促进计划 (2020—2022)
	建立国家技术交易信息数据网，提升成果发现效率	建立政府资助项目专利成果管理系统，并搭建与 KTTC 的联动机制，政府资助项目结项时均需在系统内登记专利成果信息，由系统筛选出长期未实施转化的成果后，KTTC 进行集体成果推介	加快与欧盟的 EEN 等海外技术交易机构/平台建立协同共享机制，建立全球技术转移网络扩展国内成果的海外推介渠道	扩大全球技术交易网络	加快政府资助项目成果强制性上传 NTB 数据库，改善 NTB 成果信息展示形式，建立移动端 NTB App，NTB 成果数据库向民间技术交易机构开放共享	推动 NTB 成为需求导向的成果交易对需求挖掘、成果推介等功能进行优化	推动成果供需对接前置至研发立项阶段
		推动区域科技园与区域内的大学、高校、金融机构、企业共建区域创新生态系统（RIS），提升科技成果供需对接的频率、效率及质量	将技术评估信息流通系统（Firstep）整合进国家技术银行（NTB），构建互联互通的国家科技综合信息网（Tech‑Biz Network）提高对接效率		推动 NTB 基于精准评估能力、筛选、构建高价值技术池（technology pool），进行产业化高价值技术重点推介	在新兴市场国家建立技术出口海外据点，通过与当地共建国家技术分享技术平台，共享技术并需求对外推介本国科技成果	运用国家经贸框架，支持国内企业与产业链循环节互补的国外企业开展成果供需对接

续表

成果评估改革	第一期促进计划（2000—2004）	第二期促进计划（2005—2008）	第三期促进计划（2009—2011）	第四期促进计划（2012—2014）	第五期促进计划（2015—2016）	第六期促进计划（2017—2019）	第七期促进计划（2020—2022）
	引入技术交易公司制度，允许民间技术评价机构提供技术中介服务	由五大国立科技服务机构共同制定技术评价国家规范标准，并推广至高校TLO、科技园等民间技术转移机构使用。 搭建"技术评价信息流通系统"，整合全国技术评价机构的评估信息资源，提升成果评估效率。 推动大学开设技术评估课程并设立相关专业学位；建立国家技术评价职业资格体系	开发适用于ICT、生物医药等尖端技术领域的专门技术评估模型，并不断提升专门技术评估模型的可靠性。 通过推动与国外知名教育机构合作开设技术转化课程、学习借鉴挪威BUNT技术商业化人才培养模式等方式，提升国内技术经纪人才培养专业性	建立以培养技术商业化专业人员为目标的"Edu-Biz平台"，推动KLAT为技术商业化人才教育提供间接支持。 推动NZB构建技术评估案例信息库，同时建立技术评估质量审查制度	由KIAT主导对通用技术评估模型进行优化，将原有采用的收益法评价模型调整为"收益法+市场法"相结合的评价模型。 重视金融系统在成果评价中的重要作用，允许部分金融机构参与技术评价过程	推动与部分国家建立科技成果评估互认机制	整合国内技术交易机构的评估数据，建立全国AI技术评估系统。 加快建设技术经纪人管理体系

续表

成果转化改革	第一期促进计划 (2000—2004)	第二期促进计划 (2005—2008)	第三期促进计划 (2009—2011)	第四期促进计划 (2012—2014)	第五期促进计划 (2015—2016)	第六期促进计划 (2017—2019)	第七期促进计划 (2020—2022)
		将"成果作价投资"模式纳入国家成果转化体系，并通过立法对实施依据、适用情形、流程进行明确规范	支持高校、国立科研机构通过成立衍生企业的方式进行科技成果转化	建立产业知识产权运用中心，通过专利信托模式、系统管理、保护，利用中小企业专利资源	推动成果交易支付模式改革，对于技术成熟度低、产业化周期长的成果交易，大力引导将原先的一次性全额支付模式变为"先用后付""分期付费"等模式		技术交易引入"假马竞标"制度
					建立"技术共享"机制，推动大企业以无偿转让方式向中小企业进行专利移转	支持产、学、研开展专利组合交易	
		探索以"技术产权资产证券化"模式实施成果转化	进一步完善"技术产权化"成果转化模式		推动高校同及科研院所间的优势成果组合捆绑，以共同出资成立衍生企业的方式进行成果转化		放宽对产学研共同法人转化模式的适用产业限制
		建立"技术购买转让"转化机制，由技术交易机构购买较低技术成熟度的科技成果，在政府资金资助下进行追加开发，形成较成熟产品后以较低价格向企业出售					

续表

	第一期促进计划（2000—2004）	第二期促进计划（2005—2008）	第三期促进计划（2009—2011）	第四期促进计划（2012—2014）	第五期促进计划（2015—2016）	第六期促进计划（2017—2019）	第七期促进计划（2020—2022）
成果产品化、产业化改革		技术熟化：完善成果产品化阶段的政府孵化模式，将资助对象由机构法人调整为成人，并建立分阶段考核淘汰机制	资金：成立国家产业投资基金，并根据技术和企业成长阶段，系统设计"专利技术商业化基金""技术产业化启动基金""企业增长动力基金"等子基金	资金：设立用于支持以成立衍生企业方式进行科技成果转化的专项基金	资金：新设"产业技术振兴基金与产业化促进基金"，重点支持中小企业产业化成果产业化	技术熟化：政府与高校、民间技术中介机构共建企业产业化促进网络，为引进专利技术的企业提供技术改进及商业策略指导	技术熟化：推动大学将闲置的研发设施资源向企业开放共享，支援企业成果熟化工作
		资金：建立完善知识产权质押融资机制，进一步扩大融资规模；引入"科技保险"机制，支持中小企业成果产业化融资	资金：政府牵头成立并举办技术金融论坛（Tech-Biz Plaza）、国际技术转移峰会等，吸引金融资本参与	市场渠道：建立面向技术创新型产品的政府采购标准	资金：划分产业支持型基金和企业成长支持型基金两类政府风投类型，并分别明确投资策略		资金：四部门联合设立产业投资基金，重点支持产学研合作控股公司及大学创业公司

续表

	第一期促进计划（2000—2004）	第二期促进计划（2005—2008）	第三期促进计划（2009—2011）	第四期促进计划（2012—2014）	第五期促进计划（2015—2016）	第六期促进计划（2017—2019）	第七期促进计划（2020—2022）
成果产品化、产业化改革		资金：设立 New Start 风险投资基金，根据技术评估结果，对创业 3～5 年的初创企业进行股权、债券投资 资金：建立政府风投资监控及评价机制，实时跟进风投进展 市场渠道：加大政府对新技术产品的采购支持力度，扩大采购的规模范围，并从立法层面明确政府的最低采购额度	资金：在海外组建全球投资咨询团，宣传吸引海外投资机构参与政府"新增长动力投资基金"计划	资金：建立产投基金与国家技术交易网络的联动机制，由产业技术振兴院搭建"新产业技术金融信息中心"，为产投基金提供高商业潜力的技术投资标的	市场渠道：建立高商业创意产品认证制度 GBP（Good Business - Idea Product）对通过认证的成果产品予以政府采购优惠及市场拓展支持	资金：建立保障型政府投资基金及优先型政府投资资金，适用不同性质的项目成果产业化 资金：加大对产学研共同法人转化模式的政府支持力度，对高商业潜力高的共同法人进行 1：1 配套投资	资金：试点"民间资本先行验证，政府后续跟进"的成果产业化投资机制 市场渠道：政府加大对新技术产品的采购扶持力度

181

5.2.2 美国：匹配研发投入体系，政府通过平行立法实施约束

美国政府为破除科技成果转化的体制机制障碍，促进国家科技成果转化效率提升，巩固其全球竞争力，自 20 世纪 80 年代起重视发挥政府在成果转化中的宏观调控作用，以建立适配研发经费管理模式的科技成果转化体系作为改革方向，逐步补全完善国家法律法规，形成了多种机制路径并行的成果转化制度体系。

美国科技创新体系中，资本、科技、产业三者联系紧密，在政策立法监管下，资本市场以市场化运作方式持续促进产学研融合，加快培育创新创业企业，畅通高水平科技成果向产业需求端转移。美国科技成果转化模式特点如表 5-8 所示。

表 5-8　　　　　　美国科技成果转化模式特点

	政府非竞争性资助项目成果转化	政府竞争性资助项目成果转化	商业性研发项目成果转化
适用法律	《美国法典第 15 卷—商业贸易》	《美国法典第 35 卷—专利》	《美国法典第 15 卷—商业贸易》《美国法典第 35 卷—专利》
适用的研发对象	官办官营实验室（GO-GO）、官办第三方实验室（GOCO）	官办第三方实验室（GOCO）、企业（主要为小企业）、非盈利机构	主要以企业、高校为主
成果产权归属方	政府资助部门	研发机构可选择保留成果产权	研发机构可与研发合作伙伴共同协定
成果转化权归属方	研发机构		研发机构可与研发合作伙伴共同协定
成果转化组织体系	"国家—行业协会—科研单位—分支机构"的四级技术转移机构体系		
成果转化激励约束	研发机构：成果成功转化 2 年内，转化收益由研发机构收取，并可保留少量比例	研发机构：转化收益由研发机构收取，并可保留较大比例	研发机构：科研机构可与研发合作伙伴共同协定

续表

	政府非竞争性资助项目成果转化	政府竞争性资助项目成果转化	商业性研发项目成果转化
成果转化激励约束	成果完成人：转化收益分红（强制要求，分红比例受法律约束）、一次性现金激励（年度研发经费超过一定规模的 GOGO 实验室可获准制定额外的现金激励计划）	成果完成人：转化收益分红（强制要求，分红比例由成果完成人、团队与研发机构共同约定）	成果完成人：科研机构可与成果完成人共同协定
成果发现模式	各级技术转移机构分别搭建成果信息供需对接渠道，组织成果推介		
成果评估模式	政府资助部门发布成果评估指南，研发机构委托第三方或利用自身技术转移机构进行定价		通常由研发机构的技术转移机构自行实施
成果转化模式	技术许可：允许以排他性许可方式向产业界转化，但必须保证政府拥有无条件实施权	技术许可：通常情况下唯一被允许的成果转化方式，且必须保证政府无条件实施权、美国产业排他许可优先权、小企业许可优先权	技术许可
	技术转让：必须保证政府拥有无条件实施权		技术转让
	合作转化：联邦实验室可通过 CRADA 等政策协议工具与产业界共同实施转化		合作转化
			成立衍生企业
			自行投资转化等
成果产品化、产业化政策导向	产业层面：十分重视前沿产业，通过出台《芯片和科学法案》、先进技术计划（ATP）等政策法案对相关产业的成果产业化予以支持		
	研发主体层面：十分重视小企业，基于法案要求制定 SBIR 与 STTR 项目，每年对承接特定政府资助项目的小企业提供技术熟化、商业策略培训、融资支持、采购保障等维度的成果产业化服务		

（1）构建平行立法约束，研发主体市场化运作的国家科技成果转化体系。为了提升国家创新体系的运行效率及政府监管的连贯性，美国的科技成果转化制度框架与研发投入模式[1]具有显著的对应关系，形成了政府非竞争

---

[1] 美国的研发经费投入按资金来源形式的不同，可分为商业性研发投资和政府资助性研发投资两大类。其中，政府资助类投资是由联邦政府根据政府预算向国防部、能源部等职能部门直接下拨后，职能部门再以非竞争性分配或竞争性分配两类方式向科研单位进行二次分配。

性资助项目❶、政府竞争性资助项目与商业化研发项目三类成果转化路径并行建设的局面。其中，政府非竞争性自主项目主要面向保密要求高、具备研发能力的机构数量有限、技术受众范围狭窄或技术路线成熟的项目类型。政府竞争性自主项目主要面向具备广阔市场空间、潜在研发机构众多、技术路线不明确的前沿交叉学科技术。根据不同类型研发项目的性质和实际需求，美国政府采取了不同策略分别推进相应的转化路径建设。其中，对于商业类研发项目的成果转化，美国政府坚持完全市场导向原则，主张由市场进行调节，极少进行干预和约束；对于政府资助类项目的成果转化，美国政府在坚持市场导向的基础上，还强调发挥政府引导功能，长期通过专项立法的形式，对非竞争性、竞争性项目模式路径下的成果产权归属、成果实施权归属、激励模式、成果发现模式、成果转化模式等内容进行分别约束。例如，1980 年出台的《拜杜法案》主要是用于明确政府竞争性资助项目的成果产权归属；2000 年出台的《技术转移商业化法》重点对政府非竞争性资助项目的转化模式进行了扩展。

（2）完善国有科研机构成果转化顶层设计。联邦实验室、高校等国有科研机构是美国科技体系中的重要研发主体，为提升国有机构的成果转化运作效率，降低国有资产流失风险，美国政府持续强化制度建设，对技术转移组织形式、成果转化收益分配机制、产学研合作转化模式等关键内容实施立法规范。

1）建立多层次的联邦技术转移组织体系。为提升国家科技成果转化体系的运作效率和专业性，促进政府资助类研发成果向产业界转移，美国政府从 20 世纪 80 年代起就极为重视成果转化组织体系的搭建，于 1980 年出台的《史蒂文斯－怀特技术创新法》中首次规定国家实验室必须设立专门的技术转移机构以承担研发成果的技术转移工作，并由此逐步建立了"国家－协

---

❶ 非竞争性分配指联邦相关职能部门将研发经费按预算管理的方式直接拨付给所辖的联邦实验室；竞争性分配指联邦相关职能部门制定并公布研究项目指南，大学、非营利性组织、企业以及联邦实验室等符合条件的组织提出项目资助申请，竞争评估后签订科研合同。

会联盟－科研机构－分支机构"的四级技术转化机构体系。其中，国家技术转化中心（NTTC）、美国联邦实验室技术转移联盟（FLC）、研究和技术应用办公室（ORTA）分别为美国在国家层面、协会联盟层面及机构层面的典型代表模式，各级技术转移机构间相对独立运作，负责统筹组织、实施业务管辖领域内科技成果的"发现－评估－转化－产品化－产业化"的全流程工作。

2）立法规范国有机构成果转化的收益分配机制。收益分配一直以来都是科技成果转化激励改革中的核心问题，美国政府重视通过立法方式明确不同类型政府资助类项目的成果转化收益分配规则，为联邦实验室承接政府研发项目提供法律保障。其中，**对于政府非竞争性资助项目**，《美国法典第 15 卷－商业贸易》❶ 规定，在成果成功转化后的两年内，成果产权归政府资助部门所有，但转化收益由联邦实验室收取，扣除向成果完成人支付的项目收益分红后，若成果转化收益超过联邦实验室当年预算的 5%，超额部分的 75% 需上缴国家财政部，其余 25% 可由实验室保留并主要用于研发用途。**对于政府竞争性资助项目**，《美国法典第 15 卷－专利》规定，科研单位可向政府资助部门申请保留成果产权，科研单位为官办第三方国家实验室（GO-CO）时，转化收益在扣除必要成本和支付给成果完成人的收益分红后，若剩余收益不超过该机构年度预算的 5%，则可全额保留此部分收益用于该机构的科研和教育；若剩余收益超过该机构年度预算的 5%，则超额的 15% 需上交美国财政部，剩下部分可继续保留用于科研、教育等用途。

3）创新政策工具为国有机构产学研合作转化提供制度支持。美国政府通过平行立法，对政府非竞争性、竞争性资助项目的转化模式进行了约束限定，确保国有科研机构成果转化活动的规范性。其中，**对于政府竞争性资助项目**，通常仅可采用技术许可方式进行转化，除必须保证联邦政府拥有无条件的实施权外，还要求转化对象必须体现美国产业优先及中小企业优先的原

---

❶ 美国法典是指美国众议院对生效的公法、一般法以及永久性法律的正式汇编。每六年进行一次大幅修订，每年进行一次小补编，收录当年国会通过的法律。

则；**对于政府非竞争性资助项目**，除可利用技术许可及技术转让两类方式进行转化外，政府还通过颁布太空法案协议（SAA）、合作研究与开发协议（CRADA）等各类政策工具各类政策协议为国有科研机构的合作转化提供便利。例如，1991 年美国国立卫生研究院（NIH）与百时美施贵宝公司（BMS）签署了共同转化抗癌药物紫杉醇的 CRADA 框架协议，BMS 向 NIH 支付了 1600 万美元用以支持 NIH 成果的后续临床试验及改进研究，并在 1993 年成果达到市场准入要求后向 NIH 额外支付 3500 万美元以获取排他性技术许可。SAA 协议机制与 CRADA 协议机制对比如表 5 - 9 所示。

表 5 - 9　　　　　SAA 协议机制与 CRADA 协议机制对比 ❶

	太空法案协议机制（SAA）	合作研发协议机制（CRADA）
目的	推动政府资助类科研项目研发及职务科技成果转化	
法律出处	1958 年颁布的《美国国家航空暨太空法案》	1986 年颁布的《联邦技术转让法》
授权发起方	仅 NASA 可发起	美国所有联邦实验室，可以单独发起，也可由多个联邦实验室共同发起
授权合作方	任何实体（产业企业、高校、联邦实验室）	
是否需要进行竞争性招标	部分情况	不需要
是否允许 NASA 投入资金	允许	不允许
显著优势	合作方式灵活，且可在确保职务科技成果转化的前提下，基于可补偿协议形式（Reimbursable Agreements），根据合作方需求额外实施非职务科技成果转化，收益水平较高	能够对还未申请专利的技术成果实施转化
显著缺点	实施流程受到政策条例和标准的严格约束	NASA 无法注资，成果转化收益水平偏低
NASA 应用频率	高	较少

（3）加强科技中介市场培育。技术转移人才数量匮乏、专业能力不足一

---

❶　资料来源于 NASA 官网。

直是制约科技中介服务能力的关键因素，美国政府近年来将培育技术转移专业人才作为提升国家创新竞争力的重要支撑，制定专门法律进行推动。例如，2022 年出台的《美国创新与竞争法案》重点关注创业转化人才培养，除提出要建立以商业素养、知识产权能力培训为侧重的技术转移人才培养观念外，还明确要求美国国家科学基金会为全美排名 100 名以后的高校、科研机构提供能力建设资金，支持其开设创业、专利、商业评估等技术转移课程以及在机构内部推行企业导师制度。

(4) 立法保障尖端产业及小企业开展成果产业化。尖端产业与小企业分别具有产业化投资高风险大、资源基础薄弱的特点，一直以来都是美国在成果产品化、产业化阶段重点扶持的对象。

1）强化尖端产业的产业化支持。美国通过出台《芯片技术法案》《综合贸易与竞争力法》等法案，为前沿技术领域的政府资助类研发项目及商业类研发项目提供资金支持和税收优惠。

2）加大对科技型小企业的产业化扶持力度。美国政府主要通过完善风险投资市场运作环境，以及实施专项促进计划，为小企业开展成果转化提供资源支持。**在完善风险投资市场运作环境上，**美国通过构筑覆盖科技型企业全生命周期的资本运作体系，在技术要素与资本要素间形成了相互促进的良性循环，赋能科技成果产业化。一方面，持续健全政策法律体系，引导风险投资行业规范发展。例如，美国政府通过在《国内收入法》中规定"对于投资期限满 3、5 年的投资项目，投资收益人最高可分别获得 15％、20％税收优惠"，激励风险投资机构开展长线投资。另一方面，不断推动交易所机制改革，为科技型企业提供融资便利。例如，美国政府以科技型企业上市实行注册制为背景，在 2012 年颁布《JOBS 法案》，简化和降低了科技型成长企业上市的财务要求和信息披露标准；此外，考虑到战略性新兴行业企业的敏捷融资需要，美国证券交易所近年来更是进一步推出了直接上市制度（Direct Listing），相较于传统上市制度具有无承销商、无股票禁售期等优越性。**在实施专项促进计划上，**美国政府依据《小企业创新发展法案》及《加强小企业技术转移法》，分别设立了小企业创新研究计划（SBIR）及小企业技术转移计划（STTR），为参与政府资助类研发项目的小企业提供技术熟化、商业策略培训、资金补助、融资支持、采购保障等服务。例如，在融资支持方面，美国政府专门设立联邦小企业管理署（SBA）管理 SBIR/STTR 项目，并通过提供知识产权质押融资评估和咨询等方式，提升小企业对接金融机构的成功率；在采购保障方面，SBIR 计划规定政府有义务为受计划资助的小企业预留采购合同份额，并允许小企业在成果验收后十年内可通过特别合同方式进入政府采购市场，而无需开展竞争性投标。美国资本运作体系在科技型企业全生命周期的功能作用如图 5-6 所示。

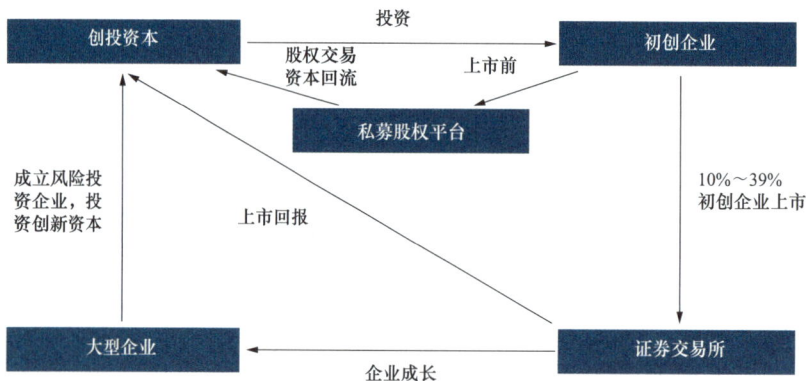

图 5-6 美国资本运作体系在科技型企业全生命周期的功能作用❶

5.2.3 以色列：科研机构充分自由化运作，政府提供配合协助

以色列自 1948 年以来，一直将科技作为立国之本，坚持以创新驱动发展，尤其重视科技成果转化建设，通过构建充分自由化运作的科技成果转化体系，国家创新创业活力不断增强。目前以色列全国高科技产业领域的初创企业总数超 6000 家，高科技企业创业密度位列全球国家首位，是全球知名的"创业国度"。

以色列作为犹太民族的聚集地，族裔广泛分布于西方发达国家，在政

---

❶ 资料来源：国务院发展研究中心．美国资本运作体系支持科技创新的经验与借鉴

治、经济等领域具有巨大极大影响力，决定了以色列能够持续获取海外企业的大量研发投资，并主要围绕跨国龙头企业业务需求进行研发及成果转化布局。根据以色列创新署发布的《2022 年高科技形势报告》，2019 年以色列全社会研发投入中，政府研发投入仅占 9.6%，远低于经济合作与发展组织（OECD）国家的平均值 23.8%，国外研发投资占比超过 50%，是以色列最主要的研发经费来源。以色列科技成果转化模式特点如表 5 - 10 所示。

表 5 - 10　　　　　　　　　以色列科技成果转化模式特点

	研究型高校	高科技初创企业
适用法律	未出台专门的成果转化法律进行指导约束，转化活动及政策制定需原则上遵循 1984 年颁布的《鼓励工业研究与发展法》	
成果产权归属方	无明确政策或立法规定，高校受政府资助项目的成果产权通常归高校所有	海外资助项目的成果产权由协议约定，政府资助项目成果产权通常归企业所有，政府保留收益分成
成果转化权归属方	高校	企业与合作方共同商定
成果转化组织体系	"大学技术转移联盟（iTTN）－高校技术转移公司（TTC）"两级组织架构	没有明确的规定或限制，企业可根据自身情况决定是否内设技术转移机构
成果转化激励约束	研发机构：政府资助项目由高校与政府协商约定，自有资金研发项目由高校自行制定激励方案，高校通常收取成果转化收益的 40%	成果完成人：企业与利益相关方共同协定
	技术中介机构：高校可自行制定激励方案，高校 TTC 作为市场化运营的独立法人机构，通常可保留成果转化收益的 5%～10% 作为报酬	投资机构：修订《天使投资法》，规定如果投资者将资本退出的获利重新投入到新的初创企业产业化开发，就可以推迟缴纳资本退出的利得税
	成果完成人：高校可自行制定激励方案，通常给予成果完成人的转化收益分红的 30%～50%	
成果发现模式	高校 TTC 承担日常性成果供需对接，iTTN 负责统筹高校重大成果的联合推介，推介方式主要有官网展示、线下路演、举办技术交易大会等	企业自行组织成果推介
	利用政府牵头搭建的合作科技园、联合技术转移促进中心、专题技术交易市场等海外技术交易网络促进成果推介	

续表

	研究型高校	高科技初创企业
成果评估模式	由高校 TTC 负责，具体的评估指标、权重等由 TTC 自主设计	企业通常委托高校或第三方技术中介机构实施
成果转化模式	技术许可、成立衍生企业是最为主要的转化模式，高校 TTC 通常会根据自身情况自主建立差异化的成果转化选择模型，帮助研发人员确定最有转化路径	技术许可、技术转让、自行投资实施等模式并重，企业通常委托第三方技术中介机构提供转化建议
成果产品化、产业化模式	主要由高校 TTC 负责实施，此外，政府通过设立 NOFAR、MAGNETON、MAGNET 等专项孵化计划，为高校提供成果产品化及产业化阶段的各项资源扶持，支持高校以企业需求为导向进行成果后续开发、技术中试、产品试制及产品推介	企业自行组织实施，此外，政府专门设立了技术孵化器项目、企业孵化项目、技术创新实验室项目等一揽子初创企业成果孵化计划，为其提供技术后续开发、技术中试、产品测试，产业化咨询服务，以及一定比重的资金资助等

（1）引入全球创新领先企业，打造以国际龙头为核心的创新生态圈。以色列通过制定各项激励政策集聚全球创新领先企业，构筑国际化的创新网络。**一是不断加大税率优惠力度，**如以色列财政部在 2017 年宣布对于在以色列进行科技研发并登记注册的跨国科技公司进行大幅税收减免，企业所得税税率从原有 25％降至 5％～8％；股息税率将原有的 30％降到仅为 5％。**二是制定极为宽松的成果授权条件，**如以色列政府规定跨国公司参与政府资助项目研发时，在保证本国企业使用专利成果不受负面影响的前提下，可在全球范围内不受限制的使用研发成果。**三是高比例的研发补贴激励，**针对大型跨国企业设立的研发项目，以色列政府最高可提供投资预算 50％的政府经费支持。在政府激励计划的推动下，大量全球创新领先企业前往以色列进行研发布局，根据普华永道发布的《创新状态》（State of Innovation）研究报告，截至 2019 年，共有来自约 35 个国家的 500 多家跨国公司活跃在以色列，已建立超过 350 个研发中心。

（2）围绕规模庞大的全球领先企业研发资源，以色列建立了"以大带

小"的成果转化运作体系。**一方面，国际龙头企业发挥"链主企业"功能，带动本土初创企业的科技活动**。国际龙头基于自身的业务需求直接发布研究课题，引导上下游的以色列本土企业进行定向研发和成果转化。**另一方面，国际龙头企业联合本土巨头构建行业创新平台，引导本国初创企业聚焦前沿领域进行创新活动**。在以色列政府"开放式创新平台计划"的推动下，以色列目前已在智能基础设施、下一代半导体技术、数字健康等 8 个前沿行业领域建立了联合创新实验室。每家联合创新实验室由 1～4 家全球行业领先企业组建，定位于国际研发合作平台，可基于龙头企业的资源优势，为创新型初创企业和创新创业者提供专有科研设施和开放式创新服务。例如，数字健康与计算生物领域的埃隆（AION）创新实验室由全球医药巨头辉瑞、阿斯利康、默克和梯瓦 4 大制药企业共同承建，专注于引导以色列本土科技企业开展制药领域人工智能技术的研发，并为优秀成果提供商业孵化服务和采购支持。

（3）建立科研机构充分自由运作，政府部门提供配套保障的成果转化体系。以色列的科技成果转化生态系统由高校、高科技初创企业、政府及产业界组成，其运作模式遵循"自下而上"的逻辑，充分体现了自由市场原则。其中，高校及高科技初创企业作为以色列科技成果的主要供给方，是以色列科技成果转化的主体，成果转化活动具有高度自由化的特点，拥有极大自主权；政府在以色列成果转化生态中主要发挥服务支撑的功能，不寻求通过制定专项方案对成果转化活动进行硬性约束，也几乎不对科研机构的成果转化活动进行政策引导或行政干涉，通常根据科研机构在转化过程中面临的普遍需求，以提供专项项目的形式对成果发现、成果产业孵化等予以针对性支持。

（4）建设高度市场化运作的技术转移独立法人机构。以色列未建立国家层面的技术转移机构，仅具有"大学技术转移联盟网络（iTTN）－高校技术转移公司（TTC）"的两级技术转移架构。其中，iTTN 由以色列研究型高校的 TTC 共同组建，主要负责研究型高校间重大科技成果的联合推介和转化，对成员 TTC 不具备指导约束性；TTC 是以色列研究型高校的技术转移负责机构，负责策划与实施高校内部科研成果的全流程转化工作。与一般高校成立 TTO 作为内设机构不同，以色列研究型大学的 TTC 是以独立法人形式存在，拥有自主运营的权限，并按照市场化标准收费。例如，希伯来大学的技术转移机构 Yisuum 公司一般收取成果转化收益总额的 5%～10% 作为中介服务报酬。

（5）构建广泛分布的海外技术转移网络提升成果信息触达。以色列具有人口总量少、本土大企业总量及比重低[❶]的局限性，内需动能不足，仅依靠本国科技成果转化生态体系难以完全覆盖成果产出规模。为此，以色列政府长期重视在技术需求旺盛的海外市场拓展技术交易网络，提升成果推介的覆盖面。例如，以色列与我国分别于 2012、2015、2018 年共同成立了以色列（广州）技术交易中心、中以常州创新园以及中国（广西）－以色列技术转移促进中心，形成了以色列高科技技术成果的在华推介渠道。

（6）建立完善的成果产业孵化政府保障机制。以色列政府重视通过加强风险投资引导与成果孵化支持，为国内研发主体提供资金、设备等资源保障，满足各类研发主体的成果产业化需求。

1）建立高度市场化的政府风险投资引导机制。以色列人均风险投资额位居世界第一，是全球风险投资的聚集地。以色列政府在风险投资市场中，扮演引领功能，通过设立充分市场化运作的 YOZMA 政府创投引导基金，聚合国内外各类社会资本，共同促进初创企业科技成果向产业端转化。其中，**在募资方式上**，YOZMA 基金采用了"政府－母基金－子基金"的设计模式，政府首先出资成立政府风险投资母基金，再以注资等多种方式参与设立其他风险投资子基金。子基金通常以合资方式组建，每只子基金的组成结构必须强制包含国外机构和以色列金融机构，政府与社会资本的出资比例一般设定为 4：6，确保资金来源的多元性、国际化。**在投资方式上**，YOZ-

---

❶ 2014 年以色列近 4000 家的高科技企业中，资产总额超过 10 亿美元的不到 10 家，占比仅 0.25%。数据来源：商务部．以色列科技创新的基本情况及特点

MA 基金采用了"母基金直投＋子基金间接投资"的策略，20％的资金资产直接投资于初创企业项目，剩余资金以入股子基金的方式借鉴投资，投资标的主要为 ICT、生物科学、医药技术等尖端行业处于种子期或天使期的专精特新企业。**在管理方式上**，以色列政府通过设立 YOZMA 基金的创业投资管理公司以实现基金的专业化运作，并以硬性规定所有被投企业均需保留 YOZMA 基金创投管理公司董事会席位的方式，保证 YOZMA 基金对于初创企业发展的影响力。**在退出方式上**，政府在 YOZMA 子基金中的股权主要通过期权回购与海外上市两种方式实现转让。一方面，政府在子基金出资阶段对所投入的 40％份额作出退出承诺，允许社会资本在投资 5 年内以确定的期权价格（一般为成本价加 5％～7％的收益预期）回购政府股份，实现"风险共担，盈利让渡"；另一方面，YOZMA 子基金股权结构必须包含海外投资机构的设定，为每一笔风险投资均保留了海外退出通道，促进以色列初创企业大量前往美国等资本市场活跃的国家上市，政府可通过企业海外上市退出资金并获取高额回报。以色列 YOZMA 政府风险投资引导基金运作模式如图 5 - 7 所示。

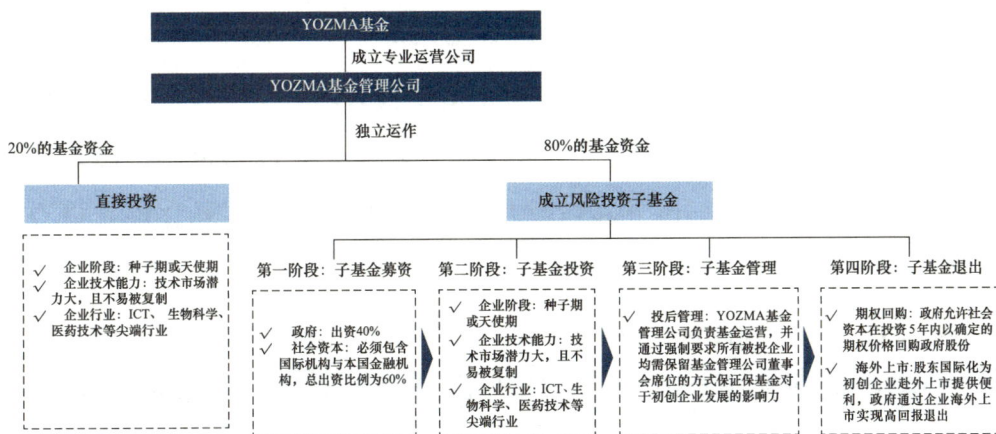

图 5 - 7　以色列 YOZMA 政府风险投资引导基金运作模式

2）建立适应多元研发主体特点的专项孵化计划。以色列政府分别面向研究型高校与高科技初创企业设立了科技成果专项孵化项目，以满足两类创新主体推进成果产业化的差异化需求。**对于研究型高校**，以色列政府设立

NOFAR、MAGNETON、MAGNET 等专项孵化计划，为高校成果的产品化及产业化提供设备、资金、专业服务等资源，支持高校以企业需求为导向进行成果后续开发、技术中试、产品试制及产品的市场推广。**对于高科技初创企业**，政府专门设立了技术孵化器项目、企业孵化项目、技术创新实验室项目等一揽子初创企业成果孵化计划，为其提供技术后续开发、技术中试、产品测试，产业化咨询服务，以及一定比重的资金资助等。

5.3　国内外领先研发机构科技成果转化典型案例研究

　　领先研发机构立足推动创新成果向现实生产力转化的重要职能，立足自身的机构性质和科研使命，围绕成果转化的关键环节进行设计优化，构建出各具特色的科技成果转化体系。德国弗劳恩霍夫协会基于公益科研组织定位，围绕"合同科研"研发投入机制，以市场需求为导向不断优化科技成果转化流程；美国国家航空航天局以促进军用技术民用化为初衷，利用行政性科研机构的资源调度优势和研发权威性，围绕科技成果转化链条加快推进模式创新；中核集团以加快实现核工业全产业链结构优化和转型升级为目标，发挥链主企业的资源整合优势，依托"一中心三基地"科技成果转化网络布局，推动创新链、产业链、资本链、政策链四链融通，促进成果转化服务能力提升。国内外领先研发机构科技成果转化模式概要如表 5‑11 所示。

表 5‑11　　　国内外领先研发机构科技成果转化模式概要

	弗劳恩霍夫协会	美国国家航空航天局	中国核工业集团
机构性质	非盈利科研机构：以市场和客户为导向的国际化应用研究组织，不具有行政管理功能	行政性科研机构：既是美国航空航天产业的行政管理部门，又是美国航空航天产业的研发主体	国有科技型企业：由原行政性科研机构中国核工业总公司演变而来，当前仅承担核工业的科研工作，不再具有核工业的行政管理职能

续表

	弗劳恩霍夫协会	美国国家航空航天局	中国核工业集团
科技成果转化模式	广泛布局若干尖端产业领域，以市场化方式承接研发合同，围绕合同科研需求设计成果转化体系	以促进航空航天技术"军转民"为目标，立足自身作为行政管理部门的资源调度优势和权威科研机构的业界影响力，强化成果转化链条的竞争力	聚焦国家重大战略，发挥独立法人的机制灵活性和核工业主体的资源集聚优势，建立"中心－孵化基地"的成果转化组织体系，重视在成果产品化产业化阶段提供高质量孵化服务

5.3.1　弗劳恩霍夫协会：围绕"合同科研"研发投入模式，构建以满足市场需求为导向的成果转化链条

弗劳恩霍夫协会（以下简称为"协会"）成立于 1949 年，定位于非营利组织，在德国境内共设有 76 家下属研究所，拥有超过 30 000 名雇员，是目前欧洲最大的应用研究机构。协会以市场化方式运作，其研发经费绝大部分来源于政府、企业提供的科研合同，2021 年时合同研究经费占协会科研预算总额的比重达到 86.4%。以合同科研为主的研发投入模式，在显著降低研发转化风险的同时，也引入了更加激烈的市场竞争，对科研机构成果转化体系的运作效率和交付质量提出更高要求，由此也决定了协会始终将"提供市场用户需求导向的高质量服务"作为其科技成果转化建设的中心指导思想，持续推进全链条创新。

（1）建立清晰的确权规则，厘清转化活动的权责关系。 "合同科研"研发模式涉及多方合作主体，产权归属直接影响后续转化流程的实施模式，是成果转化的核心问题。为此，协会将"合同科研"成果确权作为成果转化体系建设的突出重点，构建了充分兼顾技术供需双方利益诉求的成果确权策略，规定"合同科研"项目形成的专利权一般由协会独有，委托方、合作研发方可优先通过独占许可、排他许可等科技成果许可方式获得专利成果的使用权。

（2）打造产学研创新合作平台，提升成果推介效率。 协会长期以来将下

属的研究所作为独立成本核算单位进行管理，由研究所自行寻找、独立对接市场群体进行科技成果的宣传和推介，机构间协同合作较少，存在渠道网络不互通、触达范围狭窄等局限性。为此，协会近年来重视加强创新资源整合，通过建立完善产学研创新集群模式，加快推动协会科技成果向产业界输送。其中，高绩效中心计划（High - Performance Centers，以下简称"计划"）是协会产业创新集群模式的典型案例，计划面向 20 个前沿尖端产业领域，分别建立了包含多个协会下设研究所、行业特色大学、行业企业的产业创新联合体。利用该计划框架，下设研究所建立了广泛连接德国本土产业客户的信息交互渠道，能够进行敏捷对接。一方面可基于供给驱动，由多个行业相关的协会研究所主动筛选高质量技术创新成果或概念，以单独或捆绑组合的方式，向产业客户进行推介，吸引客户运用协会的创新发明；另一方面可基于需求驱动，由产业企业自发向协会提出技术挑战和技术需要，协会分析筛选后向产业企业进行针对性推介。

（3）开发标准化评价模型，提升评估服务的专业性。为精准反映科技成果的实际价值，向协会科研人员提供成果转化的高价值指导，协会开发了Verwert - O - Mat 标准化测评工具进行成果商业化评估，可综合研发领域、技术成熟度、融资难度、专利保护情况等 30 个要素，为内部科研人员提供许可定价、转化模式选择、商业化渠道对接、优惠政策申请等方面的建议。

（4）建立漏斗式成果商业孵化机制，提高孵化资源的配置效率。成果产业化涉及中试设施、资金、市场渠道等多种要素类型，具有资源需求大、实施风险高的特性，利用有限资源推动更多成果走向市场成为协会在该环节的核心诉求。为此，协会针对不同商业成熟度阶段的项目孵化需要，设立 Co-Lab、AHEAD 两大孵化计划，并通过在不同孵化计划间建立筛查淘汰机制，推动成果孵化提质增效。其中，**CoLab 计划是 AHEAD 计划的前置**，主要目的在于依托协会丰富的专家资源帮助项目团队搭建技术转移合作的目标和实施路径，提高转化团队的内部协作效率。在 CoLab 计划的结尾阶段，协会将组织为期 4 天的特训营（BootCamp）以检验初期孵化成效，项目团队需要在技术专家及产业专家的指导下明确项目的风险投资准备度、技术成熟度、商业模式、技术转移需求、意向技术转移模式、技术路线等内容，并形成报告送审，评审结果将作为项目是否被继续支持的重要依据。**AHEAD 计划是协会加速市场化技术转移的关键**，共包含两个阶段，只有通过 CoLab 计划评审的项目团队才可获准加入。在第一阶段（AHEAD Phase 1），协会将在为期 6 个月的时间内为各个项目团队提供 5 万欧元的初始基金资助，并与项目团队签订条款清单（Term sheet），根据项目团队的技术转移需求，针对性在科研资源、融资渠道、产业化方案培训等方面给予支持。例如，对于技术成熟度较低或处于早期开发阶段的项目，协会将为项目团队无偿开放实验室资源，并联系合作研究对象；对于技术成熟度较高但缺乏投资者的项目，协会一方面将通过弗劳恩霍夫风险投资基金（Fraunhofer Venture）、弗劳恩霍夫技术转移基金（Fraunhofer Technologie‐Transfer Fonds）给予支持；另一方面将通过线上成果展示与线下路演相结合的方式引进外部投资者；对于缺乏成熟商业化策略的项目，协会将在该阶段为项目团队配置产业专家导师进行个性化辅导。在规定期限内形成成熟的市场进入策略并完成验证的项目可申请参加第二阶段（AHEAD Phase 2），处于该阶段的项目被认为存在极大可能实现商业化应用，因此协会将依据条款清单的约定，在未来的 18 个月内进一步加大对项目团队的支持力度，全力推动科技成果以成立衍生企业（Spin‐off）或专利许可（Patent license）的方式走向市场。

（5）打通制约成果转化能动性的关键堵点，提升下设机构的转化活力。 技术许可、成立衍生企业是协会最为主要的两类成果转化模式，协会围绕制约下设机构实施两类成果转化的核心问题，分别建立了差异化的激励策略。**一是建立"基本＋绩效"的技术许可转化激励机制。** 为解决下设研究所收益分配与转化贡献不匹配这一核心问题，协会将科研经费划拨与成果转化收益直接挂钩，规定协会每年获取的政府资助经费中，1/3 无条件平均分配给协会各研究所以保证战略、前瞻性研究；其余 2/3 根据各协会研究所上一年度的合同收入总额进行按比例分配，确保下属研究所 70%～80% 的研发经费来源于成果转化绩效。**二是建立"衍生企业"转化补偿机制**。成立衍生企业是指协会科研人员从协会中剥离出来，在协会股权投资的资助下，运用职务科技成果成立独立法人，并成为企业的经营管理者。成立衍生企业能够极大激发科研人员的成果转化热情，推动科研成果向社会辐射，但目前面临的主要阻碍在于下设研究所获得的成果收益分配难以抵消优秀科研人才流失带来的负面影响。为此，协会设立了"衍生企业奖金"和"弗劳恩霍夫创业奖"，根据下设研究所的人才流失情况，向其提供相应的资金补贴。

5.3.2 美国国家航空航天局：强化行政性科研机构的复合优势，立足法律框架不断推动机制创新

美国国家航空航天局（以下简称"NASA"）成立于1958年，是美国联邦政府下属的一个行政性科研机构，负责制定美国的太空计划，并实施以航空科学为核心的技术研究与成果转化。成立60多年来，NASA始终将"为美国提供科技与工程资源最有效使用方式"作为一项重要使命，充分发挥自身作为国家行政管理部门与业界权威科研机构的双重角色优势，在美国完善的技术转移立法约束下，围绕"成果发现—成果评估—成果转化—成果产业化孵化"的科技成果转化链条不断进行优化创新，推动航空技术加快向民用市场转移。

（1）构建充分授放权的成果转化组织体系，提升转化体系运作效率。 《史蒂文斯－怀特技术创新法》确立了国家实验室建立技术转移办公室的法律义务，并为国家实验室保留了自行设置技术机构管理模式的法律空间。NASA在该法律依据下，建立了总部领导，研究中心独立运作的成果转化组织架构。一方面，NASA在总部层面设立技术转移项目主管统筹全机构的科技成果转化建设，并具体负责推进实施机构层面的成果转化政策与目标制定、内部成果转化资源调配、跨机构资源协同、成果转化信息管理、许可审批等工作；另一方面，NASA在下属的10个研发中心中均建立了技术转移办公室（TTO），并向下充分授放权，允许各技术转移办公室中心在不违

反总部战略框架，并接受总部技术转移项目主管监督的前提下，独立开展中心的转化目标制定、知识产权管理、转化协议签订与市场联系等工作。

(2) 健全成果披露、推介机制，推动新型尖端技术对接市场。NASA 为提升科技成果关注度，加快将自身最新尖端成果推向民用市场，不断推进成果披露及成果推介机制改革。

1）健全成果披露机制。NASA 建立了新技术报告（NTR）信息披露制度，并配套开发了 e-NTR 在线填报系统和新技术数据库（NTR database），以及时梳理阶段性科技成果产出状况，为同类技术研发提供技术复用经验，并向后续的成果评价及供需对接工作提供信息数据。在 NTR 披露机制下，NASA 科研项目负责人必须通过 e-NTR 系统提交以年为周期的项目中期技术成果报告和最终结项技术成果总结报告，披露当前所有科研成果的名称、类型、技术内容等关键内容，由 NASA 整理归宗后汇入新技术数据库（NTR database）。

2）创新成果推介机制。NASA 将强化自身全球科技创新标杆的客户认知作为成果推介的切入点，建立了"价值牵引＋需求匹配"的成果推介模式。其中，**价值牵引**是 NASA 成果推介的核心，NASA 从 1973 年起就以发布《NASA Spinoff》年度专刊的形式，向公众及行业企业持续宣传机构在航天、生物医药等研究领域的优质成果转化案例，展示 NASA 科技成果的卓越经济价值及社会影响力，引导公众建立并巩固 NASA 作为全球顶尖研发品牌的认知，增强潜在客户的成果转化合作意愿；**需求匹配**是 NASA 提升成果推介成果率的关键举措，NASA 以 NTR database 数据库为基础，在门户界面开放技术检索功能，为潜在客户提供基于自身需求的技术查询服务，并展示 NASA 相关技术的核心内容、潜在应用领域、技术优势、专利授权情况等重要信息，进一步提升成果推介的成功几率。

(3) 推动成果转化流程优化，促进转化活动提质增效。NASA 以完善的成果信息披露与渠道推介机制为基础，结合美国国情与自身科研特点，将降低成本、提升转化收益成效作为成果转化的重要目标，围绕专利申请、转化模式评估与转化实施三大核心环节，进行机制创新。

1）推动专利申请前评估，降低知识产权运维成本。美国的专利申请费用及维持费用十分高昂，专利申请的实际费用一般高达上万美元，先批量申请再寻求转化的策略不可持续。NASA 应对这一国情特点，以提升科技成果转化的资源配置效率，减少成果管理成本为出发点，积极推行专利申请前评估模式，通过授权下属研究中心技术转移办公室，对新技术数据库中的披露成果进行专利申请资质认定，放弃对低价值的科技成果实施转化，而全力支持高价值科技成果的专利申请、成果推介与后续商业孵化。其中，商业化潜力是 NASA 开展专利申请资质认定的考察核心，目前已形成包含技术成熟度、市场可行性、专利可申请性、商业化时间等关键评价维度的标准化商业评估标准。

2）建立匹配技术成熟度的成果转化选择模型，降低专利转化风险。NASA 为减少成果转化的不确定性，提升转化成功几率，以技术成熟度作为重要设计依据，开发了标准化成果转化模式选择工具（见图 5 - 8）。其中，对于技术成熟度处于 TRL1 - 4 级的专利成果，通常不予实施转化，由实验室继续进行技术研发，直至成果相对成熟，具备实际应用价值；对于技术成熟度处于 TRL5 - 6 级的专利成果，通常通过委托开发，或与相关科研机构签订合作转化协议、共建研发平台等战略协作方式实施转化；对于技术成熟度处于 TRL7 - 8 级的专利成果，除以合作开发方式进行转化外，一般还可通过技术转让、许可和成立衍生企业等方式实施成果转化；对于技术成熟度达到 TRL9 级的专利成果，由于技术已经完备，市场空间接近饱和，NASA 通常自行使用，不再进行成果转化。NASA 成果转化选择模型如图 5 - 8 所示。

3）打造高效便捷的专利许可服务模式，提升成果转化收益水平。技术许可是 NASA 运用最为广泛的一类成果转化方式，NASA 针对许可申报存在的审批流程繁琐、定价偏离客户承受能力两大核心痛点，持续推动许可流程简化及定价策略优化。**在专利许可流程上**，NASA 重视通过数字化升级

技术成熟度	成果转化特点	成果转化模式
技术成熟度成熟 （TRL9）	达到实际应用价值标准，技术成熟度不再影响转化	✓ 不实施转化
技术成熟度高 （TRL7-8）	达到实际应用价值标准，技术成熟度对成果转化影响大	✓ 以合作开发方式进行转化 ✓ 技术转让、许可 ✓ 成立衍生企业
技术成熟度中 （TRL5-6）	达到实际应用价值标准，但只完成模型演示，技术成熟度对成果转化影响大	✓ 委托开发 ✓ 通过与相关科研机构签订合作转化协议、共建研发平台等战略协作方式实施转化
技术成熟度低 （TRL1-4）	未达到实际应用价值标准，需继续进行研发直至具备实际应用价值	✓ 不实施转化

图 5 - 8　NASA 成果转化选择模型

改善技术许可服务体验，提升许可实施效率。例如，于 2017 年上线了 AT-LAS 技术许可系统，引入智能报送功能，简并审批流程，为申请人提供从技术申请到授权协议签订的"一站式"服务。**在定价策略上**，NASA 将专利许可费用划分为许可预付费（upfront fee）、年度最低许可费（yearly minimum royalties）、许可收益分成（running royalty percentage）三部分。其中，许可预付费用的设定由许可类型（是否要求排他性许可）、企业规模（是否为初创企业）等因素共同决定；年度最低许可费通常根据申请方提交的业务计划确定；许可收益分成比例主要由行业的整体利润率决定，一般设定在 3%～7% 之间，软件科学等高利润行业的部分高价值专利最高可达 18%。

（4）建立合理量化的科技评价体系，促进物质激励与精神激励。 NASA 构建了涵盖新发明披露、新专利申请、技术许可与成功案例四大维度的成果转化量化考核评价机制，作为评价科研人员成果转化工作成效的重要参考。其中，新发明披露维度主要考核新技术报告（NTR）的归档量；新专利申请维度主要考核专利申请数量；技术许可维度主要考核授权外部机构使用的专利数量；软件协议维度主要考核软件使用协议签署量与软件著作权许可量两大指标；成功案例维度主要考核 NASA 年度报告中典型成功转化案例上榜数量。

以量化考核结果为依据，NASA 对部分成果转化绩效突出的科研人员开展物质激励与精神激励。**在物质激励上，**一方面，根据法律约束向成果完成人提供转化收益分红；另一方面，通过设立发明与贡献委员会（ICB）组织评选年度科技成果转化的形式，对具有重大经济与社会价值的科技成果给予年度额外奖金激励。**在精神激励上，**NASA 从 2018 年起，以设立"发明家名人堂"（Inventors Hall of Fame）的形式，对 NASA 成立至今所有转化过重大科技成果，或实施超过 20 项科研成果转化的卓越科研人员进行突出表彰，激发科研人员的职业使命感和荣誉感，以成为科技成果转化"传奇"为目标，毕生推动科技成果转化事业。

5.3.3 中国核工业集团：发挥产业资源集聚能力，打造"一中心三基地"科技成果转化生态系统

中国核工业集团有限公司（以下简称"中核"）成立于 1999 年，是我国核科技工业的主体，拥有完整的核科技工业体系，肩负着国防建设和国民经济与社会发展的双重历史使命。近年来，中核将科技成果转化工作摆在集团科技创新战略布局的突出地位，结合核工业存在明确研、产分工的行业特性，打造出由中核科技成果转化中心（一中心，以下简称为"中心"），中核京津冀、长三角、粤港澳"核创空间"科技成果孵化基地（三基地，以下简称为"核创空间"）两大板块共同构筑，集政策体系、服务平台、科技成果、金融资本等要素资源于一体的"一中心三基地"科技成果转化生态系统。

（1）建立分工明确、协同高效的成果转化组织体系，促进成果转化精细化运作。中核集团以提升成果转化体系精细化运作能力为出发点，不同于传统科研机构依托单一技术转移机构统筹成果转化全流程工作，以科技成果管理评估与产业化落地作为分界依据，建立了"中心—核创空间"的协同推进架构。其中，中心定位于中核集团的科技成果转化咨询服务智库，肩负为集团公司及集团下属科研单位提供科技成果转化支持和服务的职责，主要服务"成果发现—成果评估—成果转化"业务链条，并承担集团科技成果转化政

策战略制定、风险投资评审、咨询及人员培训、孵化需求对接等业务功能。核创空间定位于中核集团技术转化的"中介"机构，坚持"小核心、大协作"的运营理念，主要服务"成果转化—成果产品化—成果产业化"的业务链条，并具有部分科技成果推介功能，可汇聚集团内部的科技创新、装备制造和供应链资源，对接京津冀、长三角、粤港澳区域的科技产业优势、资本集聚优势、资源渠道优势与人才优势，为集团科技成果的产业化落地提供全面支撑。

(2) 构建广泛连接的成果发现网络，促进集团成果对接市场。中核集团重视通过加强中心与核创空间的协同推广，共同促进集团科技成果市场关注度提升。**在成果披露上**，中心通过搭建并运营管理集团科技成果转化项目库广泛汇集下属研发单位的意向转化成果信息，并以建立集团科技成果转化台账、实施科技成果转化项目备案、编制集团科技成果转化年度报告等方式及时跟进、更新成果转化状态。**在成果推介上**，一方面，中心上线了中核集团科技成果转化平台，对外公开展示集团各项高价值技术成果的成果状态、技术成熟度、拟转化方式、拟交易金额等关键信息，吸引内外部机构参与转化；另一方面，核创空间重视同地方技术交易市场建立密切合作关系，进一步拓展成果宣传渠道。例如，核创空间（长三角）积极把握上海技术交易所的改制契机，于 2022 年投资入股上海技术交易所成为唯一央企股东，并充分发挥股东优势建立央企科创平台与全国核心技术交易网络互联互通的新模式，在上海技术交易所内搭建了"全国核心技术交易网络—核创空间专场"，依托上海技术交易所的平台渠道进行"线上＋线下"路演，持续向高校、科研院所、行业组织、企事业单位等单一用户推介高价值核工业科技成果。

(3) 强化核创空间全要素资源保障能力，提升集团成果孵化质量。技术孵化器的运作能力直接影响科技成果的商业化前景，为此，中核集团将加强核创空间要素保障能力作为成果产业化环节的工作重心。**在技术要素方面**，核创空间积极发展"研发—孵化"一体化运营模式，为原型成果的后续开发、改进提供便利。例如，核创空间（长三角）与中核装备院实施一体化运营，可通过共享中核装备院的办公场地、研发及试验的设备、人才资源等，缩短孵化周期。**在土地要素方面，**核创空间近年来重视通过央地合作提升中试资源保障能力。例如，核创空间（长三角）瞄准嘉兴市海盐县核工业产业体系完备，区域内拥有秦山核电站等大型核工业设施的产业禀赋，积极对接海盐县政府共建"核技术特色科创载体（孵化器）"，为集团内部核医疗、核工业基础软件等核工业前沿领域的科技成果转化创造良好产业环境。**在资本要素方面，**核创空间重视运用资本市场加强资金储备。例如，核创空间（长三角）积极探索实施权益性融资项目，于2021年在上海联合产权交易所以公开挂牌的方式引进社会资本。

5.4　科技成果转化建议

　　建设"企业主体、市场导向、政府引导"的科技成果转化体系，关键在于发挥政府对于科技成果转化活动的引导功能，增强企业主体科技成果转化能力。本节将立足我国当前科技成果转化工作存在的突出问题，结合全球科技强国制度建设的实践经验，以及全球领先研发机构的优秀模式，为国内科技机构提供优化建议。

　　（1）加大科技成果转化市场培育。一是应当推动完善技术转移组织体系。政府部门可立足构建互联互通的"国家－区域－科研机构"成果转化组织体系，通过政策引领，提升技术转移机构市场化运作能力，引导更多企业主体设立技术转移机构，推动技术转移机构向中西部地区布局。企业主体可参考中核集团经验，搭建"成果转化中心－核创空间"的协同组织体系，由成果转化中心负责科技成果管理，核创空间承担成果产业化落地，共同推进集团成果转化工作的精细化运作。**二是加快打通技术转移专业人才的培养与晋升通道**。政府部门可学习借鉴韩国经验，重视构建技术转移人才培养体系，一方面推动更多高校开设技术转移课程和专业学位，支持国内高校与海外高水平技术转移机构开展培养合作；另一方面尽早建立健全技术经纪人国家职业资格认证制度。

（2）加强国有科研机构市场化机制建设。一是破除国有科研机构成果产权改革的法律障碍。政府部门一方面可推动对《促进科技成果转化法》第19 条第 1 款进行修订，建立职务科技成果混合所有制改革的法律依据；另一方面可以规范性政策文件的形式，对职务科技成果产权混合所有制改革中应当由国有科研单位保留权属的成果类型进行明确说明。**二是扩大国有机构科技成果转化激励范围**。中央政府可加快将国有技术转移机构、技术转移经纪人纳入激励约束体系，建立全国统一的激励实施标准。**三是建立规范化多元化的国有机构成果转化路径通道**。政府部门一方面应加快出台国家层面的科技成果转化操作指引或实施指南，对技术许可、技术转让、作价投资等不同成果转化模式的适用条件、流程规范、权责界定等进行明确；另一方面应加快科技成果转化路径创新，参考韩国实践经验，探索建立并不断完善"技术产权资产证券化""技术购买改良转让""产学研共同法人"等成果转化模式。**四是加快出台国有机构科技成果转化量化考核指标体系**。政府部门可借鉴韩国模式，根据国有科研机构的研究性质与运行特点，探索建立科技成果转化分类考核机制及模型，设置差异化的考核指标及权重。企业主体一方面可参考 NASA 成果转化考核评价机制，建立多维度的量化考核指标模型，结合成果转化绩效考评结果对科研人员实施物质激励与精神激励；另一方面可参考借鉴弗劳恩霍夫协会经验，将科技成果转化收入作为评价下设机构技术转移绩效的最重要依据，并推动成果转化绩效与科研经费拨付硬性挂钩。韩国政府制定的研发机构科技成果转化分类考核指标体系如表 5-12 所示。

表 5-12　韩国政府制定的研发机构科技成果转化分类考核指标体系

机构分类	成果转化重点 考核评价维度	成果转化重点评价指标
基础研究类	技术开发、 管理和转移	科研人员专利登记数比例
		最近 3 年国外专利申请数量（包括 PCT）
		签订技术转移合同数量
		技术转让收益率
		向中小企业无偿转让技术数量

续表

机构分类	成果转化重点 考核评价维度	成果转化重点评价指标
研究、 教育类	技术转移、 商业化基础条件	技术转移、商业化机构运营及其专业程度
		技术商业化部门预算
		技术费收入中支付研发人员、技术转移人员的报酬占比
		研究人员绩效评估反应比例
公共、 基础设施类	技术商业化成果	通过技术转让、签订投资协议而成立公司的数量
		技术费收入
		技术费收入占研发投入比重
		技术费收入中经常技术费收入占比
商用化类		技术商业化成功率
		技术费收入中技术转移、商业化费用以及二次研发投入费用

（3）完善科技成果转化计划制定。科技成果转化体系建设是一项庞大的系统性工程，需要统筹谋划，分步实施。当前，我国已逐步构建起以《促进科技成果转化法》为核心的科技成果转化顶层设计体系，但由于缺乏系统性的行动方案，因此国家科技成果转化工作的推进效率与实施成效受到较大制约。为此，我国可借鉴韩国经验，以《促进科技成果转化法》为纲领，结合国情实际与国内外科技形势，以 2～3 年为一规划周期，持续出台国家科技成果转化阶段性行动计划，对特定周期内国家科技成果转化的工作重心、总体目标、关键举措、任务分配、责任划分进行具体明确，统筹指导全国成果转化工作开展。

（4）强化成果供需对接能力。一是完善成果信息披露机制。政府部门在成果披露上，可学习韩国经验，加快推动各级各类科技信息系统融合，构建互联互通的全国科技成果信息数据库。企业主体可借鉴 NASA "新技术报告（NTR）"模式经验，推动下属单位定期汇总上报各类科技成果信息。**二是拓展成果推介渠道。**政府部门可借鉴以色列的经验模式，打造分布广泛的海外技术转移网络，重点依托"一带一路"、RCEP 等贸易框架，选择技术需求旺盛、人口基数庞大的海外市场进行针对性布局。企业主体应加快摆脱对于政府供需洽谈会的路径依赖，积极拓展市场化推介渠道，一方面可学习弗劳恩霍夫协会"产业创新集群"模式，搭建产学研共同参与的创新合作平台；另一方面可借鉴中核集团"入股技术交易所"的实践做法，通过与地方技术市场建立密切联系促进成果推广。

（5）提升成果评价专业化水平。政府部门可学习借鉴韩国经验，持续推动成果评估环节的数字化升级，以打造互联互通的全国技术交易数据网络为基础，建设国家 AI 科技成果评价系统。企业主体可参考弗劳恩霍夫协会的实践经验，基于研发领域、技术成熟度、融资预期等因素，设计开发科技成果评价标准模型，为科研人员科技成果转化提供许可定价、转化模式选择、商业化渠道对接、优惠政策申请等方面的专业化建议。

（6）强化成果产业化资源保障能力。政府部门应着力加强对企业主体成果产业化阶段的资金保障与市场渠道保障力度。其中，在资金保障上，可借鉴韩国经验，一方面扩大政府科技成果转化基金规模，不以尖端产业作为政府风险投资的唯一标的，建立包含成长阶段、企业竞争力的多元化投资策略，重点支持中小型科技企业发展；另一方面充分发挥政府的资本牵引功能，通过举办技术金融论坛等方式，吸引国际金融资本对接优秀初创企业。在市场渠道保障上，可参考美国的政府采购模式，通过出台规范化的政府采购实施细则，为财政资助的优秀创新成果开辟专门政府采购通道，并给予最低采购额度及长协采购关系保证。企业主体一方面应加强科技成果商业孵化的资源保障水平，参考中核集团的模式经验，通过构建"研发－孵化"一体化运营模式、开展央地合作共建技术孵化基地、运用资本市场增资扩股等方式，强化企业技术转移机构的技术要素、土地要素、资本要素保障功能；另一方面应提升产业孵化资源的配置效率，充分借鉴弗劳恩霍夫协会"漏斗式商业孵化"模式，依据不同商业成熟度阶段的需求特点，设立差异化的产业孵化计划，并通过在不同孵化计划间建立逐级筛查淘汰机制，对商业化潜力突出的科技成果予以重点支持。

面向政府部门和企业主体的科技成果转化建议如表 5 - 13 所示。

表 5 - 13　　　面向政府部门和企业主体的科技成果转化建议

存在的主要问题	政府部门优化举措	企业主体优化举措
技术转移市场发育不成熟	构建互联互通的"国家—区域—科研机构"成果转化组织体系，通过政策引领，提升技术转移机构市场化运作能力； 学习借鉴韩国经验，重视构建技术转移人才培养体系	借鉴中核集团经验，搭建"成果转化中心—核创空间"的协同组织体系，共同推进集团成果转化工作的精细化运作
国有科研机构的市场化运作顶层设计支持不足	推动对《促进科技成果转化法》第19条第1款进行修订； 加快将国有技术转移机构、技术转移经纪人纳入激励约束体系，建立全国统一的激励实施标准； 加快出台国家层面的科技成果转化操作指引或实施指南，对技术许可、技术转让、作价投资等不同成果转化模式的适用条件、流程规范、权责界定等进行明确； 加快科技成果转化路径创新，探索建立并不断完善"技术产权资产证券化""技术购买改良转让""产学研共同法人"等成果转化模式； 借鉴韩国模式，根据国有科研机构的研究性质与运行特点，探索建立科技成果转化分类考核机制及模型，并设置差异化的考核指标及权重	参考 NASA 成果转化考核评价机制，建立多维度的量化考核指标模型，结合成果转化绩效考评结果对科研员实施物质激励与精神激励； 参考借鉴弗劳恩霍夫协会经验，将技术转移收入作为评价下设机构技术转移绩效的最重要依据，并推动成果转化绩效与科研经费拨付硬性挂钩
科技成果转化规划不完善	借鉴韩国经验，以《促进科技成果转化法》为纲领，结合国情实际与科技形势，以2～3年为一规划周期，持续出台国家科技成果转化阶段性行动计划，对特定周期内国家科技成果转化的工作重心、总体目标、关键举措、任务分配、责任划分进行具体明确，统筹指导全国成果转化工作开展	
成果供需对接不够畅通	学习韩国经验，加快推动各级各类科技信息系统融合，构建互联互通的全国科技成果信息数据库； 借鉴以色列的经验模式，打造分布广泛的海外技术转移网络，重点依托"一带一路"、RCEP 等贸易框架，选择技术需求旺盛、人口基数庞大的海外市场进行针对性布局	借鉴 NASA "新技术报告（NTR）"模式经验，推动下属单位定期汇总上报各类科技成果信息； 加快摆脱对于政府供需洽谈会的路径依赖，积极拓展市场化推介渠道（如学习弗劳恩霍夫协会"产业创新集群"模式；借鉴中核集团"入股技术交易所"的实践做法）

续表

存在的主要问题	政府部门优化举措	企业主体优化举措
成果评估专业化水平有待进一步提升	学习借鉴韩国经验，持续推动成果评估环节的数字化升级，以打造互联互通的全国技术交易数据网络为基础，建设国家 AI 科技成果评价系统	参考弗劳恩霍夫协会的实践经验，基于研发领域、技术成熟度、融资预期等因素，设计开发科技成果评价标准模型，为科研人员科技成果转化提供许可定价、转化模式选择、商业化渠道对接、优惠政策申请等方面的专业化建议
成果产品化及产业化的资源保障能力有待加强	资金保障上，可借鉴韩国经验，扩大政府科技成果转化基金规模，建立包含产业类型、成长阶段、企业竞争力的多元化投资策略，重点支持中小型科技企业发展；发挥政府的资本牵引功能，通过举办技术金融论坛等方式，吸引国际金融资本对接优秀初创企业； 市场渠道保障上，参考美国的政府技术采购模式，通过出台规范化的政府采购实施细则，为财政资助的优秀创新成果开辟专门政府采购通道，并给予最低采购额度及长协采购关系保证	加强成果商业孵化的资源保障水平，参考中核集团经验，通过构建"研发－孵化"一体化运营模式、开展央地合作共建技术孵化基地、运用资本市场增资扩股等方式，强化集团核创空间的技术要素、土地要素、资本要素保障功能； 提升产业孵化资源的配置效率，借鉴弗劳恩霍夫协会"漏斗式商业孵化"模式，依据不同商业成熟度阶段的需求特点，设立差异化的产业孵化计划，并通过在不同孵化计划间建立逐级筛查淘汰机制，重点支持高潜力科技成果

附　　　录

附录1　报告数据选择依据与来源说明

1. 全球代表性创新榜单分析

全球代表性创新榜单按研究维度可分为国家、区域与企业三个层面。其中，国家层面创新榜单以世界知识产权组织发布的《全球创新指数（GII）》、欧盟委员会发布的《欧洲创新记分牌》、世界经济论坛发布的《全球竞争力报告》以及彭博社编制的《彭博创新指数》等为代表，旨在通过创新指标体系构建，衡量全球主要经济体的创新能力表现，进而对全球创新格局及其变化趋势进行研判。区域层面代表性的创新榜单包括由英国智库 Z/Yen 集团和中国（深圳）综合开发研究院共同编制的《全球金融中心指数》、全球知名调查机构 Startup Genome 发布的《全球创业生态系统报告》、美国 Milken 研究所的《美国各州的科学技术指数》、清华大学产业发展与环境治理研究中心和自然科研团队联合开发的《国际科技创新中心指数》，以及 GII 报告对全球创新集群的研究，评价指标体系更加关注创新生态环境的构建与科技集群的演化。企业层面的创新榜单包括欧盟委员会发布的《欧盟工业企业研发投入记分牌》、科睿唯安（Clarivate）发布的《全球创新百强》、波士顿咨询公司（BCG）发布的《全球最具创新力企业 50 强》、普华永道思略特发布的《全球创新 1000 强报告》与南方电网发布的《南网科技创新指数》等，落脚企业创新行为，以追踪全球创新的前沿动态。

2. 创新榜单筛选原则

全球各大创新榜单围绕不同评价主体，基于数据的可获得性与评价体系的合理性，从不同视角构建评价的方法体系。根据榜单的延续性、覆盖的范围、数据的权威性及与研究主题的契合度等原则，本报告对创新榜单进行综合评估与筛选。

榜单的延续性是把握创新格局发展态势的基础。创新体系与创新能力的构建是长期创新实践与积累的结果，在短期内具有一定的稳定性，较长时间的历史数据对把握创新演变趋势具有重大意义。本报告以创新格局的动态演变趋势作为重要分析视角，以把握全球创新格局、区域科技集群演变与企业在全球创新体系的地位，要求评价指标体系具有在较长一段时间的稳定性与评价结果在时间上的延续性，评价年份不足将影响分析结果。

覆盖的主体范围将影响研究结论的全面性。本报告立足全球视角研究创新发展格局，对数据覆盖范围要求较高，小范围的创新评估难以支撑核心结论。如《美国各州的科学技术指数》《欧洲创新记分牌》具有一定的地域性，对于本报告的支撑性相对有限。

数据来源的权威性决定了研究结论的科学性。本报告对数据来源的可靠性及评估结果在全球范围内的影响力具有较高要求，主要选取世界银行、国际货币基金组织、世界知识产权组织等权威机构的数据。

研究主题的契合度决定了榜单对研究结论的支撑性。本报告重点从国家视角、区域视角与企业视角三大维度剖析全球创新格局，分别从三大维度筛选契合度较高的创新榜单，同时结合世界知识产权组织、OECD、国家统计局等数据库资源，支撑研究主题。

3. 数据分析视角

本报告综合考虑数据的延续性、数据来源的权威性、评估对象的代表性与研究主题的契合度，选取 GII 报告以及《全球竞争力报告》《欧洲创新记分牌》《全球金融中心指数》《欧盟工业研发投资记分牌》《全球创业生态系统报告》《南网科技创新指数》等创新榜单，结合权威数据库资源，分别从国家视角、区域视角与企业视角剖析全球创新发展格局及其演变态势。在国家视角，重点选取 GII 报告作为数据支撑，同时结合《全球竞争力报告》、OECD 数据库、世界知识产权组织数据库、世界经济展望数据库、中国国家统计局数据库等权威数据资源，从截面与时间序列角度分析全球创新格局。在区域创新视角，重点选取 GII 报告、《全球金融中心指数》《全球创业生态系统报告》，从科技集群角度剖析区域创新生态发展路径。在企业创新视角，重点选取《欧盟工业企业研发投入记分牌》《欧洲创新记分牌》《南网科技创新指数》等，结合联合国数据库、OECD 数据库、欧盟委员会联合研究中心等数据资源，把握领先企业创新动态。

在企业创新模式分析上，充分挖掘企业年度报告数据，剖析领先企业创新模式。报告基础数据来源如附图 1-1 所示。

全球创新指数数据库 Global Innovation Index (GII)	• 作为国家与区域视角创新格局研判的重要基础数据支撑 • 创新投入与产出指标支持对创新格局演变内在动因的深入分析
全球竞争力报告 The Global Competitiveness Report	• 作为国家竞争力与国家创新实力相关性分析的数据支撑
全球金融中心指数 The Global Financial Centres Index	• 作为科技集群发展与区域金融环境发展相关性分析的数据支撑
欧盟工业企业研发投入记分牌 EU R&D Scoreboard	• 依托企业创新研发投入基础数据，支撑对研发区域布局、行业分布、集中度与中国不同所有制研发差异的分析
联合国数据库	• 获取全球经济发展、科研教育水平等宏观数据，剖析领先国家创新优势，对比企业创新研发投入在全球的重要性
世界知识产权组织数据库	• 依托全球专利申请量与授权量数据，进一步剖析全球创新格局的成因，对国家创新体系进行研判
OECD数据库	• 获取全球代表性国家研发投入规模与强度数据，并进一步分析支出构成
中国国家统计局数据库	• 获取中国宏观经济数据，以及创新投入规模与构成，专利授权数量，为国内创新水平与创新挑战的分析提供支撑
企业年度报告	• 结合企业年报数据剖析领先企业创新模式与商业模式，包括ASML、华为、罗氏、强生、特斯拉等创新模式研究

附图 1-1 报告主要数据来源

附录 2　全球创新指数（GII）指标体系

	制度	
1.1　政治环境	1.1.1　政治和运行稳定性 1.1.2　政府有效性	
1.2　监管环境	1.2.1　监管质量 1.2.2　法治 1.2.3　遣散费用，带薪周数	
1.3　商业环境	1.3.1　易于创业 1.3.2　易于解决破产	
	人力资本和研究	
2.1　教育	2.1.1　教育支出在 GDP 中的占比 2.1.2　中学生人均政府支出在人均 GDP 中的占比 2.1.3　预期受教育年限 2.1.4　阅读、数学和科学 PISA 量表得分 2.1.5　中学生教师比	
2.2　高等教育	2.2.1　高等教育入学率 2.2.2　科学和工程专业毕业生占比 2.2.3　高等教育入境留学生占比	
2.3　研究和开发（研发）	2.3.1　全职研究人员/百万人口 2.3.2　研发总支出在 GDP 中的占比 2.3.3　全球研发公司，前三位平均支出，百万美元 2.3.4　QS 高校排名，前三位平均分	
	基础设施	
3.1　信息通信技术（ICT）	3.1.1　ICT 普及率 3.1.2　ICT 利用率 3.1.3　政府网络服务 3.1.4　电子参与	
3.2　普通基础设施	3.2.1　发电量，人均 kWh 3.2.2　物流绩效 3.2.3　资本形成总额在 GDP 中的占比	

投入指标

续表

3.3 生态可持续	3.3.1 单位能耗 GDP 3.3.2 环境绩效 3.3.3 ISO1400 环境认证/十亿购买力评价美元 GDP	

市场成熟度

4.1 信贷	4.1.1 易于获得信贷 4.1.2 给私营部门的信贷在 GDP 中的占比 4.1.3 小额信贷总量在 GDP 中的占比	
4.2 投资	4.2.1 易于保护中小投资者 4.2.2 市值在 GDP 中的占比 4.2.3 风险投资交易/十亿购买力平价美元 GDP	
4.3 贸易、竞争和市场规模	4.3.1 适用税率加权平均百分比 4.3.2 本地竞争强度 4.3.3 国内市场规模，十亿购买力平价美元	

商业成熟度

5.1 知识型工人	5.1.1 知识密集型就业占比 5.1.2 提供正规培训的公司占比 5.1.3 企业进行 GERD 在 GDP 中的占比 5.1.4 企业供资 GERD 占比 5.1.5 高级学位女性员工在总就业中的占比	
5.2 创新关联	5.2.1 高校/产业研究合作 5.2.2 产业集群发展情况 5.2.3 海外供资 GERD 占比 5.2.4 合资战略联盟交易/十亿购买力平价美元 GDP 5.2.5 多局同族专利/十亿购买力平价美元 GDP	
5.3 知识的吸收	5.3.1 知识产权支付在贸易总额中的占比 5.3.2 高技术进口净额在贸易总额中的占比 5.3.3 ICT 服务进口在贸易总额中的占比 5.3.4 FDI 流入净值在 GDP 中的占比 5.3.5 研究人才在企业中的占比	

知识和技术产出

6.1 知识的创造	6.1.1 本国人专利申请量/十亿购买力平价美元 GDP 6.1.2 本国人 PCT 专利申请量/十亿购买力平价美元 GDP 6.1.3 本国人实用新型申请量/十亿购买力平价美元 GDP 6.1.4 科技论文/十亿购买力平价美元 GDP 6.1.5 引用文献 H 指数	

投入指标

产出指标

	6.2　知识的影响	6.2.1	购买力平价美元 GDP 增长率/工人，百分比
		6.2.2	新企业千人口 15～64 岁
		6.2.3	计算机软件开支在 GDP 中的占比
		6.2.4	ISO　9001 质量认证/十亿购买力平价美元 GDP
		6.2.5	高端、中高端技术生产占比
	6.3　知识的传播	6.3.1	知识产权收入在贸易总额中的占比
		6.3.2	高技术出口净额在贸易总额中的占比
		6.3.3	ICT 服务出口在贸易总额中的占比
		6.3.4	FDI 流出净值在 GDP 中的占比
产出 指标			创意产出
	7.1　无形资产	7.1.1	本国人商标申请量/十亿购买力平价美元 GDP
		7.1.2	本国人外观设计申请量/十亿购买力平价美元 GDP
		7.1.3	ICT 和商业模式创造
		7.1.4	ICT 和组织模式创造
	7.2　创意产品和服务	7.2.1	文化与创意服务出口在贸易总额中的占比
		7.2.2	国产电影/百万人口 15～69 岁
		7.2.3	娱乐和媒体市场/千人口 15～69 岁
		7.2.4	印刷和其他媒体在制造中的占比
		7.2.5	创意产品出口在贸易总额中的占比
	7.3　网络创意	7.3.1	通用顶级域（TLD）/千人口 15～69 岁
		7.3.2	国家代码顶级域/千人口 15～69 岁
		7.3.3	维基百科每月编辑次数/百万人口 15～69 岁
		7.3.4	移动应用开发/十亿购买力平价美元 GDP

附录 3 国际科技创新中心指数指标体系

一级指标	一级指标权重	二级指标	二级指标权重	三级指标
A 科学 中心	30%	A1. 科技人力资源	30%	01. 活跃科研人员数量（每百万人） 02. 高被引科学家比例 03. 顶级科技奖项获奖人数
		A2. 科研机构	30%	04. 世界领先大学数量 05. 世界一流科研机构 200 强数量
		A3. 科学基础设施	10%	06. 大科学装置数量 07. 超级计算机 500 强数量
		A4. 知识创造	30%	08. 高被引论文比例 09. 论文被专利、政策、临床试验引用的比例
B 创新 高地	30%	B1. 技术创新能力	25%	10. 有效发明专利存量（每百万人） 11. PCT 专利数量
		B2. 创新企业	25%	12. 创新领先企业数量 13. 独角兽企业数量
		B3. 新兴产业	25%	14. 高技术制造业企业市值 15. 新经济行业上市公司营业收入
		B4. 经济发展水平	25%	16. GDP 增速 17. 劳动生产率
C 创新 生态	40%	C1. 开放与合作	25%	18. 论文合著网络中心度 19. 专利合作网络中心度 20. 外商直接投资额（FDI） 21. 对外直接投资额（OFDI）

一级指标	一级指标权重	二级指标	二级指标权重	三级指标
C 创新 生态	40％	C2. 创业支持	25％	22. 创业投资金额（VC） 23. 私募基金投资金额（PE） 24. 注册律师数量（每百万人）
		C3. 公共服务	25％	25. 数据中心（公有云）数量 26. 宽带连接速度 27. 国际航班数量（每百万人） 28. 电子政务水平
		C4. 创新文化	25％	29. 专业人才流入数量（每百万人） 30. 创意型人才数量（每百万人） 31. 公共博物馆与图书馆数量（每百万人）

附录 4 《2022 年欧盟工业研发投资记分牌》上榜中央企业名单

序号	排名	企业	行业	R&D (亿元)	R&D 增长率 (%)	营业收入 (亿元)	R&D 强度 (%)
中央企业（20家）							
1	34	中国建筑集团有限公司	建筑和材料	420.3	35.2	2.7	2.1
2	56	中国交通建设集团有限公司	建筑和材料	237.4	13.7	1.0	3.3
3	62	中国铁道建筑集团有限公司	建筑和材料	214.2	8.9	0.7	2.0
4	85	中国电力建设集团有限公司	建筑和材料	170.2	5.4	0.4	3.6
5	92	中国石油天然气集团有限公司	油气生产商	161.3	6.8	0.5	0.6
6	110	中国中车集团有限公司	工业工程	130.2	− 3.6	− 0.3	5.6
7	118	中国石油化工集团有限公司	油气生产商	121.4	13.8	1.1	0.4
8	170	中国能源建设集团有限公司	建筑和材料	91.2	27.1	2.1	2.7
9	197	中国联合网络通信集团有限公司	移动通信	76.8	68.8	5.3	2.5
10	213	中国电信集团有限公司	技术硬件和设备	72.0	47.8	3.6	1.5
11	215	中国移动通信集团有限公司	移动通信	70.6	36.3	2.8	0.8
12	220	东风汽车集团有限公司	汽车及零部件	68.8	23.8	1.8	5.8
13	308	中国化学工程集团有限公司	建筑和材料	45.9	17.1	1.3	3.2
14	427	中国船舶集团有限公司	工业工程	32.0	2.6	0.2	5.2
15	442	中国海洋石油集团有限公司	油气生产商	30.9	8.3	0.6	1.2
16	496	鞍钢集团有限公司	工业金属和采矿	27.7	69.3	5.3	1.9
17	514	中国东方电气集团有限公司	工业工程	26.6	40.3	3.1	5.5
18	537	中国铝业集团有限公司	工业金属和采矿	25.0	64.7	4.9	0.9
19	723	中国铁路通信信号股份有限公司	软件和计算机服务	17.3	7.2	0.5	4.3
20	1167	中国一重集团有限公司	工业工程	9.8	32.1	2.4	4.1

序号	排名	企业	行业	R&D（亿元）	R&D增长率（%）	营业收入（亿元）	R&D强度（%）
		中央企业子企业（58家）					
1	91	中国中冶集团	一般工业	167.0	29.0	5251.6	3.2
2	131	宝山钢铁股份有限公司	工业金属和采矿	109.7	41.0	3822.6	2.9
3	380	烽火通信科技股份有限公司	固网通信	36.0	18.2	273.7	13.2
4	386	中国神华能源股份有限公司	采矿	35.4	55.7	3544.6	1.0
5	388	中国航空科技工业股份有限公司	工业运输	35.0	−0.4	624.4	5.6
6	413	一汽解放汽车有限公司	汽车及零部件	33.4	15.4	1006.0	3.3
7	433	国电南瑞科技股份有限公司	软件和计算机服务	31.5	23.4	445.1	7.1
8	446	中国广核电力股份有限公司	电力	30.8	19.4	841.9	3.7
9	469	中国船舶工业股份有限公司	工业工程	28.8	0.0	404.1	7.1
10	549	中国石化工程建设有限公司	油气设备、服务及运输	24.6	6.9	610.8	4.0
11	615	同方股份有限公司	技术硬件和设备	20.5	4.1	298.4	6.9
12	625	中国软件与技术服务股份有限公司	软件和计算机服务	20.0	42.2	108.5	18.5
13	667	株洲中车时代电气股份有限公司	电子电气设备	18.8	−2.7	155.5	12.1
14	670	华润医药集团有限公司	制药与生物技术	18.8	34.5	2045.6	0.9
15	730	中石化石油工程技术服务有限公司	油气生产商	17.1	31.5	735.2	2.3
16	764	中国核能电力股份有限公司	电力	16.1	16.9	649.7	2.5
17	775	中化国际（控股）股份有限公司	化学	15.7	34.2	847.7	1.9
18	795	中国船舶重工集团动力股份有限公司	电子电气设备	15.4	67.3	290.9	5.3
19	861	国电电力发展股份有限公司	电力	14.1	60.8	1721.9	0.8
20	863	航天信息股份有限公司	软件和计算机服务	14.1	−1.3	247.4	5.7
21	866	华能国际电力股份有限公司	电力	14.0	98.4	2145.7	0.7

序号	排名	企业	行业	R&D（亿元）	R&D增长率（%）	营业收入（亿元）	R&D强度（%）
22	899	中航光电科技股份有限公司	电子电气设备	13.3	35.3	129.0	10.3
23	926	新兴铸管股份有限公司	工业工程	12.9	22.9	553.5	2.3
24	996	中国中材国际工程股份有限公司	建筑和材料	11.8	89.6	378.3	3.1
25	1094	深圳市桑达实业股份有限公司	技术硬件和设备	10.6	3211.5	447.9	2.4
26	1107	中国民航信息网络股份有限公司	技术硬件和设备	10.5	2.7	56.6	18.5
27	1151	中材科技股份有限公司	化学	10.0	21.9	207.8	4.8
28	1154	中海油能源发展股份有限公司	油气生产商	10.0	25.4	406.2	2.5
29	1449	太极计算机股份有限公司	软件和计算机服务	7.5	22.6	109.1	6.8
30	1483	宝胜科技创新股份有限公司	技术硬件和设备	7.2	43.1	445.2	1.6
31	1511	中建西部建设股份有限公司	建筑和材料	7.0	10.1	281.3	2.5
32	1518	中航沈飞股份有限公司	汽车及零部件	7.0	130.5	356.9	2.0
33	1559	中国航发动力股份有限公司	航空航天与国防	6.8	7.9	355.2	1.9
34	1582	哈尔滨动力设备股份有限公司	工业工程	6.7	−19.3	220.4	3.0
35	1618	厦门市美亚柏科信息股份有限公司	软件和计算机服务	6.5	52.5	26.6	24.4
36	1636	国机汽车股份有限公司	工业工程	6.4	2.7	460.0	1.4
37	1655	株洲时代新材料科技股份有限公司	一般工业	6.3	−8.7	146.2	4.3
38	1749	中航直升机有限责任公司	航空航天与国防	5.9	7.3	228.5	2.6
39	1790	华润微电子有限公司	电子电气设备	5.8	17.5	95.9	6.0
40	1826	中国西电电气股份有限公司	电子电气设备	5.7	−12.6	144.6	3.9
41	1910	凌云工业股份有限公司	汽车及零部件	5.4	5.9	159.2	3.4
42	1905	航天工业发展股份有限公司	电子电气设备	5.4	−0.3	43.3	12.4
43	1918	贵州航天电器股份有限公司	电子电气设备	5.3	17.9	51.8	10.3
44	1939	中工国际工程股份有限公司	建筑和材料	5.3	−5.7	90.8	5.8

序号	排名	企业	行业	R&D（亿元）	R&D增长率（%）	营业收入（亿元）	R&D强度（%）
45	1970	中国巨石股份有限公司	采矿	5.1	61.8	197.0	2.6
46	2005	中国振华科技股份有限公司	电子电气设备	5.0	34.8	58.2	8.6
47	2117	国电南京自动化股份有限公司	电子电气设备	4.6	11.9	61.5	7.5
48	2121	江苏苏美达集团有限公司	一般工业	4.6	35.1	1773.0	0.3
49	2161	新疆八一钢铁股份有限公司	工业金属和采矿	4.5	95.2	306.8	1.5
50	2022	中国船舶重工集团海洋防务与信息对抗股份有限公司	油气生产商	4.9	5.7	50.9	9.7
51	2249	内蒙古第一机械集团有限公司	工业工程	4.3	18.5	143.8	3.0
52	2284	中兵红箭股份有限公司	汽车及零部件	4.2	42.4	76.7	5.5
53	2315	昊华化工科技集团股份有限公司	技术硬件和设备	4.1	41.9	72.7	5.6
54	2440	中电科普天科技股份有限公司	技术硬件和设备	3.8	20.1	68.2	5.6
55	2442	第一拖拉机股份有限公司	工业工程	3.8	26.3	96.0	4.0
56	2447	中钨高新材料股份有限公司	工业金属和采矿	3.8	10.6	125.0	3.1
57	2456	国机重型装备集团股份有限公司	工业工程	3.8	36.0	97.6	3.9
58	2460	江苏扬农化工股份有限公司	化学	3.8	3.9	123.5	3.1

附录 5 《2022 年欧盟工业研发投资记分牌》100 强名单

世界排名	企业	国家	行业	研发投入（百万欧元）	研发投入同比（%）	研发投入强度（%）
1	ALPHABET	美国	软件和计算机服务	27 866.8	14.5	12.3
2	META	美国	软件和计算机服务	21 768.5	33.7	20.9
3	MICROSOFT	美国	软件和计算机服务	21 642.2	18.3	12.4
4	华为投资控股有限公司	中国	技术硬件和设备	19 533.8	0.7	16.0
5	APPLE	美国	技术硬件和设备	19 348.4	16.9	6.0
6	SAMSUNG ELECTRONICS	韩国	电子和电气和设备	16 812.8	6.5	8.1
7	VOLKSWAGEN	德国	汽车及零部件	15 583.0	12.2	6.2
8	INTEL	美国	技术硬件和设备	13 411.6	12.1	19.2
9	ROCHE	瑞士	生物和医药	13 260.8	12.8	21.8
10	JOHNSON & JOHNSON	美国	生物和医药	12 991.3	21.0	15.7
11	PFIZER	美国	生物和医药	10 239.3	20.6	14.3
12	BRISTOL - MYERS SQUIBB	美国	生物和医药	9283.1	1.9	22.7
13	MERCK US	美国	生物和医药	9133.8	1.2	21.2
14	MERCEDES - BENZ	德国	汽车及零部件	8973.0	6.3	5.3
15	TOYOTA MOTOR	日本	汽车及零部件	8691.3	3.1	3.6
16	NOVARTIS	瑞士	生物和医药	7982.5	7.8	17.1
17	阿里巴巴公司	中国	软件和计算机服务	7687.3	- 3.1	6.5
18	腾讯控股有限公司	中国	软件和计算机服务	7190.5	33.1	9.3
19	ASTRAZENECA	英国	生物和医药	7110.2	34.0	21.5
20	GENERAL MOTORS	美国	汽车及零部件	6975.1	27.4	6.2
21	BMW	德国	汽车及零部件	6870.0	9.4	6.2
22	FORD MOTOR	美国	汽车及零部件	6710.2	7.0	5.6
23	ORACLE	美国	软件和计算机服务	6373.8	10.6	17.0
24	HONDA MOTOR	日本	汽车及零部件	6372.7	4.1	5.7

续表

世界排名	企业	国家	行业	研发投入（百万欧元）	研发投入同比（%）	研发投入强度（%）
25	QUALCOMM	美国	技术硬件和设备	6335.9	20.1	21.4
26	ROBERT BOSCH	德国	汽车及零部件	6328.0	4.7	8.0
27	ELI LILLY	美国	生物和医药	6203.3	15.4	24.8
28	ABBVIE	美国	生物和医药	6164.6	13.0	12.4
29	STELLANTIS	荷兰	汽车及零部件	5889.0	52.3	3.9
30	CISCO SYSTEMS	美国	技术硬件和设备	5782.3	3.2	13.1
31	NTT	日本	固定线路通信	5732.1	4.7	6.1
32	SANOFI	法国	生物和医药	5689.0	2.9	15.1
33	BAYER	德国	生物和医药	5515.0	1.0	12.5
34	中国建筑股份有限公司	中国	建筑和材料	5509.5	35.2	2.1
35	GSK	英国	生物和医药	5501.2	3.5	13.6
36	IBM	美国	软件和计算机服务	5248.1	3.1	10.4
37	SAP	德国	软件和计算机服务	5168.0	16.2	18.6
38	SIEMENS	德国	电子和电气和设备	5136.0	2.3	8.2
39	SONY	日本	休闲娱乐产品	4901.6	20.7	6.4
40	GILEAD SCIENCES	美国	生物和医药	4735.1	6.4	19.6
41	NVIDIA	美国	技术硬件和设备	4651.2	34.3	19.6
42	BROADCOM	美国	技术硬件和设备	4285.7	− 2.3	17.7
43	AMGEN	美国	生物和医药	4254.8	14.5	18.5
44	NOKIA	芬兰	技术硬件和设备	4141.0	7.8	18.7
45	BOEHRINGER SOHN	德国	生物和医药	4127.0	11.7	20.0
46	TAKEDA PHARMACEUTICAL	日本	生物和医药	4064.8	15.4	14.7
47	ERICSSON	瑞典	技术硬件和设备	4046.2	6.0	17.8
48	TAIWAN SEMICONDUCTOR	中国台湾	技术硬件和设备	3977.3	13.9	7.9
49	SALESFORCE	美国	软件和计算机服务	3942.3	24.1	16.9
50	DENSO	日本	汽车及零部件	3846.5	1.1	9.0
51	NISSAN MOTOR	日本	汽车及零部件	3742.2	− 3.9	5.7

续表

世界排名	企业	国家	行业	研发投入（百万欧元）	研发投入同比（%）	研发投入强度（%）
52	PANASONIC	日本	休闲娱乐产品	3513.3	−1.5	6.2
53	百度集团股份有限公司	中国	软件和计算机服务	3456.4	27.8	20.0
54	中国国家铁路集团	中国	建筑和材料	3431.1	13.4	2.3
55	HON HAI	中国台湾	电子和电气和设备	3350.2	11.6	1.8
56	CHINA COMMUNICATIONS CONSTRUCTION	中国	建筑和材料	3112.2	13.7	3.3
57	SK HYNIX	韩国	技术硬件和设备	3086.9	25.0	9.6
58	TATA MOTORS	India	汽车及零部件	3067.0	46.5	9.4
59	媒体 TEK	中国台湾	技术硬件和设备	3063.6	24.3	19.5
60	AIRBUS	荷兰	太空与国防	2898.0	−2.1	5.6
61	中国交通建设集团	中国	汽车及零部件	2854.5	37.6	2.8
62	中国铁道建筑集团	中国	建筑和材料	2807.2	8.9	2.0
63	VMWARE	美国	软件和计算机服务	2754.7	10.8	24.3
64	VERTEX PHARMACEUTICALS	美国	生物和医药	2693.9	66.8	40.3
65	LG ELECTRONICS	韩国	休闲娱乐产品	2676.9	1.7	4.8
66	HITACHI	日本	电子和电气和设备	2658.1	12.7	3.3
67	CONTINENTAL	德国	汽车及零部件	2636.6	−25.8	6.9
68	REGENERON PHARMACEUTICALS	美国	生物和医药	2567.6	6.3	18.1
69	ADVANCED MICRO DEVICES	美国	技术硬件和设备	2511.9	43.5	17.3
70	中兴通讯股份有限公司	中国	技术硬件和设备	2498.4	20.7	16.3
71	ZF	德国	汽车及零部件	2466.0	21.8	6.4
72	ASML HOLDING	荷兰	技术硬件和设备	2431.1	17.5	13.1
73	MEDTRONIC PUBLIC LIMITED	爱尔兰	健康护理设备和服务	2424.5	10.1	8.7
74	RAYTHEON TECHNOLOGIES	美国	太空与国防	2412.1	5.8	4.2
75	MERCK DE	德国	生物和医药	2400.0	6.1	12.2

续表

世界排名	企业	国家	行业	研发投入（百万欧元）	研发投入同比（%）	研发投入强度（%）
76	ABBOTT LABORATORIES	美国	生物和医药	2386.5	15.1	6.3
77	RENAULT	法国	汽车及零部件	2361.0	−14.1	5.1
78	MICRON TECHNOLOGY	美国	技术硬件和设备	2351.2	2.4	9.6
79	HYUNDAI MOTOR	韩国	汽车及零部件	2305.1	0.0	2.6
80	TESLA	美国	汽车及零部件	2289.4	73.9	4.8
81	DELL TECHNOLOGIES	美国	技术硬件和设备	2275.3	−51.1	2.5
82	北京三快科技有限公司	中国	一般零售	2250.7	53.4	9.1
83	BASF	德国	化工	2248.0	4.6	2.9
84	ADOBE	美国	软件和计算机服务	2242.6	16.1	16.1
85	中国电力建设集团	中国	建筑和材料	2231.0	5.4	3.6
86	CANON	日本	技术硬件和设备	2221.3	5.5	8.2
87	BIOGEN	美国	生物和医药	2208.4	−37.3	22.8
88	GENERAL ELECTRIC	美国	一般工业	2204.7	−2.7	3.4
89	APPLIED MATERIALS	美国	技术硬件和设备	2193.2	11.2	10.8
90	NOVO NORDISK	丹麦	生物和医药	2192.4	18.8	11.6
91	中国冶金科工股份公司	中国	一般工业	2188.9	29.0	3.2
92	中国石油天然气集团	中国	油气生产商	2113.8	6.8	0.6
93	HSBC	英国	银行	2095.2	22.7	4.5
94	KUAISHOU TECHNOLOGY	中国	媒体	2055.8	128.6	18.3
95	DAIICHI SANKYO	日本	生物和医药	2011.7	14.5	24.9
96	NETFLIX	美国	一般零售	2007.7	14.6	7.7
97	WESTERN DIGITAL	美国	技术硬件和设备	1980.4	−0.8	13.3
98	北京快手科技有限公司	中国	软件和计算机服务	1950.9	35.7	16.1
99	ELECTRONIC ARTS	美国	软件和计算机服务	1930.1	22.9	31.3
100	ASTELLAS PHARMA	日本	生物和医药	1901.8	9.6	19.0

参 考 文 献

［1］姜永斌．凸显关键领域未来竞争新优势［J］．中国纪检监察报，2020 - 9 - 21．

［2］史双，党文立，等．2022年领先互联网科技企业研发创新情况研究．中移智库，2023.5．

［3］周有辉．机器人很卷，而我只觉得他们吵闹［EB/OL］．36氪，2022.5．

［4］贺德方，周华东，陈涛．我国科技创新政策体系建设主要进展及对政策方向的思考［J］．科研管理，2020（10）：81 - 88．

［5］操秀英．中海油研究总院启动科研攻关"赛马制"［N］．科技日报，2022.8．

［6］李胜会，夏敏．中国科技成果转化政策变迁：制度驱动抑或市场导向［J］．中国科技论坛，2021（10）：1 - 13．

［7］唐强，郑楠．中美两国政府科技报告制度建设比较分析研究［J］．世界科技研究与发展，2022，44（04）：492 - 503．

［8］陈璐．河北蓝皮书：京津冀协同发展报告（2020）［M］．北京：社会科学文献出版社，2020．

［9］美国资本运作体系支持科技创新的经验与借鉴．国务院发展研究中心金融研究所．

［10］吴飞鸣．美国科技成果转移转化的评价及估值机制简析［J］．全球科技经济瞭望，2016，31（12）：45 - 49．

［11］杜旭虹，曾铮．我国技术转移服务机构发展现状及对策研究［J］．中国科技产业，2008（05）：78 - 81．